MW01709881

# PORTRAITS

de of

# MONTRÉAL

**Guy Saint-Jean Éditeur**
4490, rue Garand Laval (Québec) Canada H7L 5Z6
450 663-1777 • info@saint-jeanediteur.com • saint-jeanediteur.com

. . . . . . . . . . . . . . .

**Données de catalogage avant publication disponibles à Bibliothèque et Archives nationales du Québec et à Bibliothèque et Archives Canada.**

. . . . . . . . . . . . . . .

Nous reconnaissons l'aide financière du gouvernement du Canada par l'entremise du Fonds du livre du Canada (FLC) ainsi que celle de la SODEC pour nos activités d'édition.
Gouvernement du Québec — Programme de crédit d'impôt pour l'édition de livres — Gestion SODEC



Révision des textes français: Élise Bergeron
Révision des textes anglais: Shauna Babiuk
Correction des textes français: Renée Bédard
Correction des textes anglais: Natalie Pavey et Shauna Babiuk
Conception graphique: Christiane Séguin

Dépôt légal — Bibliothèque et Archives nationales du Québec, Bibliothèque et Archives Canada, 2017
ISBN: 978-2-89758-282-1
PDF: 978-2-89758-283-8



Imprimé au Canada
1re impression, mai 2017

Guy Saint-Jean Éditeur est membre de l'Association nationale des éditeurs de livres (ANEL).

MIKAËL THEIMER

# PORTRAITS

de of

# MONTRÉAL

THIBAULT CARRON

Guy Saint-Jean
ÉDITEUR

Vos préjugés sont vos fenêtres sur le monde.
Nettoyez-les de temps en temps, ou la lumière n'entrera pas.

Your assumptions are your windows on the world.
Scrub them off every once in a while, or the light won't come in.

— ISAAC ASIMOV

............

I feel at home when I'm in Montréal, in a way that
I don't feel anywhere else.

Je me sens chez moi quand je suis à Montréal, d'une façon
que je ne ressens nulle part ailleurs.

— LEONARD COHEN

**« Ne parle pas aux inconnus. »** Je me rappelle que mes parents me répétaient ça quand j'étais enfant. Il semble qu'en grandissant on n'oublie jamais vraiment cette règle. Et puis pourquoi parler aux inconnus ? J'ai une blonde, des amis et une famille qui m'aiment, donc à priori suffisamment d'êtres humains avec qui partager mon petit bout de chemin.

Mais peut-être parce qu'on m'avait appris à les ignorer, j'ai toujours observé « les autres » avec curiosité. Qui étaient ces gens que je croisais chaque jour sans jamais leur parler ? Où allaient-ils ? Que faisaient-ils ? À quoi pensaient-ils ? À quoi rêvaient-ils ? Après avoir passé vingt-cinq ans à me sentir seul au milieu d'une foule de figurants multicolores, je me suis finalement décidé à leur poser toutes ces questions, et bien d'autres. J'ai vite compris que leurs réponses allaient satisfaire beaucoup plus que ma simple curiosité.

Comme on peut s'émouvoir devant un film, j'ai ri et pleuré avec mes interlocuteurs. En m'ouvrant à leur réalité, j'ai développé une réelle connexion avec eux. J'ai appris l'empathie et j'ai découvert qu'elle constituait la voie la plus directe vers le bonheur. Tous ces gens que j'ai rencontrés ont élargi la fenêtre par laquelle je regarde le monde ; ils m'ont ouvert le cœur et l'esprit. Chaque sourire échangé a renforcé ma confiance en l'humanité, chaque larme a affermi ma volonté de contribuer à l'améliorer. Ces rencontres ont réduit l'importance que je donnais au « JE » et m'ont permis de m'installer pour de bon dans le « NOUS ».

Vous serez surpris de découvrir tout ce que les « inconnus » sont prêts à partager : donnez-leur la chance de vous surprendre. Plus important encore : offrez-VOUS une chance d'être surpris. Ainsi, avec notre communauté de lecteurs, nous avons fait tomber des préjugés, renforcé la solidarité, et parfois même brisé la solitude. L'effet qu'ont eu sur nous les témoignages reçus est sans équivoque : au bout du compte, c'est notre propre bonheur que nous avons cultivé. C'est là la plus grande leçon que nous puissions tirer de cette aventure : le meilleur moyen d'être heureux, c'est de le faire avec les autres.

En tout temps, gardez l'esprit aussi ouvert que les yeux.

Bonne lecture !

**Aussi loin que mes souvenirs remontent,** j'ai toujours eu beaucoup de difficulté à aborder les autres. Parce que ce n'est pas toujours socialement encouragé, mais surtout par timidité. J'étais extraverti dans le cœur, mais introverti dans les gestes.

Chacune des centaines de rencontres que j'ai faites ces trois dernières années m'a obligé à aller contre ma nature, à oser franchir cette barrière de l'individualisme. Et chaque fois, malgré l'hésitation, j'en suis sorti grandi. Vainqueur de ma timidité, mais surtout, enrichi d'une part d'humanité.

La maladie, l'agression, l'abandon, la solitude… Quelles que soient les épreuves que les gens doivent traverser, il semble y avoir un remède universel : l'amour. Ce sentiment nous unit, nous permet de vivre — et pas seulement de survivre. Grâce à ces rencontres, je porterai toujours en moi cette leçon d'humanité.

L'amour transcende le temps et la distance. Il ne voit pas la couleur de peau, la nationalité, la langue, le sexe, le genre, les croyances religieuses, les capacités intellectuelles ou physiques. L'amour d'un proche, d'un inconnu ou d'un animal nous nourrit. Nous cherchons tous à aimer et à être aimés, consciemment ou non. C'est notre moteur. Comme l'a dit Oscar Wilde : « Seul l'amour peut garder quelqu'un vivant. »

L'amour, c'est l'oubli de soi, et la rencontre avec l'autre, c'est un peu ça aussi. C'est s'ouvrir à un monde souvent inconnu, rempli d'incertitudes, de doutes et de questions. C'est se laisser porter par l'évocation d'un souvenir : un accent, des couleurs, des formes étrangères… Et enfin, c'est réaliser que l'on a finalement beaucoup de choses en commun avec cet autre, car sous des contours différents, on partage les mêmes peines, les mêmes joies, les mêmes échecs et les mêmes succès. Parce qu'on traverse tous la même vie.

Et qu'est-ce qu'elle serait plate, cette vie, sans amour et sans les autres…

Je suis moitié Grecque, moitié Haïtienne. C'est Montréal, *baby* ! Regarde le beau monde de Montréal… Il y a des gens colorés partout !

I'm half Greek, half Haitian. That's Montréal, baby! Check out the beautiful people of Montréal… There are colourful people everywhere!

— **En première année,** les profs ont donné une formation à l'école pour apprendre aux enfants à jouer aux échecs. J'ai dit à son professeur que ce n'était pas grave s'il n'apprenait pas, mais en deuxième année, on m'a envoyé un message pour me dire qu'Hubert jouait aux échecs. Un enfant qui a une trisomie, qui a une déficience intellectuelle, jouer aux échecs? J'étais comme: «Arrête de me niaiser!» Et le soir, en arrivant à la maison, j'ai sorti le plateau d'échecs. Il a placé tous les pions comme il faut. Il n'a peut-être pas la meilleure stratégie du monde, mais il sait ce que toutes les pièces font. C'est surtout des petites victoires comme ça… Je crois sincèrement que c'est parce que dans la société, et ici à l'école, on lui a fait une place, on l'a accueilli comme il est.

— In Grade 1, the teachers gave a workshop at school to teach the children how to play chess. I told his teacher that it was okay if he didn't learn, but in Grade 2, I received a message telling me that Hubert was playing chess. A child with trisomy, who has learning disabilities, playing chess? It was like, "Stop teasing me!" And in the evening, when we got home, I took out the chessboard. He placed all the pieces right where they should be. He may not have the best strategy in the world, but he knows what every piece does. It's mainly small victories like that… I sincerely believe that it's because in society, and here at school, he was given a place. He was welcomed as he is.

**— Moi, je veux travailler pour les Canadiens, pour qu'ils gagnent ! Je veux travailler pour le fan club. Mais pour ça, je dois bien savoir compter, lire et écrire !**

— I want to work for the Canadiens, so they win! I want to work for the fan club. But for that, I have to know how to count, read, and write!

10

**Il y a deux ans,** un événement a bouleversé ma vie : j'ai appris que ma femme me trompait avec un de mes amis. Après vingt-sept ans de vie commune, je suis retourné vivre chez mon père. Puis, j'ai eu un contrat dans une entreprise où je ne me reconnais pas du tout. Je suis quelqu'un de jovial, je parle à tout le monde, mais au travail, je ne parle à personne, je reste dans mon coin. Je ne suis plus moi-même, alors je suis en train de tout remettre en question. Je suis à la poursuite du bonheur.

Two years ago, I received a huge shock: I found out my wife was cheating on me with a friend of mine. After 27 years of living with her, I moved back in with my dad. Then I got a contract in a company where I really don't recognize myself at all. I'm cheerful, I speak with everyone, and at work I don't speak with anyone—I stay in my little corner. I'm not myself at all, so I'm in the process of rethinking my life. I'm in the pursuit of happiness.

— **She was the first one** to come to Canada from Jamaica. She got established, and brought her family here. *One* woman, and she brought everyone here: her mom, her two brothers, her two children and her niece.
— I wanted to bring my family here, especially my mother. She was very, very important to me.
— She got her strength from her mother, and her love for her family. She brought her here. Her mother spent *one* year here, then went back to Jamaica and that same year, she passed away. She was able to fulfil her dream before she passed away.
— And I can tell you, she enjoyed the year!

— Elle a été la première à venir au Canada depuis la Jamaïque. Elle a fait sa place et elle a amené toute sa famille ici. *Une* femme, et elle a fait venir tout le monde ici : sa mère, ses deux frères, ses deux enfants et sa nièce.
— Je voulais amener ma famille ici, surtout ma mère. Elle était très, très importante pour moi.
— C'est d'elle qu'elle tient sa force et son amour pour sa famille. Elle l'a fait venir ici. Sa mère a passé un an ici, puis elle est rentrée en Jamaïque et la même année, elle est décédée. Elle a pu réaliser son rêve avant sa mort.
— Et je peux te dire une chose, elle a aimé son année !

**Depuis que je suis toute petite**, je suis attirée par les trucs «féminins»: les ongles, jouer avec des poupées Barbie... Mais je n'ai pas eu une grosse crise du genre: «Oh mon Dieu, il faut que je devienne une femme!» Ça s'est plus développé vers la fin de l'adolescence, je dirais, parce que je voyais que les filles étaient de plus en plus féminines. Je faisais des grosses crises et je ne savais pas pourquoi. Je m'isolais beaucoup, je ne montrais aucune émotion, j'étais quelqu'un de très froid.

Pis c'est quand je suis arrivée à Montréal que je me suis dit *fuck it*, je vais m'habiller comme je veux, être qui je veux. À ma job, je suis tombée sur une équipe très ouverte d'esprit qui m'a poussée à essayer, à explorer. C'est lourd de vivre en société quand t'es un homme qui s'habille en femme. À un moment donné, c'est devenu trop lourd, on m'a fait des remarques homophobes dans mon quartier. Je ne me sentais plus vraiment en sécurité. Je suis allée voir mon patron et son assistante pour leur demander des conseils et ils m'ont dit: «Pour nous, t'es vraiment une femme.» Ça a été comme un déclic. J'ai beaucoup réfléchi, pis je suis retournée les voir et j'ai dit: «Je pense que je vais le faire.» Depuis le 1er mai, je m'affirme en tant que femme.

C'est plus dans ta tête que tout change. Tu deviens vraiment une nouvelle personne. T'apprends à te redécouvrir, c'est une renaissance, pour vrai. C'est un apprentissage à chaque jour. Des *up and downs* émotionnels que t'as jamais eu à gérer avant. Tu brailles pour rien, tout t'énerve. Les hormones, c'est très dur. Je suis tombée en dépression et j'ai eu des idées suicidaires pendant plusieurs mois. Je suis même entrée à l'hôpital parce que j'ai passé proche de me suicider.

Le plus dur, je dirais que c'est les relations amoureuses. J'ai été sur plusieurs sites de rencontres et je pouvais recevoir jusqu'à une vingtaine de messages par heure. Des hommes qui vont s'intéresser à toi parce qu'ils ont le fantasme d'une femme avec un pénis. Des hommes qui vont te traiter en objet. Des hommes mariés, qui ont des enfants. Et toi, t'es comme « Ben moi, je cherche l'amour ». Il y a beaucoup de trans qui tombent dans la prostitution parce que c'est extrêmement payant, et des fois, ils vont repousser l'opération parce qu'ils font trop d'argent. Tu t'empêches quasiment de devenir toi-même. Moi, quatorze jours après mon annonce officielle de changement de sexe, j'ai rencontré un homme avec qui je suis en couple depuis un an. C'est vraiment important de se sentir aimée, surtout par quelqu'un qui m'accepte comme je suis.

Ever since I was a little girl, I've always been attracted to "female" stuff: nails, playing with Barbie dolls... But I never had a big crisis like, "Oh my God, I must become a woman." It developed more in my late teens, I would say, because I saw that the girls were becoming more and more feminine. I was having lots of problems and I didn't know why. I isolated myself a lot. I showed no emotion. I was a very cold person.

And it was when I arrived in Montréal that I thought, "Fuck it. I'll dress how I want, be who I want." At my job, I found a very open-minded team who pushed me to try, to explore. It's difficult to live in society when you're a man who dresses as a woman. At one point, it got to be too hard. I got homophobic remarks in my neighbourhood. I didn't really feel safe anymore. I went to my boss and his assistant to ask them for advice and they told me, "For us, you're really a woman." It was like something clicked. I thought a lot about it and I went back to see them and said, "I think I'll do it." Since May 1st, I have identified as a woman.

It's really in your head that everything changes. You really become a new person. You learn to rediscover yourself. It's a rebirth, for real. It's a daily learning experience. The emotional up and downs you've never had to deal with before. You cry for no reason. Everything gets you mad. The hormones—it's very hard. I fell into a depression and had suicidal thoughts for several months. I even went to the hospital because I was close to committing suicide.

The hardest part, I'd say, is romantic relationships. I've been on several dating sites and I would receive up to 20 messages per hour. Men who are interested in you because they have some fantasy of a woman with a penis. Men who treat you like an object. Married men, with children. And you're like, "Well I'm looking for love." There are many trans people who fall into prostitution because it's extremely profitable and, sometimes, they'll postpone the operation because they make too much money. You almost prevent yourself from becoming yourself. Fourteen days after my official sex change announcement, I met a man I've been in a relationship with for a year. It's really important to feel loved, especially by someone who accepts me as I am.

**Le monde s'habille en t-shirt et en polo pour aller au bureau. J'aimerais rehausser le niveau professionnel et j'aime le look habillé des vieilles années, alors je m'habille comme ça.**

People wear T-shirts and polos at the office. I'd like to raise the level of professionalism and I like the dressier styles of the past, so this is how I dress.

**La première fois que j'ai vu mon petit garçon,** on est allés le visiter dans sa famille d'accueil. On lui avait apporté un petit camion de pompier. Dans la famille d'accueil, il y avait plein d'autres enfants qui sont tous venus vers nous, mais lui, il était dans la cuisine. Quand on est entrés dans la cuisine, je l'ai vu, il m'a vu, c'était comme un coup de foudre! Je suis tombée en amour avec lui. Je l'avais vu en photo avant; ça faisait une semaine que je regardais sa photo sans arrêt. Il était au bout de la table, il jouait avec un casse-tête. Il avait un trouble de l'attachement, donc il s'attachait à tout le monde très, très vite, fait que dès les premières phrases, il m'a dit: « Bonjour maman. » Il appelait tout le monde « maman », mais quand même, ça m'a coupé le souffle.

The first time I saw my little boy, we went to visit him in his foster family. We had brought him a little fire truck. In the foster family, there were plenty of other kids who all came toward us, but him—he was in the kitchen. When we entered the kitchen, I saw him; he saw me. It was love at first sight! I fell completely in love with him. I'd seen his picture before; I'd been looking at it non-stop for a week. He was at the end of the table, playing with a puzzle. He had an attachment disorder, so he'd get attached to everyone very, very quickly. So from the beginning, he said, "Hi, Mom." He was calling everyone mom, but for me, it still took my breath away.

**À sa naissance,** il y a un test de dépistage qui a été fait. On a été chanceux, parce qu'à ce moment-là, ce n'était pas encore la norme partout au Québec. Deux mois plus tard, on a fait d'autres tests à l'hôpital pour enfants, et les médecins ont confirmé qu'elle avait une surdité bilatérale — modérée à gauche, mais sévère à droite. Au début, j'ai pleuré, mais plus par crainte de ce qui viendrait avec. Quand on a su que c'était « juste » la surdité, de toutes les choses que ça pouvait être, ça a été un soulagement. Elle bégaie un peu et elle a parfois du mal à localiser les sons, mais elle sait lire sur les lèvres, et elle parle mieux que la moyenne des enfants de son âge. Quand elle apprend des mots à son petit frère, qu'elle lui apprend comment les prononcer, je trouve ça extraordinaire !

Depuis qu'elle a neuf mois, elle a un appareil pour chaque oreille ; on les a choisis roses. Son papa préférait le beige, parce que c'est plus discret, mais finalement on a choisi le rose, parce que pour moi, c'est comme des lunettes. Quand on a des lunettes, on veut qu'elles soient belles, on ne veut pas les cacher. Je ne veux pas qu'elle ait honte de sa surdité : c'est sa différence, et c'est tout. Ça ne l'empêche pas de faire, comme les autres, de la gymnastique, du tennis, de la natation… Elle n'a peur de rien !

When she was born, a screening test was done. We were lucky because at that time, it was not yet standard across Québec. Two months later, we did other tests at the children's hospital, and the doctors confirmed that she had a bilateral deafness—moderate in the left ear, severe in the right. At first I cried, but more out of fear of what would come with it. When we knew it was "just" deafness, of all the things that it could be, it was a relief. She stutters a little and sometimes she has a hard time localizing sounds, but she can read lips, and she speaks better than the average child her age. When she teaches words to her little brother — teaches him how to pronounce them—I find that extraordinary.

Since she was nine months old, she's had a device for each ear. We chose pink. Her dad preferred the beige, because it's more discreet, but we finally chose the pink because for me, it's like glasses. When you have glasses, you want them to be beautiful. You don't want to hide them. I never want her to be ashamed of her deafness; it's her difference, and that's it. It doesn't keep her from being like the others; she does gymnastics, tennis, swimming... She isn't afraid of anything!

Je le fais pour montrer que la beauté d'une personne n'est pas dans son image, mais dans sa force.

I'm doing it to show that a person's beauty isn't in her image, but in her strength.

Cette photo a été prise au Défi têtes rasées Leucan.

**Quand j'ai eu mon diagnostic,** j'étais toute seule avec le médecin, j'avais 20 ans. Au début, j'avais des symptômes, le généraliste me mettait sur des régimes, des trucs qui ne marchaient pas. Avec mes parents, quand on en parlait, on ne pensait pas que ça pouvait être un problème à long terme. Mais au bout d'un an et demi, j'avais perdu beaucoup de poids, j'ai fait des examens et plus rien n'allait. Je suis allée voir un gastroentérologue, et c'était ça, la maladie de Crohn. Il m'a expliqué que c'était comme un feu de forêt: dans un premier temps, on éteint les flammes, et ensuite on prévient la rechute, parce que c'est incurable...

J'ai eu des bonnes années à partir du moment où je suis partie au Québec. Après deux ans et demi, ça allait très bien, on parlait même d'arrêter le traitement. Mais j'ai été mal suivie au départ, et j'ai laissé la maladie se réinstaller. Je me disais que les douleurs n'étaient pas si importantes, je disais même au médecin qu'après neuf ans je ne me sentais plus malade. Il m'a dit: « La première mauvaise nouvelle, c'est que vous êtes encore plus malade, et la deuxième, c'est que vous vous êtes installée dans votre maladie. » Ça s'était répandu dans le foie, dans un rein, une jambe... Avec la fatigue, j'en étais rendue à demander une place assise aux gens dans le métro.

C'est là qu'il a commencé à me parler de l'opération. Ça a été un choc, parce que depuis que je suis malade, je ne me suis jamais considérée comme un cas opérable, et d'en être rendue là, ça m'a donné une grosse claque. Je pensais arriver à gérer la maladie, mais tout ce que j'avais lu là-dessus depuis dix ans — les gens qui ne peuvent plus travailler, qui n'ont plus de vie sociale, qui ont perdu le goût de faire des choses —, ça s'est réalisé en l'espace de cinq mois. Et pour moi, l'opération, ça voulait dire qu'on t'enlève une partie du système digestif, et qu'on te la remplace par un sac. Mais le médecin m'a rassurée, il m'a dit que ce n'était pas toujours nécessaire, et qu'il ferait tout pour que ça n'arrive pas. Dans mon état, ça ne servait plus à rien d'essayer un nouveau traitement, alors j'ai fait ma fille responsable, et j'ai dit OK.

J'ai tellement relativisé et minimisé tout ça que j'avais même amené des vêtements et du maquillage à l'hôpital. Du maquillage, alors que je ne pouvais même pas sortir de mon lit! La convalescence a été longue et douloureuse, mais c'est à partir de là que j'ai commencé à m'ouvrir plus sur la maladie. J'ai toujours aimé écrire, alors depuis un an j'ai pris l'habitude de partager un peu de moi sur un blogue, de parler de mon quotidien en me moquant un peu de moi-même, pour amuser les gens. Comme ma vie, ces derniers temps, ce n'était que ça, la maladie, que je n'arrivais plus à parler de banalités, je me suis mise à écrire là-dessus, et ça m'a fait un bien fou. Pendant neuf ans, je n'en ai quasiment jamais parlé, même à mes proches. Et on ne me posait pas vraiment de questions non plus.

Écrire, ça m'aide à accepter la maladie, et surtout à mieux la comprendre, parce que maintenant que la discussion est ouverte autour de moi, je dois l'expliquer.

Un blogue, c'est un petit milieu *trendy*, tu parles du beau et tu partages du beau, tu fais attention à ce que tu publies de ton univers. Au début, comme une fille superficielle, je me suis dit: «Pourquoi je fais tout ça, alors qu'en fait, avec ma maladie, je ne vais jamais entrer dans cette case?» Mon copain m'a beaucoup aidée avec ça, il m'a dit qu'il ne fallait pas que je m'identifie à la maladie, qu'il fallait que j'en fasse une corde à mon arc, et pas un boulet à ma cheville. J'ai reçu plusieurs messages de gens malades qui m'ont dit que ça leur faisait du bien de voir que malgré tout, je m'assumais, que je publiais encore mes petits looks, que je faisais encore mon petit «bouiboui» avec mes paillettes et mes licornes, alors que côté santé, c'était pas du tout *glamour*. Aujourd'hui, j'assume la maladie, mais aussi le fait d'avoir autre chose à côté, de continuer à faire ce que j'aime. >

When I got my diagnosis, I was alone with the doctor. I was 20 years old. At first, I had symptoms. The doctor put me on diets, stuff that didn't work. With my parents, when we talked about it, we didn't think it could be a long-term problem. But after a year-and-a-half, I had lost a lot of weight. I did some tests and nothing was right. I went to a gastroenterologist, and that was it—Crohn's disease. He explained to me that it was like a forest fire: first we put out the flames and then we prevent a relapse, because there's no cure...

I had good years from the time I left for Québec. For two-and-a-half years, everything was great. We even talked about stopping treatment. But I had bad follow-up at the beginning, and I let the disease come back. I thought that the pain wasn't so bad. I even told the doctor that after nine years, I didn't feel sick anymore. He said, "The first bad news is that you're sicker, and the second is that you've gotten used to your illness." It had spread to the liver, a kidney, a leg... I was tired to the point where I would ask people for a seat in the subway.

That's when he started talking to me about the operation. It was a shock, because since I'd been sick, I'd never considered myself an operable case, and being at this point was a smack in the face. I thought I could manage the disease, but all I'd read over the past 10 years—people who can't work, who have no social life, who lost the desire to do things—became a reality in a span of five months. And for me, the operation meant removing part of the digestive system and replacing it with a bag. But the doctor reassured me. He told me that wasn't always necessary and that he would do everything for it not to happen. In my condition, there was no use trying a new treatment, so I did what I had to do, and I said okay.

I relativized and minimized all this so much that I had even brought clothes and makeup to the hospital. Makeup, when I couldn't even get out of bed! The recovery was long and painful, but from there I started to open up more about the disease. I always liked to write, so last year, I started sharing a little about myself on a blog, talking about my everyday life, mocking myself a bit, to amuse people. Since lately my life was only about the disease, that I wasn't able to talk about everyday things, I began to write about it, and it made me feel great. For nine years, I almost never talked about it, even to those close to me. And no one really asked me questions either.

Writing helps me to accept the illness and above all, to understand it better, because now that the discussion is out in the open, I have to explain it.

A blog is a trendy little environment. You talk about nice things and you share nice things. You're careful about what you publish about your universe. And at first, like a superficial girl, I thought, "Why am I doing all this when in fact, with my illness, I'll never fit in this box?" My boyfriend helped me a lot with this. He told me that I shouldn't identify myself with the disease. That I should make it a string to my bow, not a ball and chain to my ankle. I received several messages from sick people who told me it made them feel good to see that despite everything, I was accepting myself. I was still publishing my little looks, I was still doing my little stuff with my sequins and my unicorns, while on the health side it wasn't at all glamorous. Today, I accept the disease, but also the fact that I have something else besides, to continue doing what I love.

**Quand j'avais huit ou neuf ans,** à Noël ou pour ma fête, on m'a donné un livre qui s'appelait *Le temps qu'il fait*. Ce livre-là m'a marqué, et même aujourd'hui, quand je le ressors, c'est toujours avec plaisir. C'était un vieux rêve de jeunesse de faire la pluie et le beau temps ! Alors toute ma vie, j'ai travaillé dans les prévisions météo. Quand j'ai pris ma retraite, ma sœur m'a dit : « Ça te tente d'essayer l'aide aux devoirs ? » Ça fait huit ans maintenant, et chaque année, j'y retourne. Quand tu travailles avec des jeunes, des jeunes qui ont souvent des difficultés, t'es porté un petit peu à te projeter en eux, en les poussant à rêver, en leur découvrant une passion qui va les faire évoluer. C'est ça que j'essaye de leur apporter.

When I was eight or nine, for Christmas or my birthday, I was given a book called *Le temps qu'il fait [This Weather]*. The book had a big impact on me, and even today, when I take it out, it's always with pleasure. It was an old childhood dream to make it rain or shine! So my whole life, I worked in weather forecasting. When I retired, my sister asked me, "Would you like to try homework help?" It's been eight years now, and every year, I go back. When you work with children, children who often have problems, you sort of want to project yourself into them, pushing them to dream, discover a passion that will make them grow. That's what I try to bring to them.

**He went to Europe for two months and came back to me even though he didn't have to. I told him I missed him and he came back for me!**

...........

Il est parti en Europe pendant deux mois et il m'est revenu, même s'il n'était pas obligé de le faire. Je lui ai dit qu'il me manquait et il est revenu pour moi !

**Je trouve que l'empathie** est une des plus belles qualités humaines. Je pense que si tout le monde était empathique, la vie serait très différente. Ma mère a toujours été une personne très empathique, qui fait passer les besoins des autres avant les siens. Quand mes parents se sont séparés, je suis allée vivre avec ma mère. Elle n'avait pas beaucoup d'argent — vraiment pas beaucoup — et elle avait une amie qui en avait encore moins; elle réussissait quand même à lui faire des paniers de nourriture. Je trouvais ça beau de voir que, même si elle n'avait pas beaucoup d'argent, elle en donnait à ceux qui étaient encore plus démunis. J'espère que je tiens d'elle!

I find empathy is one of the most beautiful human qualities. I think that if everyone was empathetic, life would be very different. My mother has always been a very empathetic person, who puts the needs of others before her own. When my mom and dad split up, I went to live with my mom. She didn't have much money—really not much—and she had a friend who had even less. She still managed to make food baskets for her. I thought it was beautiful to see that even if she didn't have much money, she still gave some to those who had even less. I hope I take after her!

**Je suis arrivé ici en 1992,** pis j'ai travaillé une dizaine d'années comme intervenant auprès des jeunes. Beaucoup de jeunes défavorisés. Ensuite, j'ai fait plusieurs autres choses, toujours dans le social, mais à un moment donné, j'ai voulu changer complètement de voie. Il y a quatre ans, j'ai lancé mon camion de bouffe de rue! Ça me permet aussi de continuer à aider des jeunes. On organise bientôt une course de vélo de 60 kilomètres avec une centaine d'entre eux. Ce n'est quand même pas rien, comme distance! Ils sont allés voir des commerçants locaux et des grands magasins pour lever des fonds. Avec l'argent amassé, on leur achète des vélos. Et surtout, ça leur montre que c'est possible, qu'on peut s'en sortir si on est motivé.

En Inde, il n'y a pas d'endroits comme ici avec des bars, des cinémas, des *bowlings*. Tout ce qu'il y a, dans la rue, c'est la bouffe. Ça fait partie de toi. Toute la vie en société tourne autour de ça. Les gens se retrouvent dehors et discutent, partagent leurs vies. Ils se retrouvent ensuite dans la cuisine pour préparer le repas. Facebook… pas tant que ça, là-bas. J'ai appris la cuisine comme ça, sur le tas. Pis les gens ici sont un peu tannés de manger de la pizza, je pense.

I arrived here in 1992, and I worked about 10 years as a youth worker. Many disadvantaged young people. Then I did several things, always in the social area, but at some point, I wanted a complete change of path. Four years ago, I started my food truck! It also allows me to continue to help young people. A 60-kilometre race will be organized soon with a hundred of them. This is something, such a distance! They went to local retailers and department stores to raise funds. With the money raised, they bought bicycles. And above all, it shows them that it's possible, that you can do well if you're motivated.

In India, there are no places like here with bars, movie theatres, bowling alleys. All there is in the street is food. It's part of you. All the social life revolves around it. People meet outside and talk, share their lives. Then they meet in the kitchen to cook dinner. Facebook... not so much over there. I learned cooking like that, on the job. And people here are a bit tired of eating pizza, I think.

**On se connaît depuis vingt-six ans.** On s'est rencontrés à un party. Pis on est restés dix ans ensemble. Après la séparation, il y a eu une période d'adaptation, bien sûr, mais en couple, on était déjà très amis. Le couple c'est une chose, mais tu ne veux pas forcément perdre ton amitié en plus ! Là, on a tous les deux notre vie, notre famille, fait que c'est assez rare qu'on se voie juste tous les deux ; on se voit surtout avec notre gang d'amis. Notre amitié est forte parce qu'on a été capables de se confier, même à propos de nos relations qui sont venues après. On s'entraidait ! Mais ça ne se fait pas consciemment, tout ça ; c'est correct si ça n'arrive pas — chaque couple est différent.

............

We've known each other for 26 years. We met at a party. And we stayed together for 10 years. After the separation, there was a period of adjustment, of course, but as a couple, we were already best friends. Being a couple is one thing, but you don't necessarily want to lose your friendship as well! Now we both have our lives, our families, so it's pretty rare to just be the two of us; we mostly see each other with our group of friends. Our friendship is strong because we've been able to confide in each other, even about our relationships that came after. We helped each other! But all that isn't done consciously; it's okay if it doesn't happen—every couple is different.

Often, people want to identify you with your culture: "You, French"; "You, Quebecers"; "You, immigrants"... But me, I don't know, I never know what to say. I'm half German, half Bolivian—even a little American Indian. I was born in France, I lived my whole life in Montréal, but I have a French accent... It must be cool to be able to say, "I'm proud to be a Quebecer," for example. But what I have is fragments of culture; it creates a kind of exclusion sometimes.

When I was little, my parents thought it was enough for me to learn two languages [French and English], but I would have liked to learn Spanish and German at home. Not speaking those languages creates a distance with my parents' cultures, and sometimes I have trouble conversing with my family on each side. But one of my goals in life is to learn about these cultures, these languages. It'll come at some point! In the meantime, I try to identify myself with something other than my culture, and I usually say I'm a Montréaler. I think it represents me well. It's chaotic, but this cultural exchange is also magical!

**Souvent, les gens** veulent t'identifier à ta culture: « Vous, les Français »; « Vous, les Québécois »; « Vous, les immigrants »... Mais moi je ne sais pas, je ne sais jamais quoi répondre. Je suis moitié Allemande, moitié Bolivienne, un peu Amérindienne même. Je suis née en France, j'ai vécu toute ma vie à Montréal, mais j'ai un accent français... Ça doit être cool de pouvoir se dire « Moi je suis fière d'être Québécoise », par exemple, mais ce que j'ai, c'est des fragments de culture — ça crée une sorte d'exclusion parfois.

Quand j'étais petite, mes parents pensaient que m'apprendre deux langues [le français et l'anglais], c'était suffisant, mais j'aurais bien voulu apprendre l'espagnol et l'allemand à la maison. Ne pas les parler, ça a créé une distance avec les cultures de mes parents, et j'ai parfois du mal à converser avec ma famille de chaque côté. Mais un de mes buts dans la vie, c'est d'apprendre à propos de ces cultures, de ces langues. Ça viendra à un moment donné! D'ici là, j'essaie de m'identifier à autre chose que ma culture, et en général, je dis que je suis Montréalaise. Je trouve que ça me représente bien. C'est chaotique, mais c'est magique aussi, cet échange culturel!

**Il y a quinze ans,** j'ai eu un accident. J'ai plongé dans une piscine, je me suis cogné la tête dans le fond et je me suis cassé le cou. Je suis maintenant tétraplégique. Au début, j'ai perdu énormément d'autonomie. J'avais mon permis, mais je ne pouvais pas conduire moi-même, je dépendais de ma mère. Mais à partir du moment où j'ai récupéré assez de capacités pour conduire, pis que j'ai fait adapter mon véhicule, ça a vraiment été « charnière » dans mon intégration sociale après mon accident. J'ai pu retrouver la grande liberté que tout le monde devrait avoir.

............

Fifteen years ago, I had an accident. I dove into a pool. My head hit the bottom and I broke my neck. Now I'm a quadriplegic. At first, I lost a lot of independence. I had my driver's license, but I couldn't drive myself. I had to depend on my mother. But from the moment I recovered enough abilities to drive and I had my car adapted, it was really the turning point in my social integration after my accident. I was able to regain the great freedom that everyone should have.

**Mon frère, ça a toujours été mon héros,** même avant l'accident. Je le trouvais cool avec son style grunge, ses longs cheveux et son piercing au sourcil ! Je le trouve toujours cool. Après l'accident, la seule chose qui a changé, c'est que je me suis encore plus rendu compte que c'est une grosse tête de cochon. C'est tellement désagréable des fois, mais à chaque fois, je me dis que c'est sa plus grande qualité ! C'est ça qui le fait foncer dans la vie, qui fait qu'aujourd'hui il peut marcher, et qu'il milite pour l'accessibilité universelle.



My brother's always been my hero, even before the accident. I thought he was cool with his grunge style, his long hair and his eyebrow piercing! I still think he's cool. After the accident, the only thing that changed was that I realized even more that he's really pigheaded. It's so unpleasant sometimes, but every time, I tell myself that it's really his best quality! It's what makes him rush into life, why he's able to walk today, and why he advocates for universal accessibility.

**Je suis étudiante** en kinésiologie. Le kinésiologue est un professionnel de la santé qui est spécialiste de l'activité physique. J'aimerais aider les gens qui en ont vraiment besoin, les informer sur les bonnes habitudes de vie, leur apprendre à aimer l'activité physique, les faire bouger plus. J'aimerais… pas changer le monde, mais simplement faire une différence dans notre société qui est de plus en plus malade, en raison, principalement, de la sédentarité et de l'inactivité physique.

I'm a kinesiology student. A kinesiologist is a health professional who specializes in physical activity. I'd like to help people who really need it, educate them about good lifestyle habits, teach them to like physical activity, make them move more. I'd like… not to change the world, but simply to make a difference in our society that is becoming more and more sickly, primarily due to sedentariness and physical inactivity.

**Ma famille a déjà été réfugiée** une première fois. On est d'origine arménienne. Mes arrière-grands-parents vivaient en Turquie et ils ont été victimes du génocide de 1915. Ceux qui ont survécu — les femmes et les enfants — sont partis sans rien et ont marché plusieurs jours pour aller en Syrie. Mon grand-père avait quatre ans à l'époque, c'était le plus jeune. J'ai donc vécu mon enfance en Syrie, et je suis arrivée ici à 13 ans. Mon père avait déjà visité le Canada et il trouvait que c'était le plus beau pays au monde, alors un peu sur un coup de tête, on est partis. On avait quand même une bonne situation au pays, donc nous, rien ne nous avait obligés à partir. >

Ma ville natale, Hassaké, est encerclée aujourd'hui. Entre l'État islamique, les milices kurdes et le gouvernement syrien qui contrôle la région… Elle a encore été bombardée la semaine dernière. Fait que mon oncle, sa femme et leurs deux filles sont allés se réfugier dans une ville où il n'y a pas de combats pour l'instant, près de la frontière libanaise. Ça fait quatre ans qu'il n'y a pas de travail. Et les gens ne meurent pas seulement sous les bombes, il y a aussi la privation : pas d'eau, pas d'électricité, pas de ramassage des ordures, la chaleur, etc. J'ai un autre oncle qui est décédé il y a un mois et demi, faute de soins, puis sa femme est morte elle aussi, un mois plus tard.

Devenir apatride n'était pas un choix, parce que c'est trop douloureux de s'éloigner de ceux qu'on aime. On est reconnaissants envers la Syrie parce qu'on nous a donné la citoyenneté quand on a fui la Turquie et parce qu'on y a vécu une belle vie et joui d'une longue paix, dans une région entourée de pays en guerre. Et puis ma ville natale [Hassaké] était ultratolérante : on n'avait jamais été menacés jusqu'à aujourd'hui. Il y avait des chrétiens et des musulmans, et la cohabitation était parfaitement harmonieuse. C'est sûr qu'il y avait parfois des altercations, mais tout le monde se respectait, il y avait de l'entraide. On se fréquentait, on fêtait leurs fêtes religieuses, et ils fêtaient les nôtres. Deux fois plus de célébrations !

Aujourd'hui, Daesh et les autres ont détruit tout le tissu social. Et on parle souvent des chrétiens — comme nous — qui sont menacés, mais les musulmans le sont tout autant. Personne ne se reconnaît dans cette barbarie.

Leur vie est menacée tous les jours et ils vivent dans des conditions super difficiles, mais c'est sûr que le choix de venir ici est difficile aussi. T'es autonome dans ton pays, mais là, t'abandonnes tout derrière toi, et quand t'arrives ici, tu deviens dépendant des personnes qui te parrainent pour tout : l'argent, le logement, les papiers, la langue, etc. Les réfugiés ne veulent pas devenir un poids. C'est une décision terrible, mais c'est leur vie qui est en jeu. Nous, on a une maison, fait qu'on va pouvoir offrir à la famille de mon oncle au moins le logement à l'étage pendant un an, et pour le reste, on va se débrouiller. On essaie de leur faire sentir qu'on ne sera pas les seuls à être responsables d'eux quand ils vont venir, que c'est toute une collectivité qui sera derrière eux.

My family has already sought refuge once. We're of Armenian origin. My great-grandparents lived in Turkey and were victims of the 1915 genocide. Those who survived—women and children—left without a thing and walked several days to get to Syria. My grandfather was four at the time. He was the youngest. So I spent my childhood in Syria, and I came here when I was thirteen. My father had already visited Canada, and he thought it was the most beautiful country in the world. So on a bit of a whim, we left. We still had a good situation at home, so we didn't have to leave.

My hometown, Al-Hasakah, is surrounded today. Between the Islamic State, the Kurdish militia and the Syrian government that controls the area... It was bombed again just last week. So my uncle, his wife and their two daughters sought refuge in a city where there's no fighting for now, near the Lebanese border. There's been no work for four years. And people don't just die from bombs—there's also deprivation: no water, no electricity, no garbage collection, with the heat, etc. I have another uncle who died a month-and-a-half ago from the lack of healthcare. Then his wife, a month later.

Becoming stateless wasn't a choice because it's too painful to move away from those you love. We're grateful to Syria because we were given citizenship when we fled Turkey and because we lived a good life and enjoyed a long time of peace in a region surrounded by countries at war. And my hometown [Al-Hasakah] was ultratolerant; we'd never been threatened until now. There were Christians and Muslims, and we cohabitated in perfect harmony. Sure there were quarrels sometimes, but everyone respected each other; there was mutual aid. We visited each other, we celebrated their holidays, and they celebrated ours. Twice the celebrations!

Today, Daesh and the others have destroyed the entire social fabric. And we often speak of Christians—like us—who are threatened, but Muslims are just as threatened. No one recognizes themselves in this barbarism.

Their lives are threatened every day and they live in super difficult conditions, but it's certain that the choice to come here is difficult, too. You're self-sufficient in your country, but then you leave everything behind, and when you arrive here, you become dependent on people who sponsor you for everything: money, housing, papers, language, etc. Refugees don't want to become a burden. It's such a difficult decision, but their lives are at stake. We have a house, so we'll be able to at least offer my uncle's family the upstairs for a year, and for the rest, we'll make do. We try to make them feel that we won't be the only ones responsible for them when they come, that it's an entire community that will be behind them.

**Quand j'ai vraiment pensé,** tsé : « OK, c'est sûr que je suis aux femmes », la première chose qui m'est passée par la tête, c'est : « Oh non, pas ça en plus, je me complique la vie, là... » Ça, c'est la chose la plus dure que j'aie eu à annoncer. À mes amis, pas à mes parents. J'avais tellement peur d'être rejetée. Mes amis, avec qui je me tiens depuis toujours, s'ils me rejettent, je n'ai plus rien. Mais eux autres, ils le savaient avant moi. Je leur ai dit, et ils m'ont dit : « Caro, on le sait que t'es gaie. » Là tu marches, pis t'es légère.

Quand j'ai embrassé Céline pour la première fois, j'ai vu des feux d'artifice. J'étais assise sur un *stool* dans un bar, elle était debout, on était à la même hauteur. Le gars a crié « *last call!* » pis elle a fait le *move*. C'est une femme formidable — ça, tu peux l'écrire douze fois. Elle ne voyait pas ce que j'avais [de différent], même si c'était la première fois qu'on se voyait. Elle ne l'a pas vu ; je ne l'ai pas senti. On a fait les affaires normalement, sans se poser de questions, sans malaise. Mais elle m'a dit plus tard : « Quand je t'ai embrassée dehors, je ne savais pas s'il fallait que je me penche ou que je plie les genoux. Je descends, ou je me penche ? » J'ai tellement ri quand elle m'a dit ça !

When I truly thought, you know, "Okay, it's for sure that I like women," the first thing that crossed my mind was, "Oh no. Not that, too. I'm just making my life more complicated now. ." It was the hardest thing I've ever had to announce. To my friends, not to my parents. I was so afraid of being rejected. My friends, who I've been hanging out with since primary school, if they reject me, I've got nothing left. But they knew before I did. I told them, and they said, "Caro, we know you're gay." You walk, and you're light hearted.

When I kissed Céline for the first time, there were fireworks. I was sitting on a stool in a bar; she was standing. We were the same height. The guy shouted "Last call!" and she made her move. She's a wonderful woman—that you can write a dozen times. She didn't see what I had [that was different], even though we were meeting for the first time. She didn't see it; I didn't feel it. Things happened naturally. We didn't have to think about it, no awkwardness. But she told me later, "When I kissed you outside, I didn't know whether I should lean over or bend my knees. Do I get down, or do I lean?" I laughed so hard when she told me that!

**My mother is the best example** of sacrifice and unconditional love for me, until she died, back in India, when I was 18. Her love had no limits or boundaries. She fulfilled all our desires, as much as she could. She gave my brother and me the best education possible. I remember, she used to wake up at 4 a.m. or stay up until midnight to help me study, make sure I had some coffee, etc. I made it to Montréal because of her. I made it to my dream of higher studies because of her, because of all the struggles she went through all alone. She was fearless!

Before her coma, I was in the hospital with her and she told me, "Always keep progressing." Those were her last words, like she knew she wasn't gonna wake up again. I think I denied her death for a long time. For weeks, I kept thinking I'd spot her in the street. I'd rush up to some strangers, only to realize it was not her. The shock and disbelief prevented me from grieving straightaway, and I basically kept myself busy with my studies. But I was gifted with the greatest godparents, my uncle and aunt. I got to call someone my mom and dad again.

Ma mère est le meilleur exemple de sacrifice et d'amour inconditionnel pour moi, jusqu'à sa mort, là-bas en Inde, quand j'avais 18 ans. Son amour n'avait pas de limites ou de frontières. Elle réalisait tous nos désirs, autant qu'elle le pouvait. Elle nous a donné, à mon frère et à moi, la meilleure éducation possible. Je me souviens, elle avait l'habitude de se réveiller à 4 h du matin ou de rester debout jusqu'à minuit pour m'aider à étudier, pour s'assurer que j'avais un peu de café, etc. Je suis arrivée jusqu'à Montréal grâce à elle, j'ai réalisé mon rêve d'études supérieures grâce à elle — grâce à tous les combats qu'elle a menés toute seule. Elle n'avait peur de rien!



Avant son coma, j'étais à l'hôpital avec elle et elle m'a dit: «Continue toujours d'avancer.» C'était ses derniers mots, comme si elle savait qu'elle ne se réveillerait plus. Je pense que j'ai refusé d'accepter sa mort pendant un long moment. Pendant des semaines, je pensais que je l'apercevais dans la rue. Je fonçais vers des inconnus, pour me rendre compte que ce n'était pas elle. Le choc et le doute m'ont empêchée de faire mon deuil tout de suite, et je me suis plongée dans mes études pour rester occupée. Mais j'ai la chance d'avoir les meilleurs parrains, mon oncle et ma tante. J'ai pu appeler quelqu'un «maman» et «papa» à nouveau.

— **We were born and raised** in Damascus. We've lived and studied through the war for three, four years, and a few months ago, we had to move to Lebanon, then here. When you always live in fear, you just want it to end.
— And you can't end the war, so you have to go away from it. We moved with our father, our mother and our sister.
— We couldn't stay and ruin our future. We were studying—that's good—but what after? In 5 years when we finish, the bombs won't know that we should be going to work... It's a relief when you decide you're going, but when you actually go away from the people you love... that's when it's really hard. It's not about leaving the place; it's leaving the people that's difficult. My last memory at the Syrian border was not wanting to step out. But we had to. We have a long life to live, and we wouldn't be useful to our country if something happened to us. When we got out of the plane with all the refugees, there was a big welcome. I was expecting a warm welcome, but it was very big. It was 9 p.m. The employees of the airport were exhausted, but we could see a big welcome on their faces.
— They were all standing in a line, from the plane to the room with all the computers, welcoming us. That was amazing.
— Heartwarming. The people here in Montréal are very friendly. Then when we were finished with the papers and got out, we saw all the relatives we hadn't seen in years. Twenty years for some of them.
— All of them were there.
— Fifteen people looking at you, smiling at you and hugging you. That just makes you cry. I cried.

Every time you get out of your house, you have a 50 percent chance to get killed—more outside of Damascus. During war, there's something special. You always think it's away from you, you only hear sounds, but when someone you know gets hurt or affected, then the war gets to you... I had a friend who studied pharmacy. He had the same routine I had... He was the same as me. One day, he got to his car to go to the university, and a missile fell. He died, just like that. That day has been very hard for us students. You would walk through the corridors and see people cry. That changed the way I see life: during a war, you're not special; you're just someone who might be killed or kidnapped. You're not protected. The missiles don't know that you're special to your mom, special to your dad. You're not special.

— We have a second chance here. We got accepted in CÉGEP, and now we're gonna dream big! We're going to continue our studies.
— I'm not just going to continue my studies. If I can, I'm going to apply for medicine. That's the real dream I had.
— It's sad that we had to leave Syria and start from the bottom. But it's not all bad, because I can pursue my dreams here. Not all of them, but some.
— It's a long road from now, and a hard one, but it's a road, and we have to take it.
— And it's comforting when you arrive in a new place, and you know you already have a friend, a brother, in that new place.
— Because he's right beside you. We came here and don't know anyone, but when we'll be going to CÉGEP, we'll be sitting together for lunch. >

— Fifteen people looking at you, smiling at you and hugging you. That just makes you cry. I cried.

— Quinze personnes qui te regardent, qui te sourient et qui te prennent dans leurs bras, ça te fait juste pleurer. J'ai pleuré.

— On est nés et on a grandi à Damas. On a vécu et étudié pendant la guerre, pendant trois, quatre ans, et il y a quelques mois, on a dû partir au Liban, puis venir ici. Quand tu vis toujours dans la peur, tu veux juste que ça s'arrête.
— Et tu ne peux pas arrêter la guerre, alors tu dois t'en éloigner. On est partis avec notre père, notre mère et notre sœur.
— On ne pouvait pas rester et ruiner notre avenir. On étudiait, c'est bien, mais après, quoi ? Dans cinq ans, quand on aurait terminé, les bombes nous auraient suivis au travail. C'est un soulagement quand tu apprends que tu pars, mais quand tu pars pour de vrai, loin des gens que tu aimes… c'est là que c'est difficile. Ce n'est pas laisser l'endroit, c'est laisser les gens qui est difficile. Mon dernier souvenir à la frontière syrienne, ça a été de ne pas vouloir sortir. Mais on devait. On a une longue vie à vivre, et on ne serait pas utile à notre pays si quelque chose nous arrivait… Quand on est sortis de l'avion avec tous les réfugiés, il y avait un énorme accueil. Je m'attendais à un accueil chaleureux, mais c'était vraiment énorme. Il était 21 h, les employés de l'aéroport étaient épuisés, mais on pouvait voir la chaleur sur leurs visages.
— Ils se tenaient tous en ligne, de l'avion jusqu'à la pièce avec tous les ordinateurs, pour nous accueillir. C'était incroyable.
— Ça réchauffait le cœur. Les gens ici, à Montréal, sont très chaleureux. Et quand on en a eu fini avec les papiers et qu'on est sortis, on a vu tous les proches qu'on n'avait pas vus depuis des années, vingt ans pour certains.
— Ils étaient tous là.
— Quinze personnes qui te regardent, qui te sourient et qui te prennent dans leurs bras, ça te fait juste pleurer. J'ai pleuré.

— Chaque fois que tu quittes ta maison, t'as 50 % de chances de te faire tuer. Plus, en dehors de Damas… Pendant la guerre, il y a quelque chose de spécial : tu penses toujours que c'est loin de toi, tu entends seulement des sons, mais quand quelqu'un que tu connais est blessé ou affecté, alors la guerre te touche… J'avais un ami qui étudiait en pharmacie. Il avait la même routine que moi, il était comme moi. Un jour, il est allé à sa voiture pour venir à l'université, et un missile est tombé. Il est mort, juste comme ça. Ce jour-là a été très dur pour nous, les étudiants. Tu marchais dans les couloirs et tu voyais les gens pleurer. Ça a changé la façon dont je vois la vie. Pendant une guerre, tu n'es pas spécial, tu es juste quelqu'un qui pourrait se faire tuer ou kidnapper. Tu n'es pas protégé. Les missiles ne sauront pas que tu es spécial pour ta maman, spécial pour ton papa. Tu n'es pas spécial.

— On a une deuxième chance ici. On a été acceptés au cégep, et maintenant, on va rêver en grand ! On va continuer nos études.
— Je ne vais pas seulement continuer mes études. Si je peux, je vais postuler en médecine. C'est le rêve que j'avais.
— C'est triste qu'on ait dû quitter la Syrie et recommencer du début, mais tout n'est pas mauvais, parce que je peux poursuivre mes rêves ici. Pas tous, mais certains.
— C'est un long chemin à partir de maintenant, et un chemin difficile, mais c'est un chemin, et on doit le prendre.
— Et c'est réconfortant quand t'arrives dans un nouvel endroit, et que t'as déjà un ami, un frère, dans ce nouvel endroit.
— Parce qu'il est à tes côtés. On est venus ici et on ne connaît personne, mais quand on va aller au cégep, on s'assoira ensemble pour dîner.

— Elle est vraiment positive, tout le temps. Et moi, je suis assez anxieux, donc ça me fait du bien. J'adore ses fesses, aussi.
— Moi, j'aime son humour et ses sarcasmes !

............

— She's very positive, all the time. And I'm rather anxious, so it does me some good. I love her butt, too.
— I like his humour and his sarcasm!

**J'ai passé mon enfance** à l'hôpital et dans des centres de réadaptation parce que j'ai manqué d'oxygène à ma naissance : j'ai perdu beaucoup d'autonomie… Mais quand j'ai eu neuf ans, j'ai pu réaliser un de mes plus grands rêves grâce à une fondation. J'ai pu aller à Disney World avec ma famille. C'était la première fois que je prenais l'avion, et j'ai pu rencontrer mes personnages préférés et faire tous les manèges ! Pour la première fois, je me suis sentie comme une petite fille normale. Puis, par la suite des choses, j'ai fini par être engagée par cette même fondation. Ça fait maintenant un an et demi que je travaille avec eux sur des événements pour donner une vie aussi normale que possible aux enfants malades ou handicapés. Je voulais, en quelque sorte, redonner ce que j'avais reçu.

I spent my childhood in hospitals and rehabilitation centres because I had a lack of oxygen at birth: I lost a lot of independence… But when I was 9 years old, I achieved one of my biggest dreams thanks to a foundation. I was able to go to Disney World with my family. It was the first time I took a plane, and I got to meet my favourite characters and go on all the carousels! For the first time, I felt like a normal little girl. Then later, I ended up being hired by the same foundation. Now I've been working for a year-and-a-half with them on events to make life as normal as possible for sick or disabled children. In some way, I wanted to give back what I received.

**Growing up always having a best friend,** and sharing an irreplaceable bond you can't have with anybody else... The whole experience of being identical twins is incredible. But for us, it's not that special because it's all we know. Even our siblings are [fraternal] twins! Being an "individual person" would probably be interesting for us because we've never experienced it. Right now, we're living together, with our three cats and my fiancé. But he proposed in January, so we already came to the conclusion that when we'll move out, it's kind of going to be a divorce where I, or my sister, will keep the three cats, not to split them up, and the other will always come and visit.

With our school, we both went for a humanitarian trip to India, to a school for kids with special needs. We were trying to help them make a garden. So we were lifting these huge barrels of gravel to make a pathway for them and all of a sudden, the little kids brought containers, filled them with gravel and carried them on their heads just like they saw their moms do, to help us. It was so cute! Probably one of the most notable memories we have together, also reinforcing our desire to become social workers.

Grandir en ayant toujours une meilleure amie et en partageant un lien irremplaçable que tu ne peux pas avoir avec quelqu'un d'autre... Toute l'expérience d'être des jumelles identiques est incroyable, mais pour nous, ce n'est pas spécial parce que c'est tout ce qu'on connaît. Même notre frère et notre sœur sont des (faux) jumeaux! Être une «personne individuelle» serait probablement intéressant pour nous, parce qu'on ne l'a jamais expérimenté. En ce moment, on vit ensemble, avec nos trois chats et mon fiancé. Mais il m'a demandée en mariage en janvier, et on est déjà arrivées à la conclusion que quand on déménagera, ce sera comme une sorte de divorce: l'une de nous gardera les trois chats, pour ne pas les séparer, et l'autre viendra leur rendre visite.

Avec notre école, on est parties toutes les deux en voyage humanitaire en Inde, dans une école pour enfants ayant des besoins spéciaux. On essayait de les aider à créer un jardin. On soulevait ces énormes barils de gravier pour leur faire un chemin. Tout à coup, les petits enfants ont apporté des contenants; ils les ont remplis avec du gravier et les ont portés sur leur tête exactement comme ils voyaient leur maman le faire, pour nous aider. C'était tellement mignon! C'est sûrement l'un de nos souvenirs les plus significatifs ensemble, et ça a aussi renforcé notre désir de devenir travailleuses sociales.

Do you know why my eyes are like this? When I was born, there was just skin; it was a malformation. The doctors had to do surgery to create eyelids. That's why I have bags under my eyes. And there's one [eye] that they messed up. For twelve years, I went to Sainte-Justine Hospital every week. It was my adoptive father who took me, but I didn't know that: I thought he was my real father.

When I was 12, he died, and my adoptive mother had to get rid of me. I hid under the sink. I didn't want them to come get me. But they heard me cry, so they found me right away, and I was forced to leave. It made me sad. They took me to another family, and they moved me to different families three times. The families were paid to take care of me, but it was almost like I had been kidnapped: I had to do the dishes, the laundry, clean the house and everything. I've had some hard times, but I made it through anyway. And today I'm still happy to be here.

**Sais-tu pourquoi** j'ai les yeux de même? Quand je suis venu au monde, j'avais juste de la peau; c'était une malformation. Les docteurs ont dû me faire une opération pour faire des paupières. C'est pour ça que j'ai des poches sous les yeux. Et il y en a un [œil] qu'ils ont manqué. Pendant douze ans, j'allais à l'hôpital Sainte-Justine toutes les semaines. C'est mon père adoptif qui m'amenait, mais je ne le savais pas, ça: je pensais que c'était mon vrai père.

Quand j'avais 12 ans, il est mort, et ma mère adoptive a été obligée de se débarrasser de moi. Je me suis caché sous le lavabo. Je ne voulais pas qu'ils viennent me chercher. Mais ils m'ont entendu brailler, fait qu'ils m'ont trouvé tout de suite, pis j'ai été obligé de m'en aller. Ça m'a fait de la peine. Ils m'ont amené dans une autre famille, mais j'ai changé trois fois de place. Les familles étaient payées pour me garder, mais j'étais rendu quasiment «kidnappé»: je devais faire la vaisselle, le linge, le ménage pis toute. J'ai passé des moments difficiles, mais je m'en suis sorti. Et aujourd'hui, je suis content d'être là.

**J'ai tout le temps eu du cœur,** j'ai tout le temps aidé quelqu'un. Ce qui me rend le plus fier dans ma vie, c'est d'aider mes chums, mes vrais chums. Et d'aider du monde qui n'ont rien à manger. Il y a des itinérants qui viennent me voir ; si j'ai de la bouffe, je leur en donne. Avoir du cœur, c'est savoir comment *bummer* itou. Il faut que tu sois poli ; tu n'envoies pas chier le monde. Moi, je dis bonjour à tout le monde qui passe. C'est ça le monde de la rue.

I've always been good-hearted. I've always helped out anyone. The thing I'm the proudest of in my life is helping my friends, my true friends. And helping those who have nothing to eat. There are some homeless people who come to see me; if I have food, I'll give them some. Being good-hearted is also knowing how to bum. You need to be polite; you can't tell people off. I say hello to everybody who walks by. That's the street life.

Ça fait plus d'une vingtaine d'années qu'on se connaît. Il y en a plein qui pognent des *partners* dans la rue, mais ils ne sont pas comme nous autres. Je peux te le jurer sur la tête de n'importe qui, je n'ai jamais vu deux itinérants s'adonner comme lui pis moi ! Lui il fait sa part, moi je fais la mienne. C'est de même que ça marche. Il faut s'entraider.

............

We've known each other for more than 20 years. Plenty of people find themselves partners in the street, but they're not like us! I'll swear on the life of anyone, I've never seen two homeless people stick together like us. He does his part; I do mine. That's how it works. We have to help each other.

He dressed up today! We're going to see a show; the musicians are introducing the kids to the symphony. He even brought his drum with him so he can play along!

Il s'est mis sur son trente-six aujourd'hui ! On va voir un spectacle. Les musiciens initient les enfants à la symphonie. Il a même apporté son tambour avec lui pour pouvoir en jouer en même temps !

**Je viens une fois par semaine** faire du bénévolat à la SPCA. Je promène les chiens pendant trois heures. Je viens pour les chiens, mais pour moi aussi. Pour les chiens, ma satisfaction, c'est de savoir que je m'implique dans leur vie, que je fais une différence avec la SPCA, qu'on travaille ensemble pour pouvoir faire en sorte que ce chien-là puisse un jour avoir une famille. Pis pour moi, c'est comme ma petite thérapie de la semaine, venir ici. Pendant trois heures, t'oublies tout autour de toi, t'oublies tes problèmes de la vie quotidienne, t'es *focus* sur les chiens, et eux sont tellement heureux de te voir que t'es comme : « Wow, OK, ça sert à quoi de penser à autre chose alors qu'il y a autant de joie ici ? »

I come once a week to volunteer at the SPCA. I walk the dogs for three hours. I come for the dogs, but also for me. For the dogs, my satisfaction is to know that I'm involved in their lives... that I make a difference with the SPCA... that we're working together so that this dog can one day have a family. And for me, those dogs are like my little weekly therapy, coming here. For three hours, you forget everything around you. You forget the problems of daily life. You focus on them, and they are so happy to see you that you're like, "Wow! Okay, what's the point of thinking about something else while there's so much joy here?"

## Devine qui je suis !

..........

Guess who I am!

DO NOT CROSS POLICE LINE

**Je suis quelqu'un qui a du mal à exprimer ses émotions… La musique, c'est un peu ma thérapie, c'est ce qui me permet de sortir des choses et de me montrer telle que je suis. C'est ce contact avec les gens que j'aime, cette communication sans mots.**

...........

I'm someone who has trouble expressing her emotions… Music is a bit like therapy to me. It's what allows me to get things out and show myself as I am. It's the contact with people that I love, this communication without words.

**Je n'étais pas supposée avoir un enfant.** Quand je suis tombée enceinte, c'était comme: « Waouh ! » Ça a été le premier choc nerveux qui a déclenché la maladie. Le deuxième choc — elle est trop jeune pour s'en souvenir —, ça a été quand son p-a-p-a a fait une psychose toxique et a voulu nous t-u-e-r sur la voie de service à Saint-Eustache… Quand elle est venue au monde, ça a empiré les choses pour moi, mais ça a été le plus beau moment de ma vie, ça m'a rendue meilleure. Malheureusement, depuis septembre, on sait qu'elle a le même syndrome que moi. C'est une maladie orpheline et il n'y a aucun traitement, mais elle est encore jeune. On va pouvoir prévenir la maladie. Je ne peux plus vraiment travailler, et je n'ai peut-être pas une cenne en poche, mais je vais faire ce qu'il faut pour la protéger.

Ma fille est maintenant en famille d'accueil. Je ne pouvais plus m'occuper d'elle correctement, à cause de la maladie. C'était vraiment dur de la laisser partir, mais c'est pour son bien, pour qu'elle puisse s'épanouir pleinement. C'est moi qui lui ai trouvé cette merveilleuse famille, que j'ai fait attitrer par la DPJ pour qu'ils deviennent prochainement ses tuteurs. Je lui ai trouvé de très bonnes personnes. Elle fait plein d'activités, elle va à l'école, elle voit plein de monde. Moi, je ne peux pas me lever tous les jours à 7 h au matin et me dire que je suis en forme. Je peux être en forme, comme je peux être « à terre »… Je ne travaille plus, je prends le temps de vivre ; j'apprends à réorganiser ma vie, à respirer. T'as le choix d'être heureux ou d'être malheureux : j'ai fait le choix d'être heureuse, avec ma fille heureuse.

I wasn't supposed to have a child. When I got pregnant, it was like, "Wow!" That was the first nervous shock that triggered the disease. The second shock—she's too young to remember—was when her d-a-d had a toxic psychosis and tried to k-i-l-l us on the service road in Saint-Eustache… When she came into the world, it made things worse for me, but it was the happiest moment of my life. It made me better. Unfortunately, since September, we've know she has the same syndrome as me. It's a rare disease and there's no cure, but she's still young. We'll be able to prevent the disease. I can't really work anymore, and I may not have a penny in my pocket, but I'll do whatever it takes to protect her.

My daughter is now in a foster family. I couldn't take care of her properly anymore, because of the disease. It was very hard to let her go, but it's for her own good, so that she can reach her full potential. I'm the one who found this wonderful family and had Youth Protection appoint to become her guardians. I found her some very good people. She does lots of activities, she goes to school, she sees lots of people. I can't get up every day at 7 a.m. and say I'm in great shape. I can be in good shape just like I can be worn out. I don't work anymore. I take the time to live. I learn how to reorganize my life, to breathe. You can choose to be happy or choose to be unhappy. I chose to be happy with my daughter being happy.

**You know, when you're in jeans,** the ladies don't really look at you... they just walk by. But when you're in a kilt, you get the "Woooo! Have you seen this?" So it's a great way to meet people!

I was born on Vancouver Island, BC, in 1977. My hippie mother is from Gaspésie, while my dad is from Vancouver Island, BC. I obviously got the name Jade thanks to my free spirit mother. My great grandparents on my father's side moved to Canada from Scotland in 1917. That background was helpful in deciding to wear a kilt, besides the fact that anatomically speaking, a kilt is very comfortable and all men should wear one instead of pants. Also, when I worked in an office at Parliament in Ottawa, I would often wear the kilt because it is just as formal as a suit and tie, but since I was the only guy to wear one, it changed things up a bit, made for some variety. I guess it's about being a non-conformist.

I figure that more folks would wear a kilt in Montréal, considering the Scottish heritage of the city, like Old Montréal and McGill University. Surprisingly, many folks do not know what a kilt is and laugh because they think that I'm a guy wearing a skirt. I'm happy I can make people smile and laugh. Sometimes, just hearing them laugh at me makes me laugh too, because you never can take life too seriously. After all, we only live once, right?

Tsé, quand t'es en jeans, les femmes ne te regardent pas vraiment... elles passent tout droit. Mais quand t'es en kilt, t'as droit à un: « Woooo! T'as vu? » Donc, c'est un super moyen pour rencontrer du monde!

Je suis né sur l'île de Vancouver. Ma mère, une hippie, vient de la Gaspésie, alors que mon père est de l'île de Vancouver. Mon prénom, Jade, je le dois à « l'esprit libre » de ma mère. Mes grands-parents du côté de mon père sont venus d'Écosse au Canada en 1917. Mes origines m'ont aidé à prendre la décision de porter un kilt, sans compter que c'est anatomiquement très confortable! Tous les hommes devraient en porter un à la place des pantalons. D'ailleurs, quand je travaillais dans un bureau au Parlement d'Ottawa, je portais souvent un kilt. C'est tout aussi formel qu'un costume-cravate, mais comme j'étais le seul à en porter, ça faisait un peu de variété. J'imagine que je fais ça pour être anticonformiste.

Je pensais que plus de gens porteraient un kilt à Montréal, avec l'héritage écossais de la ville: le Vieux-Montréal, l'Université McGill... Étonnamment, beaucoup de gens ne savent pas ce qu'est un kilt — ils rigolent parce qu'ils pensent que je suis un gars qui porte une jupe! Je suis heureux de pouvoir faire sourire et rire les gens. Parfois, juste les entendre rire me fait rire aussi, parce qu'il ne faut jamais prendre la vie trop au sérieux. Après tout, on ne vit qu'une fois, pas vrai?

**J'ai adopté deux enfants** qui viennent du système de la DPJ, des jumeaux identiques. Ils avaient trois ans et demi. Ça faisait six mois qu'ils n'étaient plus dans leur milieu familial : ils avaient vécu de la négligence, ils ne marchaient pas bien, ils parlaient une langue à eux. On a fini par les comprendre, mais quelqu'un qui entrait chez nous ne comprenait rien du tout ! C'était extrêmement intense : les trois premiers mois, tu finis ta journée, tu t'assois sur le bord du trottoir et tu te mets à pleurer en disant : « Est-ce que je vais réussir ? » Et tu comprends assez rapidement que t'as beau être un excellent intervenant, quand on est parent d'enfants en grande difficulté, on est ailleurs !

Au bout de trois ou quatre mois, j'ai compris que j'allais être parent d'enfants qui en ont vécu beaucoup plus que les autres, et qui ont beaucoup plus de difficultés que les autres, et qu'à partir de là, j'allais faire de mon mieux. Quand j'ai compris ça, je ne me suis plus jamais questionné sur mes compétences. Ils ont 11 ans aujourd'hui, et de voir comme ils sont magnifiques, comme on a cheminé en tant que famille, et comme ils ont cheminé comme individus… Voir qu'ils sont fantastiques — parce que c'est deux êtres fantastiques — c'est des petits miracles pour moi. Chaque jour, avec mon chum, on se regarde et on se dit : « Mon Dieu qu'on est riches. » Pis on n'est pas riches, mais on est riches de ces enfants-là, de la relation qu'on a avec eux, de tout le plaisir qu'ils nous apportent chaque jour de notre vie. S'il y a une chose que je ne remets pas en question, c'est leur présence.

I adopted two children who came from the Youth Protection system—identical twins, three-and-a-half years old. They had been taken out of their family environment six months earlier. They had been neglected. They couldn't walk properly. They had their own language. We eventually understood it, but someone walking into our house wouldn't understand anything. It was extremely intense: the first three months, you finish your day, sit on the sidewalk and start crying while saying, "Am I going to make it?" And you understand very quickly that you may be a great social worker, but being a parent of children with serious problems… That's something else!

After three or four months, I understood I was going to be the parent of children who had been through much more than others, and who have much more troubles than others, and that from then on, I would do my best. When I realized that, I never questioned my abilities again. They're 11 now, and seeing how magnificent they are, how far we've come as a family, how far they've come as individuals… Seeing that they are fantastic—because they are two fantastic beings—those are little miracles to me. Every day, my boyfriend and I look at each other and say, "My God, we are rich." And we're not rich, but we are rich with these kids, with the relationship we have with them, with all the joy they bring us every day of our lives. If there's one thing I do not question, it is their presence.

**Suivre ma propre voie** et être heureux, c'est mon défi dans la vie. Un jour, j'aimerais avoir mon propre restaurant, mais au final, si je suis heureux au jour le jour et que je suis capable de garder ça de même, c'est assez pour moi. En ce moment, je suis heureux, j'ai trouvé le bon équilibre entre le temps que je mets dans ma vie professionnelle et le temps que je mets ailleurs. J'avais une job que j'aimais beaucoup, mais j'ai travaillé pendant huit mois soixante-quinze heures par semaine, six jours par semaine. À un moment donné, ça a fait comme: «OK, faut que ça change.» Quand tu fais du *cash* de même, t'as pas de temps libre, et ça finit par te coûter plus cher. Je me suis rendu compte que passé un certain revenu, tu dépenses ton argent aussi vite que tu le gagnes.

To follow my own path and be happy, that's my challenge in life. One day, I'd like to have my own restaurant, but in the end, if I'm happy from day to day and can keep it that way, that's enough for me. Right now, I'm happy. I've found a good balance between the time I spend working and the time I spend on other things. I used to have a job I loved, but I worked for eight months, seventy-five hours a week, six days a week. At one point, I was like, "Okay, it has to change." When you make cash that way, you have no spare time and it ends up costing you more. I realized that past a certain level of income, the money goes out just as fast as it comes in.

**— Ça a été le coup de foudre.** On s'est parlé sur un site de rencontre et on a pris rendez-vous, mais on n'y croyait pas, ni l'une ni l'autre.
— On n'y croyait pas... mais tu veux y croire quand même!
— Je finissais le boulot, et je suis allée la chercher en voiture. Quand elle est entrée dans ma voiture, je me suis retournée et j'ai dit: « Wow! T'es ben plus belle en vrai! »
— J'étais super gênée! Mais elle, elle parle beaucoup, donc elle a pris le *lead* pour me dégêner un peu. Et on ne s'est jamais lâchées depuis.

............

— It was love at first sight. We met on a dating website, and we set up a date, but we didn't believe in it, neither she nor I.
— We didn't believe in it, but you still want to believe.
— I was finishing work, and I went to pick her up in the car. When she got into the car, I turned around and I said, "Wow! You're so much more beautiful in real life!"
— I was super embarrassed! But she talks a lot, so she took the lead to make me comfortable. And we haven't let go of each other since.

**J'étais animateur de camp** et je me suis retrouvé à animer des camps dans des quartiers défavorisés, surtout dans le Grand Nord, dans une communauté inuite. J'étais à Salluit, le village le plus au nord du Québec, pendant deux ou trois mois. J'ai eu le temps de connaître des jeunes qui se sont suicidés. J'avais 17 ans, je n'étais pas prêt pour ça... Des jeunes qui ne l'ont pas eue facile, des gros problèmes, des confidences intenses.

Et j'ai eu un *flash*. Ça m'est arrivé spontanément — il fallait que je fasse de quoi. J'ai fouillé dans le costumier, je me suis déguisé en clown et je suis allé dans la rue. Je suis allé à la rencontre des gens. Je ne connaissais rien à ça, les clowns, mais je pense que ça faisait partie de moi: ça marchait. En plein milieu d'une rue, en plein Grand Nord, habillé tout croche avec des affaires de toutes les couleurs, sans aucune connaissance des techniques de clown, mais avec le cœur ouvert et l'envie de m'amuser avec les gens. Il y avait une gang d'ados qui jouaient à un jeu inuit avec des billes. Tsé, des *toughs*, qui l'ont pas facile, pis que n'importe qui aurait peur d'aller voir? Et moi, j'arrive, super heureux de les voir. Je leur fais des câlins pis je *chill* avec eux. Ils rient aux éclats, ils tripent... C'est devenu des chums.

Mon rêve, c'était d'être le premier clown humanitaire. Je m'imaginais dans les camps de réfugiés et les bidonvilles, et je pensais que personne n'avait pensé à ça avant. Je suis devenu clown, j'ai parti ma compagnie, et ces dernières années, je faisais trois voyages humanitaires par année. Mais un contrat rémunéré mène à un autre contrat rémunéré, et ce n'est pas ça que je veux faire. Donc, j'ai pris une chance en janvier dernier, et j'ai vendu ma compagnie. Là, je continue de vendre progressivement tout ce que j'ai, et je fais de l'humanitaire à temps plein. Je suis bénévole à temps plein. Je vis presque exclusivement de dons, et ça me permet d'aller vers les causes qui me touchent le plus et de donner mon temps.

Je suis 100 % bénévole et je suis persuadé que je travaille plus que la majorité des gens, mais aussi que je suis plus heureux que la majorité des gens.

Dans le camp de réfugiés d'Idomeni [en Grèce], j'étais là tous les jours. Ça me permettait d'avoir des relations significatives. Il y avait un petit bonhomme de peut-être trois ans qui était mon chouchou, et je pense que j'étais son chouchou aussi. Chaque jour, quand j'arrivais, il ne disait pas un mot. Il faisait juste courir et il me sautait dans les bras; puis, il se collait à moi et il ne voulait pas décoller. Quand le camp a été évacué, je l'ai perdu de vue. Je le voyais tous les jours, et du jour au lendemain, paf, je ne sais plus où il est, s'il va bien, s'il est en sécurité... J'ai commencé à faire la tournée des camps militaires, et après deux semaines, j'arrive dans un camp, je me retourne pendant que j'anime, pis je le vois, pis il me voit, et on dirait que le temps s'arrête: il court, il me saute dans les bras, et toute sa famille part à crier. Je n'avais jamais vu sa famille, mais il leur avait parlé de moi, apparemment. Ils me serraient tous dans leurs bras — ses frères et sœurs, ses parents — et ils m'ont invité à manger avec eux. Ça crée des amitiés uniques qui n'arriveraient jamais autrement.

À Idomeni, c'était particulièrement *rough*. Je travaillais avec un cirque de Londres, et au moins une fois par semaine, il fallait utiliser le mot de code « Chaplin », qui veut dire: « Tu ramasses tout ce que t'as et tu ne poses pas de questions, on évacue. » Ça arrivait souvent que pendant qu'on riait avec les enfants, à quelques centaines de mètres, les adultes s'entretuaient. C'était dans ma face, là. D'habitude, c'est à quelques kilomètres que les bombes pètent, mais là, c'était là là, et ça s'entretuait. Je n'ai jamais autant senti que ce que je faisais était pertinent. Si les enfants n'avaient pas été là en train de jouer avec moi, ils auraient été au milieu de la bataille, là-bas.

Tout choix qu'on fait dans la vie vient avec un sacrifice. Moi, je m'ennuie de mes amis, de ma famille. J'ai une nièce et je vais bientôt avoir un neveu. Je ne serai pas là pour sa naissance. Je ne pourrai pas non plus voir les premiers pas de ma nièce ni entendre ses premiers mots — je t'en parle, là, pis j'ai le motton dans la gorge. Mais c'est un choix. Je ne peux pas ne pas y retourner [dans les camps de réfugiés]. Ma nièce a un super papa, une super maman, elle a plein d'amour autour d'elle. Et son oncle clown, elle va être super contente quand il sera là; ça sera magique et spécial. Mais je pense qu'il y a du monde qui ont plus besoin de moi. Pis je peux le faire, alors il faut que je le fasse.

...........

I was a camp counsellor and I found myself working in underprivileged neighbourhoods, mostly in the Great North, in an Inuit community. I was in Salluit, the most northern village in Québec, for two or three months. I'd had time to get to know young people who committed suicide. I was 17; I wasn't ready for that... Young people who didn't have it easy, serious problems. They confide in you.

And I had a flash. It came to me spontaneously—I had to do something. I went through the dressing room, dressed up like a clown and went out into the street. I went to meet people. I knew nothing about this [clowns], but I think it was a part of me: it worked. In the middle of a street in the Great North, dressed in random, colourful clothes, with no knowledge of clowning techniques, but with an open heart and a desire to have fun with people. There was a group of teens playing an Inuit game with marbles. You know, the tough kind who don't have it easy and people would be afraid to talk to. And here I come, super happy to see them. I hug them and chill with them. They're laughing out loud, having a good time... We became friends.

My dream was to be the first humanitarian clown. I pictured myself in the refugee camps and the slums and I thought nobody had thought of that before. I became a clown, started my own company, and in the last few years, I was taking three humanitarian trips per year. But a paying gig leads to another paying gig, and that's not what I want to do. So I took a chance last January and sold my company. Now I'm gradually selling everything I have, and I do humanitarian work full time. I'm a full-time volunteer. I live almost >

Je ne connaissais rien à ça, les clowns, mais je pense
que ça faisait partie de moi.

I knew nothing about this [clowns], but I think it was a part of me.

Mon rêve, c'était d'être le premier clown humanitaire. Je m'imaginais dans les camps de réfugiés et les bidonvilles, et je pensais que personne n'avait pensé à ça avant.

............

My dream was to be the first humanitarian clown. I pictured myself in the refugee camps and the slums and I thought nobody had thought of that before.

completely off of donations, and it allows me to contribute to the causes that touch me the most and to give my time. I'm a 100 percent volunteer and I'm convinced that I work more than most people, but also that I'm happier than most people.



At the Idomeni refugee camp [in Greece], I was there every day, which allowed me to form meaningful relationships. There was a little guy, maybe three years old, who was my favourite, and I think I was his favourite, too. Every day when I got there, he wouldn't say a word. He would just run and jump into my arms; then he would hug me and he didn't want to get off. Then when the camp was evacuated, I lost track of him. I saw him every day and from one day to the next—bam—I don't know where he is, if he's doing okay, if he's safe... I started touring the military camps and after two weeks, I get to a camp, I turn around as I'm doing my show, and I see him, and he sees me, and it's like time stops: he runs, he jumps into my arms, and his entire family starts screaming. I had never seen his family, but apparently he had told them about me. They were all hugging me—his brothers and sisters, his parents—and they invited me to eat with them. It creates unique friendships that would never develop otherwise.

It was particularly rough in Idomeni. I was working with a circus from London, and at least once a week, we had to use the code word *Chaplin*, which means, "Pick up your stuff and don't ask questions; we're evacuating." Often, while we were laughing with the children, a few hundred metres away, adults were killing each other. It was right in my face. Usually, the bombs blow up a few kilometres away, but there it was right there, and people killed each other. I've never been more aware of the relevance of what I was doing. If the children hadn't been playing with me here, they would have been in the middle of the fight over there.

Every choice we make in life comes with a sacrifice. For me, I miss my friends, my family. I have a niece and I'll soon have a nephew. I won't be there for his birth. I won't be able to see my niece's first steps or to hear her first words—I'm talking about it now and I have a lump in my throat. But it's a choice. I can't not go back. My niece has an amazing dad, an amazing mom, she's surrounded with love. And she'll be super happy when her clown uncle comes to visit; it'll be magical and special. But I think there are people who need me more. And I can do it, so I have to do it.

**Je me suis impliqué** pendant cinq ans dans la Ligue française contre la sclérose en plaques. J'ai dirigé une association qui s'appelle *En mer pour combattre la sclérose en plaques*. On faisait le Tour de France à la Voile. Ça m'a apporté les plus beaux échanges de ma vie.

Le plus fort, c'était en Méditerranée; pendant l'été, on avait deux fois six patients à bord pour une semaine. Ils sortaient de là en disant que c'étaient les plus beaux moments qu'ils avaient jamais vécus. Je me rappelle d'un Anglais qui s'appelait John, qui ne connaissait personne et n'avait jamais fait de bateau de sa vie. Quand on a fêté son soixantième anniversaire à bord, il s'est mis à pleurer dans mes bras. Il y a eu un contact incroyable avec lui, ça a été le moment le plus fort de toute mon expérience.

For five years, I was involved in the Ligue française contre la sclérose en plaques [French League Against Multiple Sclerosis]. I managed an association called *En mer pour combattre la sclérose en plaques* [At Sea to Fight Multiple Sclerosis]. We'd sail around France. It led to most beautiful encounters of my life.

The most powerful was in the Mediterranean Sea. During the summer, twice there were six patients on board for one week. When they were leaving, they were saying that they were the most beautiful moments they'd ever had. I remember an Englishman named John who didn't know anyone and had never been on a boat in his life. When we celebrated his 60th birthday on board, he started crying in my arms. We had an incredible connection. It was the most powerful moment of my whole experience.

— **James was going to Chicago** to see some buildings—he was an architecture student—and I was working there and living there. We met on Hospitality Club, a couch surfing site which existed well before Airbnb.
— Before Airbnb monetized staying in people's houses.
— We've both done that in Europe, and we were repaying where we were living—him in Montréal, me in Chicago. And that's how we met: he asked to stay at my flat, and I wasn't very happy with my boyfriend, and he wasn't very happy with his girlfriend, and when we met, we improved upon things!

— James allait à Chicago pour voir des bâtiments — il étudiait en architecture — et moi je travaillais et vivais là-bas. On s'est rencontrés sur une plateforme de *couch surfing*, Hospitality Club, qui existait bien avant Airbnb.
— C'était avant qu'Airbnb monétise le fait de dormir chez les gens.
— On a tous les deux fait ça en Europe, et on rendait la pareille là où on vivait — lui à Montréal, moi à Chicago. Et c'est comme ça qu'on s'est rencontrés : il m'a demandé s'il pouvait faire un séjour dans mon appartement. Moi je n'étais pas très heureuse avec mon chum, et lui n'était pas très heureux avec sa blonde, et quand on s'est rencontrés, on a rendu les choses meilleures !

**Meditating is phenomenal.** I go from one good experience to another. Trying to find the words to describe those experiences is difficult. You have to experience it for yourself. I feel bliss quite often; I know I'm connected to everything. And I know this state is not discriminatory towards a certain faith: I know that if anybody follows their faith with integrity and dignity, they'll arrive there. In order to do this, you have to renounce many things, and you have to be looked after by the people. It's the only way to learn to pray for everybody. It's been a weird journey; it's got its ups and downs. Now I'm in a place where I'm happy, and my goal is to convey my experience to help other people.

............

C'est phénoménal de méditer. Je passe d'une bonne expérience à une autre. Essayer de trouver les mots pour décrire ces expériences est difficile. Il faut le vivre par soi-même. Je ressens souvent de la félicité, je sais que je suis connecté à tout ce qui nous entoure. Et je sais que ce n'est pas un état réservé à une certaine foi, que quiconque suit sa foi avec intégrité et dignité peut l'atteindre. Pour y arriver, il faut renoncer à beaucoup de choses et laisser les gens s'occuper de toi : c'est la seule manière d'apprendre à prier pour tout le monde. Ça a été un parcours étrange, avec ses hauts et ses bas. Aujourd'hui, j'ai trouvé le bonheur, et mon but est de transmettre mon expérience pour aider les autres.

**C'était un petit garçon** de 9 ou 10 mois qui n'avait jamais entendu un son. Ils ont fait l'opération, ils lui ont mis un implant. Après la cicatrisation, on était tous dans une salle, et ils ont activé l'appareil. À un moment donné, la mère a dit le nom de l'enfant et il était comme… (*elle bouge sa tête de chaque côté avec de grands yeux*). La mère s'est mise à pleurer, c'était un moment super émotif. Je me suis dit: « C'est incroyable, ça, redonner le sens de l'audition à un enfant et le voir sur son visage! » C'est là, pendant ce stage à l'hôpital, que j'ai su que je voulais devenir audiologiste et travailler sur les implants.

« La cécité nous coupe des choses, mais la surdité nous coupe des gens. » C'est Helen Keller qui a dit ça, parce que tu te sens vraiment isolé socialement quand tu ne peux pas entendre. Elle est née sourde, muette et aveugle. À l'époque, il n'y avait aucun appareil ni aucune opération chirurgicale qui pouvaient l'aider. Mais une éducatrice a pu lui apprendre à communiquer en dessinant des signes dans la paume de sa main avant de lui faire toucher un objet. Finalement, Helen Keller est devenue une grande activiste et une grande écrivaine américaine!

He was a little boy about 9 or 10 months old who'd never heard a sound. They did the operation. They put an implant on him. After the healing, we were all in a room, and they activated the device. At one point, the mom said his name and he was like… [she moves her head from side to side with wide-open eyes]. The mom started crying; it was a super emotional moment. I said to myself, "This is incredible, to give a child his sense of hearing back and see the look on his face!" It was there, during that internship at the hospital, that I knew I wanted to become an audiologist and work on implants.

"Blindness cuts us off from things, but deafness cuts us off from people." It was Helen Keller who said that, because you really feel socially isolated when you can't hear. She was born deaf, mute, and blind. At the time, there was no device and no surgical procedure that could help her. But an educator was able to teach her how to communicate by drawing signs in the palm of her hand before making her touch an object. In the end, Helen Keller became a famous American activist and a great writer!

**Je suis arrivée dans la rue** à 14 ans. Ma mère avait un *sugar daddy* quand j'étais plus jeune. Il m'a emmenée partout : à Walt Disney, à plein de musées, à un paquet de places. Quand j'ai eu 12 ans, il m'a dit : « Si tu veux continuer d'être gâtée, ma belle, tu sais ce que t'as à faire… » Je viens d'une petite ville où les gens sont très pauvres ou bien ont beaucoup d'argent, et comme toutes mes copines avaient beaucoup de sous, pour suivre le rythme, j'ai embarqué dans son manège. À 14 ans, j'ai décidé que c'était assez. Ma mère ne me protégeait pas, même si elle savait très bien ce qui se passait, comme mon père d'ailleurs, qui n'a rien fait non plus.

Mon père, quand j'avais 8 ans, il avait fait une tentative de suicide dans mon lit. C'est moi qui l'avais trouvé, il s'était entaillé les veines. Ça faisait un bout déjà que j'étais la mère de mes parents: ma mère, c'était une «cokée», mon père c'était un alcoolique «coké» fini... Il vendait de la poudre aussi; c'était un gros *big shot*. Il jouait de ça devant ses amis et disait «qu'il aimait donc ses enfants!» Sa mère à lui est morte quand il avait 14 ans, et il lui parlait en buvant son verre de cognac. C'est moi qui le rassurais: «Ça va bien aller papa, ça va aller.» À 8 ans. À 14 ans, j'ai décidé que c'était assez d'être la mère de mes parents.

Il y a trois ans, je suis tombée dans la grosse drogue: je suis passée du *speed* à l'héroïne. J'essaye d'arrêter de consommer, mais c'est difficile pour le physique et pour le moral. Et là, je suis dans une mauvaise passe: je suis en train de perdre mon appartement, pis avec mon chum ça va plus ou moins aussi... C'est *rough*. Beaucoup de mes problèmes sont dus à ma consommation. Je me sens comme de la merde (*les larmes roulent sur ses joues*). Si tu savais le nombre de fois que je pleure en me faisant mon *fix*!

Ma grand-mère est en train de mourir du cancer et je ne suis même pas là pour ma mère. Mais en même temps, ma mère, je lui en veux tellement, pour un paquet d'affaires... Mais bon, on va s'en sortir. Ma consommation est passée de 60 $ à 30 $ par jour, la moitié du chemin est faite.

I was on the street at 14. My mother had a sugar daddy when I was younger. He took me everywhere: Disney, many museums, lots of places. When I turned 12, my mother's sugar daddy told me, "If you want to keep on being spoiled, my girl, you know what you gotta do..." I come from a small town where people are either very poor or very rich, and since all my friends had a lot of money, to keep pace, I played his game. At 14, I decided it was enough; my mother wasn't protecting me even though she knew very well what was happening, just like my dad, who didn't do anything either.

When I was 8 years old, my dad attempted suicide in my bed. I'm the one who found him. He had slit his wrists. For a while already, I was the mother of my parents: my mother was a cokehead; my father was an alcoholic and a cokehead... He also sold powder; he was a big shot. He'd show off to his friends about it and about "how much he loved his kids!" His mother died when he was 14, and he'd talk to her while drinking his cognac. I was the one reassuring him: "It's gonna be okay, Daddy. It's gonna be okay." At 8 years old. At 14, I decided I'd had enough of being my parents' mother.

Three years ago, I got big into drugs: I moved from speed to heroin. I'm trying to stop using, but it's tough for the body, tough for the spirit. And I'm going through a rough patch: I'm losing my apartment, things are not so good with my boyfriend, either... It's rough. Lots of my issues are due to my drug use. I feel like a piece of shit [tears rolling down her cheeks]. If you only knew how many times I cry as I'm doing my fix.

My grandmother is dying from cancer and I'm not even there for my mother. But at the same time, I'm mad at my mother for so many things... But hey, we're gonna make it. My drug use went down from $60 to $30 per day; I'm halfway there.

**Je n'avais absolument pas prévu de partir à l'étranger.** Je me suis levé le matin pour aller à ce forum d'études supérieures, et après avoir discuté avec les Québécois de l'Université de Montréal, j'ai appelé ma mère et je lui ai dit : « Maman, je sais où je veux aller. Je pars au Canada, à Montréal ! » Ça a été dur pour mes parents, mais ils m'ont toujours soutenu. J'ai fait un emprunt bancaire et je suis venu étudier le droit ici. Finalement, je me suis trompé d'orientation, mais pas de pays. C'est un peu triste de commencer sa vie professionnelle en étant endetté, mais c'est la réalité de beaucoup de monde et je ne regrette absolument pas mon choix maintenant que j'ai trouvé ma voie !

I had absolutely no plans to go abroad. I got up in the morning to go to this graduate studies forum, and after I talked with the Quebecers from the University of Montréal, I called my mother and said, "Mom, I know where I want to go. I'm going to Canada, to Montréal!" It was tough for my parents, but they always supported me. I took out a loan and came here to study law. Ultimately, I was wrong about my course choice, but not the country. It's a little sad to start your professional life in debt, but it's the reality of many people and I absolutely do not regret my choice now that I've found my way!

**Ça a toujours été une partie importante de ma vie, la musique.** Ma grand-mère était prof de musique, pis mes parents, même s'ils sont vraiment plus dans le domaine scientifique, sont de grands amateurs de musique. J'ai pris des cours de chant pendant dix ans, mais au cégep, j'étais en Sciences, lettres et arts. Je voulais devenir médecin, je trouvais que c'était un métier très noble, de pouvoir aider les gens directement; je n'étais pas du tout «enlignée» vers la musique. Mais en 2013, j'ai participé un peu par hasard à *La Voix*. Ça a été une expérience très enrichissante qui m'a permis de voir que ce que je voulais vraiment faire dans la vie, c'était de la musique. Et mes parents m'ont toujours encouragée dans cette voie.

Music has always been an important part of my life. My grandmother was a music teacher, and my parents, even if they're really more into science, are great music lovers. I took singing lessons for 10 years, but at CÉGEP, I was in Sciences, Letters and Arts. I wanted to become a doctor. I thought it was a very noble profession, to be able to help people directly. I was not at all on a path toward music. But in 2013, I participated a little by accident on The Voice. It was a very rewarding experience that allowed me to see that music was really what I wanted to do in life, and my parents always supported me on my path.

*Échange par courriel*

**Je vais être honnête,** mais c'est difficile de résumer en quelques lignes les défis et opportunités que m'apporte ma limitation à la communication. C'est complexe. Le défi, c'est de ne pas pouvoir exprimer facilement mes idées. J'arrive à bien me faire comprendre avec des aides à la communication, tel mon iPhone couplé avec un clavier sans fil. Mais pour exprimer mes idées, c'est une autre affaire. Je trouve cela difficile de ne pas pouvoir le faire aisément!

Quand je veux m'exprimer oralement, mes idées ne me viennent pas facilement. J'ignore pourquoi. Comme le dit Gérald Godin: « Elles sont comme les voitures sur l'autoroute embouteillée. » Elles voudraient circuler aisément, mais c'est impossible. Les idées se bousculent, mais ma limitation les empêche de bien sortir. Je deviens alors nerveux, la spasticité se met de la partie et je suis quasiment incapable de m'exprimer clairement. Pourtant, j'aurais tellement de choses à dire…

Mais il y a des opportunités. Par exemple, depuis de nombreuses années, j'ai développé une bonne capacité de rédaction. C'était la seule chance de m'en sortir. Je peux, de cette manière, m'exprimer d'une façon optimale. [Cette capacité] me permet un peu d'être l'électron libre que je désire être…

*Email conversation*

I'll be honest; it's not easy to summarize in a few lines the challenges and opportunities that come with my communication limitation. It's complex. The challenge is to not be able to easily express my ideas. I can make myself well understood with communication aids such as my iPhone paired with a wireless keyboard. But to express my ideas, that's another story. I find it very hard not being able to express them easily.

When I want to express myself vocally, my ideas don't come easily. I don't know why. As Gérald Godin says, "They're like cars on a jammed highway." They'd like to flow easily, but it's impossible. The ideas jostle, but my limitation prevents them from getting out. I then become a bit nervous, spasticity moves in and I'm almost incapable of expressing myself clearly. Yet there are so many things I'd have to say…

But there are opportunities. For example, over many years, I have developed good writing skills. It was my only chance to make it. I can, in that way, express myself in optimal conditions. [This ability] allows me to be the free electron I wish to be…

**Je suis travailleuse de rue,** intervenante sociale. Je me promène avec mon sac à dos, j'ai du matériel dedans: seringues, pipes à crack, condoms, ben de l'information aussi. Et je rencontre le monde dans la rue, dans les organismes. Je vais aussi dans les écoles. Le contact se fait sur une base volontaire, donc si quelqu'un n'a pas envie de me parler, je continue mon chemin. Souvent, je fais juste jaser, je m'assois à côté d'eux, on fume une cigarette. C'est vraiment intéressant, c'est la plus belle job du monde. Il ne faut pas oublier que ça reste des humains. Peu importe de quoi ils ont l'air, ce qu'ils font, ce qu'ils disent, ça peut arriver, en fait ça arrive à n'importe qui. Juste un petit sourire, leur dire «Salut!», ça leur fait du bien.

I work in the street; I'm a social worker. I walk around with my backpack. I've got some equipment: syringes, crack pipes, condoms... lots of information, too. And I meet people in the street, in organizations. I also visit schools. It's all on a voluntary basis, so if they don't want to talk to me, I just move on. Often, we just talk. I sit next to them. We smoke a cigarette. It's really interesting. It's the most beautiful job in the world. We must not forget they're still humans. No matter what they look like, what they say, it can happen to anyone. In fact, it does happen to anyone. Just a little smile, saying "Hi!"; it makes them feel good.

**Je suis née en Algérie,** pis je suis arrivée ici en 1998 avec ma famille. J'ai fait toute ma scolarité ici. Depuis le secondaire, j'ai toujours été très spirituelle, je lisais beaucoup le Coran, notamment. Fait que j'ai commencé à porter le voile le premier jour du ramadan, pour ma première année au cégep. Mais il n'y a jamais eu de pression sur moi, ça a même été une surprise pour mes parents! La première semaine, mon père m'a dit plusieurs fois: «Il ne faut pas que tu le portes pis que tu le détestes, que tu ne te sentes pas bien avec. Ta priorité, c'est ton bien-être.»

Une expression que j'ai beaucoup lue ces derniers mois, c'est: «Le voile est taché de sang.» C'est fou que ton voile puisse avoir cette signification pour un autre... Ce que ça représente, pour moi, c'est que je dois toujours être au *top*, toujours respecter la loi et faire mon travail «à 110 %». Mais j'ai de la chance d'avoir été dans des environnements aussi ouverts d'esprit pendant mes études et après, au travail. Souvent, les gens me posent des questions, mais plus par curiosité, et ça me fait plaisir de leur répondre.

J'ai beaucoup d'amies qui portent le voile comme moi, et c'est décevant de ne pas avoir beaucoup de choix dans les commerces. C'est soit vieillot, soit *Fait en Chine.* Fait qu'avec mon frère et l'aide de mes amis, j'ai lancé ma marque il y a un mois, en me concentrant sur la qualité: tout vient de Turquie. Mais dans ma tête, dès le départ c'était évident qu'une partie des profits irait à une cause; je n'aurais rien lancé sinon. La collecte de fonds, c'est ce que je fais tous les jours dans mon travail, fait qu'à un moment donné, j'ai voulu faire «mon propre argent» pour pouvoir moi-même le redistribuer.

Je soutiens l'école Al Salam, qui est située à Reyhanli, en Turquie, juste à la frontière avec la Syrie. Elle a été créée par les dirigeants d'une école qui porte le même nom, ici, à Côte-des-Neiges, pour permettre aux enfants réfugiés là-bas de continuer gratuitement leur scolarité malgré la guerre. C'est incroyable de voir le visage des enfants là-bas, t'as l'impression que c'est le paradis sur terre; ils s'y sentent en sécurité.

>

La première semaine, mon père m'a dit plusieurs fois: « Il ne faut pas que tu le portes pis que tu le détestes, que tu ne te sentes pas bien avec. Ta priorité, c'est ton bien-être. »

............

The first week, my father repeatedly told me, "You shouldn't wear it if you're going to end up hating it, if you're not comfortable with it. Your priority is your well-being."

I was born in Algeria, and I came here in 1998 with my family. I did all my schooling here. Since high school, I've always been very spiritual. I read a lot, particularly the Koran. I started wearing the hijab on the first day of Ramadan during my first year in CÉGEP. But there was never any pressure on me; it was even a surprise for my parents! The first week, my father repeatedly told me, "You shouldn't wear it if you're going to end up hating it, if you're not comfortable with it. Your priority is your well-being."

An expression I've read a lot in recent months is "The hijab is bloodstained." But it's crazy to think your hijab can have this meaning for someone else... What it symbolizes to me is that I always have to be on top, always respect the law and do my job "at 110%." But I'm lucky to have been in such open-minded environments during my studies and, after, at work. People often ask me questions, but more out of curiosity, and it makes me happy to answer them.

I have many friends who wear the hijab like me, and it's disappointing not to have a lot of choices in the stores. It's either old-fashioned or *Made in China*. So with my brother and the help of my friends, I launched my brand a month ago, focusing on quality: everything comes from Turkey. But in my mind, from the outset, it was obvious that some of the profits would go to a cause; I wouldn't have started otherwise. Fundraising is what I do every day in my work, so at some point, I wanted to make "my own money" to give back myself.

I support the Al Salam School, which is located in Reyhanli, in Turkey, just on the border with Syria. It was founded by the directors of a school that has the same name, here in Côte-des-Neiges, to allow refugee children over there to continue their education for free despite the war. It's amazing to see the children's faces there. You feel like it's paradise on Earth; they feel safe.

**Quand Ellis est né**, on a essayé très tôt de communiquer avec lui par le jeu, mais il n'était pas… avec nous. À trois ans, il n'avait que cinq mots dans son vocabulaire — contre trois cents pour un enfant de son âge. On lui a diagnostiqué un trouble du spectre de l'autisme. Pis un jour, j'ai lu que certains enfants autistes pensaient « en images ». J'ai dessiné des ustensiles et mon fils est allé chercher un couteau et une fourchette dans la cuisine : il a tout de suite compris ! Ce jour-là a changé nos vies. Plus tard, il a commencé à dessiner pour me répondre, et on pouvait enfin se parler, un dessin à la fois !

When Ellis was born, we tried very early to communicate with him by playing, but he wasn't… with us. At age three, he had only five words in his vocabulary—compared with three hundred for a child his age. He was diagnosed with an autism spectrum disorder. Then one day, I read that some autistic children thought "in pictures." I drew utensils and my son went to get a knife and a fork in the kitchen; he immediately understood! That day changed our lives. Later, he began to draw to answer me, and we could finally talk, one drawing at a time!

**Je viens d’une famille très pauvre, alors mon plus grand défi, c’est de réussir à terminer mes études tout en m’occupant financièrement de ma famille, de nous trois : ma petite sœur, ma mère et moi.**

I come from a very poor family, so my greatest challenge is to complete my studies while financially taking care of my family, of the three of us: my little sister, my mother and me.

**— Elle m'a dit un jour :** « Je suis déjà allée au Salon Marions-Nous, et il y a plein de concours, on peut gagner toutes sortes de choses. On va y aller. » Arrivées là, elle me dit : « Il faut s'inventer une date de mariage pour pouvoir s'inscrire. » On a choisi le 21 septembre, la première journée de l'automne, ma saison préférée. On s'est inscrites à une cinquantaine d'affaires, et à chaque fois tu discutes, tu joues le jeu : « On va se marier le 21 septembre. » Alors moi, dans ma tête, j'ai planifié tout mon mariage cette journée-là.
— Moi, j'étais à dix mille lieues de ça, je me promenais simplement. Tout ce que je voulais, c'était m'inscrire aux concours et gagner des choses. Finalement, j'ai gagné une femme.

— Dans les Antilles, il y a une vingtaine d'années, c'était vraiment tabou. Je pense que sans pouvoir mettre de mots là-dessus, j'ai toujours, toujours eu une attirance pour les filles, depuis toute petite. À l'adolescence, les garçons ne m'attiraient pas, mais les amis te disent : « Il est *cute* lui, et il te trouve *cute* ! » Fait que sans le vouloir, tu finis par fréquenter quelqu'un. J'ai rencontré un garçon avec qui je suis restée longtemps, et qui est maintenant un de mes meilleurs amis.

Et là, tu rencontres une fille... Oh... Qu'est-ce qui se passe ? Les premiers baisers, les premiers moments, mais toujours tellement cachés que tu ne peux pas te définir. C'est vraiment quand je suis arrivée à Montréal que j'ai pu : j'ai écrit à mon frère pour faire mon *coming out*, et ma mère l'a lu. Disons que ça n'a pas vraiment passé : la relation avec ma mère a été très difficile jusqu'à cette année. Et cette année, ça a fait un 360 degrés, dès qu'elle a su qu'on était enceintes. Aujourd'hui, je pense que je ne peux pas demander mieux : j'ai ma mère, mon père, ma grand-mère, mon frère — toute ma famille... Ça a pris du temps, mais ça valait la peine, ça m'a fait une belle surprise, je ne pensais pas que ça arriverait. >

— She told me one day, "I've been to the Let's Get Married show, and there are tons of contests. We can win lots of different things. Let's go there." Once we got there, she said to me, "We need to come up with a wedding date to be able to sign up. We picked September 21—the first day of fall, my favourite season. We signed up for 50 different things, and with each, you have to chat, you play along: "We're getting married on September 21st." So in my mind, I planned my wedding on that day.
— I was miles away from this; I was simply walking around. All I wanted was to sign up and win stuff. In the end, I won a wife.

— In the Antilles, about 20 years ago, it was really taboo. I think that without being able to put it into words, I've always, always had an attraction toward girls, since I was little. During my teens, I wasn't attracted to boys, but your friends tell you, "He's cute, and he thinks you're cute!" So without wanting it, you end up seeing someone. I met a boy I stayed with for a long time, and he's now one of my best friends. And then you meet a girl... Oh... What's happening? The first kisses, the first moments, but always in such hiding that you can't define yourself. It's really when I got to Montréal that I could. I wrote to my brother to come out, and my mother read it. Let's just say it didn't go smoothly; the relationship with my mother has been very difficult up until this year. And this year, it did a 360, as soon as she found out we were pregnant. Now I don't think I could ask for a better situation. I have my mother, my father, my grandmother, my brother—my whole family. It took some time, but it was worth it. It was a beautiful surprise; I didn't think it would happen.

**Grâce à mon mentor,** j'ai beaucoup changé ma perception de la mode et de ce qui est beau. Je me sens un peu comme dans le film *My Fair Lady* avec Audrey Hepburn. Mon professeur m'a complètement transformé. [Je suis passé] de petit garçon punk à homme du monde. Il a changé ma vie. Maintenant, je porte fièrement des kilts, de la fourrure et des complets dans ma vie de tous les jours. J'aime être un dandy !

............

Thanks to my mentor, I've really changed my perception of fashion and what is beautiful. I feel a little like in the movie My Fair Lady with Audrey Hepburn. My professor completely transformed me. [I went from] a little punk boy to a man of the world. He changed my life. Now I wear kilts, fur and suits with pride in my everyday life. I like to be a dandy!

**I used to have a love-hate relationship** with me being short —I'm 4 feet 10—because there's advantages and disadvantages. Now I like it because people spot me because of my height. But in pictures I don't look so short, so when I go on a date, it's kinda tough. A lot of these things happen online now, and girls say, "Oh, you look cute," but then when they meet me in person, they're like, "Oh... I thought you were taller."

They like me as a person, but for them it's an insecurity to be with a shorter guy. I accepted it. The way I see it, the right person will come along; she'll love me for who I am. Because eventually, looks are gonna fade away: when I get older, I'm not gonna look the same, but who I am inside is always gonna be the same. That's what I'm waiting for—the right person. And actually, today I'm going to meet up with a girl I met...

Avant, j'avais une relation d'amour-haine avec le fait d'être petit — je mesure 4 pieds 10 — parce que ça a des avantages et des désavantages. Maintenant, je l'apprécie parce que les gens me repèrent à cause de ma taille, mais en photo, je ne parais pas petit, donc quand j'ai une *date*, c'est un peu compliqué. Beaucoup de ces choses-là se passent en ligne maintenant, et les filles me disent « Oh, t'as l'air *cute* ! » mais quand elles me voient en personne, c'est comme : « Oh, je pensais que t'étais plus grand. »

Elles m'apprécient en tant que personne, mais pour elles, c'est comme insécurisant de sortir avec un gars plus petit. J'ai accepté ça. Comme je vois les choses, la bonne personne arrivera et elle m'aimera pour la personne que je suis. Parce qu'à la longue, l'apparence, ça perd en importance : quand je serai plus vieux, je n'aurai pas la même apparence, mais la personne que je suis à l'intérieur sera toujours la même. C'est ça que j'attends : la bonne personne. Et d'ailleurs, aujourd'hui, j'ai rendez-vous avec une fille que j'ai rencontrée…

— **Quand il est né,** les médecins nous ont dit que le pronostic n'était pas très bon. Ils nous ont brossé un tableau vraiment épouvantable: « Il ne pourra pas faire ci, ou ça… » C'est sûr que tu ne t'attends pas à ça, un enfant avec une trisomie. Il y a comme une déception au début, mais après, c'est que des plus: « Tiens, il marche; tiens, il parle; tiens, il fait ça… » C'est un cadeau à chaque fois!

— On a travaillé fort ensemble, et on a su s'entourer. L'orthophonie, ça a été majeur pour lui; il a vu la même personne pendant dix-huit ans! Elle lui a montré comment parler, mais aussi comment communiquer, avec des signes, des gestes…

— On est fiers qu'il n'ait pas besoin de nous autres.

**— Ça fait presque six ans** que j'habite seul. Je travaille aussi, depuis presque cinq ans. C'est moi le *boss* dans mon appart ! Tous les samedis, je vais au cinéma voir des films américains, toujours en anglais. Tous les lundis, je prends des cours de théâtre. Et tous les mardis, je cuisine ! Hier, c'était végétarien.

— When he was born, the doctors told us that the prognosis wasn't very good. They painted a truly awful picture: "He won't be able to do this, or that..." For sure, that's not what you expect, having a child with trisomy. There's some disappointment at first, but after, it's only positive: "Hey, he walks. Hey, he talks. Hey, he does that..." It's a gift every time.

— We worked hard together, and we found the right support. Speech therapy was very important for him; he saw the same person for 18 years! She showed him how to speak, but also how to communicate, with signs, gestures...

— We're proud that he doesn't need us.

— I've been living on my own for about six years. I also work, for almost five years now. I'm the boss in my apartment! Every Saturday, I go to the movie theatre to see American movies, always in English. Every Monday, I take theatre classes. And every Tuesday, I cook! Yesterday, it was vegetarian.

**J'ai cette image…** La première perception que j'ai eue de mon handicap. J'avais quatre ans. Je savais que j'étais différent, mais un peu comme quelqu'un est différent parce qu'il est roux. Ça n'avait pas un grand impact pour moi, parce que je n'étais pas nécessairement moins fort que les autres ; la différence était cosmétique. J'étais chez une gardienne qui nous faisait l'école chez elle avec une dizaine d'enfants. Elle avait un chat, et le chat est descendu voir les enfants — il n'avait jamais le droit de venir nous voir, mais il s'est échappé. Puis il est remonté rapidement, et tous les enfants se sont dépêchés de monter les marches pour aller le voir. La gardienne est allée le chercher, et moi je suis resté en bas des marches parce que je n'étais pas capable de monter.

C'est là que j'ai compris que j'étais différent, que j'avais un handicap sérieux, pas juste cosmétique. Quand tu réalises que tu ne pourras jamais courir aussi vite que les autres… C'est une grosse « réalisation » pour un petit gars de quatre ans.

Je me suis fait dire toute ma vie que je ne serais pas capable de faire certaines choses. Au secondaire, quand j'ai été voir un conseiller d'orientation, il m'a dit : « Tsé, tu devrais aller faire une technique en secrétariat. » Moi, je lui disais que je voulais être journaliste, que j'avais de plus grandes ambitions. « Ouais, mais tsé, les journalistes, faut qu'ils aillent sur le terrain… » Il ne m'a vraiment pas encouragé à aller à l'université. Mais je ne l'ai pas écouté, et j'ai finalement travaillé dans un parlement en Europe, où j'ai vécu trois mois tout seul ! Prouver aux gens qu'ils ont eu tort, c'est une grande satisfaction. Tsé, j'ai été capable de faire plus que ce que tu me disais que j'allais faire.

I have this image… the first time I realized I was handicapped. I was four years old. I knew I was different, but kind of like someone is different because he's a redhead. It didn't have much of an impact on me because I wasn't necessarily less strong than other kids; the difference was cosmetic. I was over at a babysitter's who was teaching school in her home to about 10 kids. She had a cat, and the cat came down to see the kids. He usually wasn't allowed to come see us, but he escaped. Then he went back upstairs quickly, and all the kids rushed up the stairs to see him. The babysitter went to get him, and I stayed down the stairs because I wasn't able to go up.

That's when I understood I was different, that I had a serious handicap, not just a cosmetic one. When you realize you can never run as fast as the others… That's a big "realization" for a little four-year-old boy.

My whole life I've been told there are things I wouldn't be able to do. In high school, when I went to see a guidance counsellor, he said, "You know, you should do secretarial training." I told him I wanted to be a journalist, that I had bigger ambitions. "Yeah, but you know, journalists, they have to be out there in the field…" He really didn't encourage me to go to university. But I didn't listen to him and I ended up working in Parliament in Europe, where I lived three months on my own! Proving people wrong, that's a big satisfaction. Ya know, I was able to do more than you said I was gonna do.

**Je portais un jugement** sur les femmes battues ou manipulées par les hommes. J'étais comme : « Réveille ! Il t'étouffe, va-t'en de là, fais quelque chose ! » Mais j'ai laissé mon chum super fin, que toutes les filles voudraient dans la vie, pis qui est le père de mes enfants aujourd'hui, pour un gars qui sortait de prison, pis qui était super violent et super pas fin… J'avais 17 ans et demi et je voulais assumer la femme que j'étais en sortant avec un gars de 25 ans. Lui, il faisait de l'argent, supposément ; il allait m'amener loin dans la vie. Je trouvais que je stagnais un peu, je voulais vivre d'autres choses. Fait que je suis allée vers ça… Ça n'a pas été un bon choix, il n'était vraiment pas fin, super manipulateur, super gentil une fois de temps en temps, mais super méchant d'autres fois. Je me disais : « Qu'est-ce que tu fais ? Va-t'en ! » Mais il me faisait peur… Tu ne veux pas t'en aller, tu te demandes ce qu'il va t'arriver…

Ça a duré même pas deux mois cette aventure, mais dans ma tête, on dirait que ça en a duré huit. C'était vraiment, vraiment long. Quelqu'un qui est supposé t'aimer, que tu penses aimer, et qui t'attaque psychologiquement, ça te rabaisse et tu te dis : « Voyons, qu'est-ce que je fais de pas correct pour qu'il me traite de même ?! » Quand j'ai enfin réussi à mettre un terme à ça, j'ai supplié mon chum de revenir avec moi. Je m'en voulais au boute… Finalement, il est revenu. Et pas longtemps après, j'ai eu mes enfants. Passer deux mois avec un batteur de femmes qui sortait de prison, ça m'a permis de ne plus jamais dans ma vie être attirée par ce genre de personne-là, d'être capable de mettre mon pied à terre, et de ne plus jamais porter de jugement sur les femmes qui subissent de la violence.

I used to be judgemental of women who were abused or manipulated by men. I was like, "Wake up! He's suffocating you! Get out of there! Do something!" But I broke up with my super-nice boyfriend, someone every girl would want in their life, and who's now the father of my children, for a guy who had just gotten out of prison, and was very violent and really not nice… I was 17-and-a-half and I wanted to embrace the woman I was by going out with a 25-year-old guy. He was supposedly making some money; he was gonna take me far in life. I thought I was stagnating a bit; I wanted to experience new things. So I went toward this… It was not a good choice. He really wasn't nice, very manipulative, very sweet once in a while, but very mean at other times. I thought, "What are you doing? Leave!" But he was scaring me… You don't want to leave; you wonder what will happen to you…

This adventure lasted less than two months, but in my mind, it seems like it lasted eight. It was really, really long. Someone who is supposed to love you and who you think you love, and who attacks you psychologically, it brings you down and you think, "Come on, what am I doing wrong for him to treat me like this?" When I finally managed to put an end to it, I begged my boyfriend to get back together with me. I was really mad at myself… Finally, he came back. Not long after, I had my children. Spending two months with a woman beater who just got out of jail made it so I would never again in my life be attracted to that kind of person, to be able to put my foot down, and to never make judgements about women who suffer from violence.

PAIX
Terre
VIE
HOPE

**Je suis revenue à Montréal** pour aider mes parents qui vieillissent et ne vont pas tellement bien. Je suis venue en me disant que j'allais voir ce qui se passait vraiment, et quand je les ai vus, je me suis dit : « Je vais mettre ma vie (qui va bien) de côté pendant un petit moment, et je vais m'occuper d'eux. » Pour moi, c'est normal… mais ça, c'est la belle partie.

J'étais *home designer* aux États-Unis, et je me suis trouvé une job d'éducatrice ici. Il y a vingt ans, c'était ma vocation, mais là, maintenant, ça l'est moins : j'aimerais avoir ma propre vie, mes propres enfants à élever.

I came back to Montréal to help my parents who are getting old and not doing very well. I came thinking I was going to see what was really going on, and when I saw them, I thought, "I'm going to put my life (which is going well) aside for a little while, and I'll take care of them." To me, that's normal… but that's the good part.

I was a home designer in the United States, and I found a job as an educator here. Twenty years ago, that was my vocation, but now, not so much: I'd like to live my own life, have my own children to raise.

**I feel like I've lived two lives already.** I've survived many things. I'm in a different life than I was 10 years ago. My life is pretty fun. I do art—I do really femme art. Feminist art. I would really like to be able to offer, that every survivor can have the support they need. I mean sexual violence survivor. If I could give something to the world—like let's say I'm in *Dragon Ball*, I get the seven dragon balls and I get to wish something—I would say, "May every survivor of sexual violence and childhood trauma in general get the support they need." I think support, and being listened to and understood, is very important. Either you go on a downfall or either you survive it. I survived. Every time I get beat up, I just come back stronger.

J'ai l'impression d'avoir déjà vécu deux vies. J'ai survécu à beaucoup de choses, je suis dans une vie différente d'il y a dix ans. Ma vie est assez cool, je fais de l'art, de l'art féministe. J'aimerais vraiment pouvoir apporter ma contribution, que chaque personne [qui survit à des violences sexuelles] puisse avoir le soutien dont elle a besoin. Si je pouvais apporter quelque chose au monde — comme disons que je suis dans *Dragonball*, que j'ai les sept boules de cristal et que j'ai droit à un vœu —, je dirais : « Faites que toutes les survivantes de violences sexuelles et de traumatismes dans l'enfance en général puissent avoir le soutien dont elles ont besoin. » Je crois que le soutien, et le fait d'être écoutée et comprise, sont très importants. Soit tu t'effondres dans une chute sans fin, soit tu survis. Moi, j'ai survécu. Chaque fois que je me casse la gueule, je reviens plus forte.

**J'ai été entraîneur de basket** pendant une dizaine d'années, et ça m'a permis de réaliser à quel point un coach va avoir une influence sur un jeune : c'est souvent celui qui a le plus d'impact après les parents. Alors il y a quatre ans, j'ai créé la fondation Pour 3 Points. C'est un organisme qui forme des coachs sportifs, qui les « ajuste » un peu en coachs de vie, en mentors pour les jeunes qui vivent en milieu défavorisé. Le but, c'est de partir de la motivation du jeune pour le sport, et de transposer ça dans d'autres sphères de sa vie, à l'école et dans son milieu de vie. Est-ce qu'on peut accepter que certains jeunes n'aient pas les opportunités de développer leur plein potentiel et de devenir des adultes qui contribuent à la société ?

J'ai pratiqué le droit pendant cinq ans et demi, puis j'ai réalisé que ma passion était plus du côté de l'éducation, de la jeunesse. Je suis très interpellé par les questions d'égalité sociale, de par la communauté à laquelle j'appartiens — je suis d'origine haïtienne — et les quartiers dans lesquels j'ai grandi, dans l'est de Montréal, qui m'ont permis de voir certains défis liés à la pauvreté. Aujourd'hui, je vis dans des conditions matérielles différentes, mais je me lève tous les matins passionné par les progrès d'une organisation qui a un impact social. Je sais que je combine ma passion et mes talents au bénéfice de la société, et ça, ça n'a pas de prix !

............

I was a basketball coach for about 10 years, and it allowed me to realize how much influence a coach can have on young people: it's often the person who has the greatest impact after the parents. So four years ago, I created the foundation *Pour 3 Points*. It's an organization that trains sports coaches, that "adjusts" them a little as life coaches, mentors for young people in underprivileged environments. The goal is to start from young people's interest in sports, and then translate it into other areas of their lives: at school and in their living environment. Can we accept that some young people may not have the opportunities to develop their full potential and become adults who contribute to society?

I practised law for five-and-a-half years, and then I realized that my passion was more in the field of education, youth. I'm really moved by issues of social equality because the community I belong to—I'm of Haitian origin—and the neighbourhoods where I grew up, in the east of Montréal, allowed me to see certain challenges related to poverty. Today, I live in different material conditions, but I get up every morning passionate about the progress of an organization that has a social impact. I know I combine my passion and talent for the benefit of society, and that's priceless!

**Je chante des chansons juives** et j'ai un trio qui tourne depuis dix ans. On aimerait trouver des musiciens musulmans avec qui jouer. On s'accompagnerait mutuellement sur scène. L'idée, c'est que ce que tu fais, je le mets en valeur, et ce que je fais, tu le mets en valeur. Et ensemble, on verra où ça coince et comment on peut arranger ça. Et si nous on réussit à surmonter nos différends grâce à la musique, pourquoi les politiciens n'y arriveraient-ils pas?

I sing Jewish songs and I've got a three-member band that's been touring around for ten years. We'd like to find Muslim musicians to play with. We'd accompany each other on stage. The idea is that what you do, I enhance, and what I do, you enhance. And together, we'll find where it's not flowing and how we can fix it. And if we can fix differences in our music, why couldn't politicians do it?

**Elle a cette petite tache brune dans l'œil depuis qu'elle est née. C'est notre petit hommage à David Bowie !**

She's had this little brown mark in her eye since she was born. It's our little tribute to David Bowie!

— **We were living in the west of Syria.** There was no military action there, but there were kidnappings, risks of explosions, and everybody was armed... My cousin was killed in Damascus, for nothing, and my uncle was kidnapped. We had to pay a lot of money to get him back. These things happened daily.
— So we left for Lebanon, lived there 14 months before coming here. We have little children and we didn't want to wait for the war to get worse—because it gets worse—so we took the hard decision to leave when we still could.
— And if you're looking up the happiest places on Earth, Canada is one of them! It's a clear way here.

— I really miss my office. My desk, I had designed it myself, and with help, built it, just six months before we left Syria. I already knew we were gonna leave, but I built it just to make me feel steadier, alive, so that I could then move on. You know, it's like *Tom and Jerry*. Jerry knows that Tom is coming, but he pretends not to know, still enjoying life, smoking his cigar... We'll always have this nostalgia for Syria. The war happened when we were done with our problems and starting to build. Now we have to rebuild our life, and it's not easy.

— I worked in banking for two years back in Syria, and then I got pregnant. When I was ready to go back to work, the war started. But to work again in Montréal, and use my diploma, I have to study for a few months, and also learn French. So I take classes a few times a week with other Syrians, from 18 to 77 years old, and everyone wants to learn! You know that when you're speaking Arabic, it's easier to learn French than English? The words are in the same order, so sometimes, I actually find myself thinking in French already!

— You have to know how to receive, and then give back, so that people always want to help others.
— What we want to do, this summer, is gather as many Syrian families as possible and do something for Canada, for Québec—to give back what we've received. We're not exactly sure what we want to do yet, but for sure, there are people here, families, that need help, support. Whether it's an old person who has difficulties warming up his place during winter, or someone trying to quit drugs. You have to stand with them. Ten thousand people, it's a huge number. We can make a difference. >

— On vivait dans l'ouest de la Syrie. Il n'y avait pas d'action militaire, mais il y avait des enlèvements, des risques d'explosion, et tout le monde était armé. Mon cousin a été tué à Damas, pour rien, et mon oncle a été enlevé. On a dû donner beaucoup d'argent pour le faire revenir. Ces choses-là étaient quotidiennes.
— Alors on est partis au Liban, on y a vécu pendant quatorze mois avant d'arriver ici. On a de jeunes enfants et on ne voulait pas attendre que la guerre s'aggrave — parce qu'elle s'aggrave — alors on a pris la décision difficile de partir quand on le pouvait encore.
— Et si tu cherches les endroits les plus heureux sur terre, le Canada en fait partie ! C'est un chemin tracé, ici.

— Mon lieu de travail me manque vraiment. Mon bureau, je l'avais conçu moi-même, et avec de l'aide, construit, seulement six mois avant notre départ de Syrie. Je savais déjà qu'on allait partir, mais je l'ai construit juste pour me sentir plus stable, vivant, pour pouvoir avancer ensuite. Tu sais, c'est comme *Tom et Jerry*. Jerry sait que Tom va venir, mais il fait semblant de ne pas savoir, il profite de la vie, il fume son cigare... On aura toujours cette nostalgie de la Syrie. La guerre est arrivée quand on en avait fini avec nos problèmes et qu'on commençait à construire. Maintenant, on doit reconstruire notre vie, et ce n'est pas facile.

— J'ai travaillé dans le domaine bancaire pendant deux ans en Syrie, puis je suis tombée enceinte. Quand j'ai été prête à retourner travailler, la guerre a commencé. Mais pour travailler de nouveau à Montréal, et utiliser mon diplôme, je dois étudier pendant quelques mois, et aussi apprendre le français. Alors je prends des cours plusieurs fois par semaine avec d'autres Syriens de 18 à 77 ans, et tout le monde veut apprendre ! Tu sais que quand tu parles l'arabe, c'est plus facile d'apprendre le français que l'anglais ? Les mots sont dans le même ordre, alors parfois, je me surprends à penser déjà en français !

— On doit savoir recevoir, puis redonner, pour que les gens aient toujours envie d'aider les autres.
— Ce qu'on veut faire cet été, c'est réunir autant de familles syriennes que possible, et faire quelque chose pour le Canada, pour le Québec ; redonner ce qu'on a reçu. On ne sait pas exactement ce qu'on veut faire encore, mais c'est sûr, il y a des gens ici, des familles, qui ont besoin d'aide, d'assistance. Que ce soit une personne âgée qui a des difficultés à réchauffer sa place pendant l'hiver, ou quelqu'un qui essaie d'arrêter les drogues. On doit être auprès d'eux. Dix mille personnes, c'est beaucoup de monde. On peut faire une différence.

**— C'était un *summer fling…*** On est rendus cinq ans plus tard ! On a découvert qu'on était faits l'un pour l'autre. *We're opposite, but the moment we lived together, it was like we were meant to live together.*
*— My favourite thing about her is that she drives me crazy, on all aspects of crazy. And the best thing is her raw self and authenticity. She'll think of something about someone and say it, even if the person is three feet away, and that's always embarrassing. Especially when we're walking on the street. She has no mental filter.*
— Et moi ce que j'aime, c'est que c'est un homme qui touche à tout, qui aime tout, qui est ouvert à tout. Il va au bout de ses projets. La preuve : le bébé !

## Viajar, hacer arte, compartir, tocar musica, tener experiencias... ¡Asi debe ser la vida! Cosas positivas.

Voyager, faire de l'art, partager, faire de la musique, avoir des expériences... Ainsi doit être la vie! Des choses positives.

Traveling, making art, sharing, making music, having experiences... This is how life should be! Positive things.

**Être en chaise roulante,** ça pose problème par rapport aux autres — moins à moi qu'aux autres, en fait. Les gens autour de moi sont un peu mal à l'aise, ils se disent: « T'as une faiblesse. » Quand tu arrives dans un nouveau groupe, quand tu entres dans une classe, pour eux, tu es le maillon faible, et ils te le font savoir très rapidement. C'est difficile, des fois, d'avoir à prouver que j'ai le droit d'être là.

En maternelle, les gens changeaient leurs enfants de classe pour qu'ils ne soient pas avec moi. Parce qu'ils avaient peur pour leur éducation, ou quelque chose comme ça. Chaque année, ma mère devait se battre contre la direction et la commission scolaire, qui voulaient me mettre dans une école adaptée. Une chance que j'avais des bonnes notes, parce que si j'avais été une étudiante un peu plus faible, c'est clair qu'ils me sortaient et je n'aurais jamais eu le diplôme pour me rendre jusqu'à la maîtrise, où je suis aujourd'hui.

Cette chienne Mira, c'est ma psychologue. Elle est arrivée dans ma vie à un moment extrêmement difficile, où je n'avais plus rien, où ma vie était complètement chamboulée. Quand tu tombes en semi-dépression, tu te tournes vers qui? Tes amis ont autre chose à faire que de te soutenir. Les deux premières semaines, ça va bien. Après quelques semaines, après quelques mois, il n'y a plus grand-monde qui est là.

Ma chienne, elle m'aime comme je suis, et quand je pleure, elle m'amène un jouet. Quand je tombe par terre, qu'elle sent qu'il faut qu'elle me relève, que je suis coincée, que je me suis fait mal, même si je suis deux fois plus lourde qu'elle, elle réussit à me relever. La plupart des chiens, si c'est trop difficile, ils te regardent et « Débrouille-toi ». Pas elle.

Being in a wheelchair causes problems with regard to others—less for me than for others, in fact. People around me are a bit uncomfortable; they think, "You have a weakness." When you enter a new group, when you come into a classroom, to them you are the weakest link, and they let you know very quickly. It's difficult, sometimes, to have to prove that I have the right to be there.

In preschool, people would have their kids switch class so they wouldn't be with me, because they were worried about their education or something. Every year, my mom had to fight management and the school board because they'd want to put me in a special needs school. I'm lucky I had good grades because if I had been a weaker student, for sure they would have kicked me out, and I would have never received the diploma that got me into the master's program I'm in today.

This Mira dog, she's my psychologist. She came into my life during an extremely difficult time, when I had nothing left; my life was a complete mess. When you become depressed, who can you turn to? Your friends have things to do other than dealing with you. In the first couple of weeks, it's fine, but after a few weeks, after a few months, not many are still there.

My dog, she loves me as I am, and when I cry, she brings me a toy. When I fall down on the ground, when she feels she needs to pick me up, that I'm stuck, that I hurt myself, even if I'm twice as heavy as she is, she manages to pick me up. Most dogs, if it's too hard, they look at you as if to say, "Deal with it." Not her.

**— On a été un couple** pendant presque 15 ans, de nos 18 à 32 ans. C'est assez fondateur dans une vie, une relation si jeune et si durable. Les gens voient beaucoup la séparation comme quelque chose qui invalide la relation qui a existé, mais cette relation-là aura toujours beaucoup de valeur dans ma vie. C'est juste que ça a évolué vers de l'amitié, et on a fait un constat à un moment donné en se disant: «On n'est plus vraiment un couple, on est plus comme deux grands amis.»
— Les histoires de couples qui s'entredéchirent, on dirait que c'est plus marginal qu'on veut le croire. J'ai l'impression que la plupart du temps, il y a moyen de faire la part des choses et de ne jamais oublier pourquoi on a été ensemble au départ.

— We were a couple for almost 15 years, from the ages of 18 to 32. It's pretty important in life, a relationship so young and so strong. People often see a breakup as something that invalidates the relationship that existed, but that relationship will always be very valuable in my life. It's just that it evolved toward friendship, and we looked at things at one point and said, "We're not really a couple anymore; we're two great friends."
— Stories of couples who tear each other apart... I feel like they're more marginal than we want to believe. I have the impression that most of the time, there is a way to balance both sides and never forget why you were together in the first place.

**Quand j'ai quitté le Liban,** j'avais 19 ans et mes parents ne voulaient pas que j'émigre tout seul. Un jour, je me suis retrouvé sans argent : il ne me restait plus que du change, et j'ai mangé du pain pendant deux semaines. J'avais 24 ans quand ça m'est arrivé. Je travaillais, mais je dépensais plus que ce que je gagnais. Après ça, j'ai commencé à planifier comment dépenser mon argent, et j'ai travaillé « temps double » pour rembourser toutes mes dettes. Ça m'a fait grandir ; je me suis endurci plus vite.

When I left Lebanon, I was 19 and my parents didn't want me to emigrate on my own. One day, I found myself without money. I only had spare change left, and I ate bread for two weeks. I was 24 when this happened. I was working, but I would spend more than I earned. After that, I started planning how to spend my money, and I worked double shifts to pay off all my debts. It made me grow; it toughened me up quickly.

**Je me suis cassé les deux chevilles** dans un accident de kayak, donc du jour au lendemain, je me suis retrouvée sur quatre roues. Et là, tu réalises que la vie est beaucoup plus difficile. C'est sûr que je savais que j'allais remarcher, donc je me suis dit que j'allais vivre ces quatre mois-là au coton, et j'ai eu des beaux moments.

Une fois, je suis arrivée pour monter une grosse côte et il y avait un junkie — tu voyais qu'il était complètement gelé — qui est arrivé et qui m'a demandé si j'avais besoin d'aide. Mon premier réflexe, ça a été de dire non, pis le deuxième, ça a été de dire: « Ben... pourquoi pas. C'est vrai que j'ai besoin d'aide. » Fait qu'il m'a aidée. Il m'a poussée tout le long de la côte. Il était heureux; il avait fait une différence. Il était juste heureux d'avoir aidé quelqu'un, d'avoir été utile dans sa journée. Ça a été un beau moment.

Le déclic, c'est quand je me suis « ramassée » à chercher une toilette accessible sur Saint-Denis à une heure du matin. Quand t'as tes deux pieds, c'est correct, tu entres dans un bar, tu utilises la toilette, pis tu ressors. Mais quand t'es sur quatre roues... il n'y en a pas! Et là, tu réalises qu'il va falloir que tu te pisses dessus devant tout le monde, sur le trottoir, parce que tu ne trouves pas de toilettes accessibles.

Cette journée-là, j'ai compris que l'accessibilité, c'est une question de dignité humaine. Comme j'étais conceptrice Web, j'ai dit: « Ben, je vais faire un répertoire Web des endroits qui sont accessibles. » Donc, le projet OnRoule est né d'une nuit de beuverie sur Saint-Denis, suite à deux chevilles pétées dans un accident de kayak.

I broke both my ankles in a kayaking accident, so overnight, I found myself on four wheels. And then you realize life is much harder. For sure I knew I was going to walk again, so I thought I'd live these four months to the fullest, and I had some good times.

Once, I had to go up a big hill and there was a junkie—you could tell he was totally high—who came and asked me if I needed any help. My first reaction was to say no, but the second was to say, "Well... why not? I do actually need help." So he helped me. He pushed me all the way up the hill. He was happy; he had made a difference. He was just glad he had helped someone and been useful in his day. That was a great moment.

The trigger was when I ended up looking for an accessible bathroom on Saint-Denis at one o'clock in the morning. When you're on two feet, it's fine. You walk into a bar, use the bathroom and then get out. But when you're on four wheels... There are none! And then, you realize you're going to pee yourself in front of everyone, on the sidewalk, because you can't find an accessible bathroom.

On that day, I understood that accessibility is a matter of human dignity. Since I was a web designer, I thought, "Well, I'm going to build a Web directory of all the accessible places." So the *OnRoule* project was born from a drunken night on Saint-Denis, following two broken ankles in a kayaking accident.

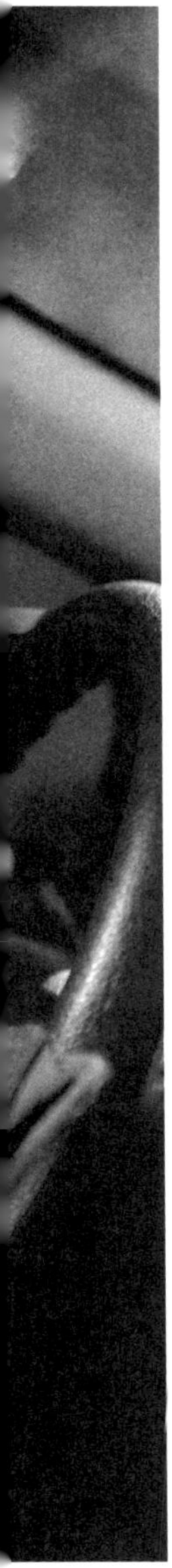

**J'ai grandi à Montréal,** je suis fan des Canadiens depuis que je suis tout petit. J'ai suivi tous les grands joueurs, et j'avais moi-même un bon niveau ! Mais un jour, je faisais une pratique de hockey et un défenseur m'est rentré dedans. J'ai eu un gros choc cérébral : j'ai passé un an en centre hospitalier. Je perdais la mémoire, je n'arrivais plus à me déplacer… Ça a été *tough*. Pis comme je n'avais plus vraiment d'avenir dans le hockey, mon père, qui a plus de vingt ans de métier, m'a proposé de faire une formation pour être chauffeur de taxi. Dès le début, il m'a amené dans le Vieux-Montréal et on a fait toutes les rues à pied pour que je les connaisse par cœur. C'est de la job !

Ça fait trois ans que je suis chauffeur de taxi. Ça me permet de payer mes études en techniques de diététique. Je conduis souvent la nuit, je vais à mes cours la journée, et j'étudie quand j'ai du temps — comme maintenant, en attendant un client. J'ai envie d'aider les athlètes à améliorer leurs performances, mais aussi monsieur ou madame Tout-le-monde qui veut perdre du poids, par exemple. La santé, une bonne alimentation, c'est le principal dans la vie. Mais je ne pense pas que je laisserais complètement le taxi. On dirait que j'ai pris goût à rencontrer du monde joyeux la nuit !

I grew up in Montréal. I've been a Canadiens fan since I was little. I followed all the great players and I, myself, was pretty good! But one day, I was at hockey practice and another player ran into me. I had a major brain trauma: I spent a year in the hospital. I was losing my memory, I wasn't able to get around… It was tough. Since I didn't really have any future in hockey, my father, who has more than 20 years of experience, offered to teach me to become a taxi driver. Right from the start, he took me to Old Montréal and we walked every street so I'd know all of them by heart. That's a big job!

It's been three years since I became a taxi driver. It allows me to pay for my studies to become a dietitian. I often drive at night, I go to class during the day, and I study when I have time—like now, waiting for a customer. I want to help athletes improve their performance, but also everyone who wants to lose some weight, for example. Health, good nutrition, it's the main thing in life. But I don't think I'd leave the taxi completely. I seem to have taken a liking to meeting joyful people at night!

**We met on a website** for Madonna's fans. After we'd been talking for about a year, and sharing our feelings for each other, she came to visit me from Australia. I picked her up at the airport, and I will never forget the moment I saw her for the first time. That moment is frozen in my mind forever. Everything about it: the way her hair was styled, the clothes she was wearing, the way that the ends of her jeans were like scuffed up from her sneakers, etc. She had to go back after two weeks.

About six months later, one of her family members passed away very unexpectedly. She realized that life is short, and that you have to go for what you want. So she asked me to marry her. She sent me eleven roses at work, because I was the twelfth. The note said, "I'm yours forever, will you be mine?" I accepted her proposal, of course. She's my favourite person in the whole world! Then we got married, and we're probably gonna have a baby next year.

On s'est rencontrées sur un site de fans de Madonna. Après avoir discuté pendant plus d'un an et partagé nos sentiments l'une envers l'autre, elle est venue me rendre visite depuis l'Australie. Je suis allée la chercher à l'aéroport, et je n'oublierai jamais le moment où je l'ai vue pour la première fois. Ce moment est figé dans mon esprit pour toujours. La totale: la façon dont ses cheveux étaient arrangés, les vêtements qu'elle portait, la façon dont le bout de ses jeans était comme usé par ses souliers, etc. Elle a dû repartir après deux semaines.

À peu près six mois plus tard, un des membres de sa famille est décédé de façon vraiment inattendue, et elle a réalisé que la vie est courte, qu'il faut foncer vers ce qu'on veut. Alors elle m'a demandée en mariage. Elle m'a envoyé onze roses au travail, parce que j'étais la douzième. Le mot disait: « Je suis à toi pour toujours, vas-tu être mienne ? » J'ai accepté sa proposition, bien sûr: c'est ma personne préférée dans le monde entier! Puis on s'est mariées, et on va probablement avoir un bébé l'année prochaine.

**Une fois, j'ai secouru** un monsieur qui faisait une crise cardiaque dans le hall d'un hôtel. Il s'est effondré et j'ai essayé de l'aider. J'avais des bases en RCR, mais malheureusement, ça n'a pas fonctionné, le monsieur est décédé pareil. Mais tout de suite, mon cerveau a opéré, *tac, tac, tac!* Tout le monde, y compris les adultes autour, était paniqué. C'était moi le *kid* — j'avais 15 ou 16 ans — et tout de suite, j'ai réagi. C'est comme si t'étais en dehors de ton corps; tu ne réfléchis pas. Après, je dois dire que j'étais «shakée»... Ma *game* de basket le lendemain, ce n'était pas *top*.

............

One time, I tried to save a man who was having a heart attack, in a hotel lobby. He collapsed, and I tried to help him. I had some training in CPR, but unfortunately, it didn't work and the man passed away. But right away, my brain worked: *click click click*! Everybody, including the adults around, was panicked. It was me, the kid—I was 15 or 16—who reacted right away. It's like you're outside of your body; you don't think. Afterward, I have to say, I was shaken up... My basketball game the next day wasn't great.

**I've always liked math,** and when I was 12 years old, I had this goal of graduating from McGill, because it was one of the best universities in Canada. And I did; I got my Bachelor of Commerce there. Since then, I don't think I've ever worked for a private corporation; I think I get more value and motivation from helping people from the community. Being Haida [First Nation from the northwest coast of British Columbia] is part of my identity, and I guess it's my way of trying to preserve it every day. Simply treating people with respect. Respecting the environment, and anything living.

J'ai toujours aimé les maths, et quand j'avais 12 ans, j'avais ce but d'obtenir mon diplôme à McGill, parce que c'était une des meilleures universités au Canada. Et je l'ai fait, j'ai eu mon baccalauréat en commerce là-bas ! Depuis, je ne pense pas avoir jamais travaillé pour une compagnie privée ; je pense que je puise plus de valeur et de motivation en aidant les gens de la communauté. Être Haïda [Première Nation de la côte nord-ouest de la Colombie-Britannique] fait partie de mon identité, et j'imagine que c'est ma façon d'essayer de la préserver tous les jours. Simplement, traiter les gens avec respect. Respecter l'environnement, et tout ce qui vit.

**J'ai toujours fait du bénévolat**, je me suis toujours investie dans mon milieu. Je n'aime pas ce mot, *bénévolat*. Je trouve qu'il y a toujours cette idée qu'en tant que bénévole, je m'offre à une cause et qu'« ils devraient être heureux de m'avoir ». Pour moi, ce n'est pas ça que je fais. C'est un échange : ça me plaît et j'ai besoin de le faire. Je le fais pour moi ; pour les autres aussi, bien sûr, mais c'est réciproque.

Quand je suis arrivée à Montréal, je me suis dit : « Je vais avoir un nouveau travail, je vais avoir de nouveaux amis, il faut que je commence quelque chose de nouveau aussi dans mon engagement. » Et donc, j'ai contacté Le Phare Enfants et Familles pour être bénévole auprès des enfants. Ça a été difficile les premières fois, parce qu'il faut que tu apprennes à assumer la communication non verbale : autant parfois avec certains enfants il y a des sourires, des gestes, des bruits, autant des fois il n'y en a pas, et c'est ça qui a été dur à assumer. Les premières fois, j'étais un peu mal à l'aise. Je ne savais pas si je faisais bien — tu ne sais pas s'ils apprécient le moment. Et petit à petit, tu apprends à trouver des signes, même si l'enfant ne communique pas.

Il y a un enfant, c'est l'un des plus attachants, qui ne communique pas. Il ne parle pas, mais par contre, je peux rester une heure à lui parler. Au départ, je n'en aurais pas été capable ; aujourd'hui je peux. Il te fixe, et il a tellement quelque chose dans le regard, qui fait que tu ne peux pas t'arrêter de lui parler. Il t'alimente avec ses yeux, sa réponse elle est là, c'est assez incroyable.

Il y a deux mois, j'arrive au Phare et j'apprends le décès d'une petite que j'avais vue la semaine juste avant. Ça a été vraiment très difficile. Sur le moment, tu te mets à pleurer et tu ne sais pas si tu vas pouvoir faire ta permanence avec ça dans la tête. Et puis, je vais me changer, j'essaie de m'aérer cinq minutes, je retourne dans la salle et je vois les enfants qui sont là, les sourires qui m'attendent, et une petite dont je suis folle qui est là et qui m'attend, qui veut juste jouer avec moi. Et je me suis rendu compte après coup que pendant mes trois heures j'avais réussi à oublier ce moment-là, à vraiment passer à autre chose pour être pleinement avec les enfants.

Quand je dis que je fais ça, on me dit toujours: « Ah, moi je ne pourrais pas. » Mais pour moi, ce ne sont pas « des enfants qui vont mourir », ce sont juste des enfants, et ça fait toute la différence. Tu entres dans une maison où il y a des enfants, qui ont envie de rire, de jouer, de chanter... Ce sont des enfants, et tant qu'ils sont là, on en profite.

>

I've always volunteered—I don't like that word; I've always been involved in my community. I don't like that word, *volunteering*. I find there's still this idea that as a volunteer, I'm offering myself to a cause and that "they should be happy to have me." To me, that's not what I'm doing. It's an exchange: I enjoy it and I need to do it. I do it for me—for the others, too, of course—but it goes both ways.

When I came to Montréal, I thought, "I'm going to have a new job. I'm going to have new friends. I have to start something new in terms of my involvement, too." So I contacted The Lighthouse Children and Families to volunteer with the children. It was difficult at first because you have to learn to deal with the non verbal communication: with some children there are smiles, gestures, noises, but with others there aren't and that's what was hard to deal with. I felt a bit awkward at first. I didn't know if I was doing well—you don't know if they're enjoying the moment. And little by little, you learn to find signs, even if the child doesn't communicate.

There is one child, one of the most endearing, who doesn't communicate. He doesn't speak, but I can spend an hour talking to him. In the beginning, I wouldn't have been able to do that; now I can. He stares at you, and there really is something in his eyes, it makes it impossible to stop talking to him. He feeds you with his eyes; that's where his response lies. It's quite incredible.

Two months ago, I got to The Lighthouse and found out about the death of a little girl I had seen just a week earlier. It was very difficult. At first, you start crying and you don't know whether you're going to be able to do your shift with that on your mind. And then, I go change. I try to get some fresh air for five minutes. I get back into the room and I see the children who are there, the smiles waiting for me, and a little girl I'm crazy about who's there and she's waiting for me—she just wants to play with me. And I realized afterward that for those three hours, I had managed to forget that moment, to really move on and fully be with the children.

When I tell people that I do this, they always say, "Oh, I couldn't do that." But to me, they're not "children who are going to die"; they're just children, and that makes a big difference. You walk into a house where there are children who want to laugh, play, sing... They're children, and as long as they're here, we make the best of it.

**Je viens de Côte-d'Ivoire.** Ma famille a quitté le pays quand j'avais 14 ans à cause de Laurent Gbagbo, des problèmes politiques et de la persécution... comme dans beaucoup de pays d'Afrique, malheureusement. On a vécu en France, à Cannes, et là, je finis mon diplôme ici, à l'UQAM. Avec un ami, je suis en train de créer une fondation pour les orphelins — il y en a beaucoup là-bas. On veut récolter des fonds, faciliter l'adoption, stimuler le bénévolat, etc. Il ne manque plus que quelques formalités et on pourra aider ces enfants-là.

I'm from the Ivory Coast. My family left the country when I was 14 years old because of Laurent Gbagbo, political problems, and persecution... like in many African countries, unfortunately. We lived in France, in Cannes, and now I'm finishing my degree here, at UQAM. With a friend, I'm trying to create a foundation for orphans—there are many over there. We want to raise funds, facilitate adoption, encourage volunteerism, etc. There are just a few formalities left and we'll be able to help these children.

**— On ne se connaissait pas** avant de commencer ce travail pour notre maîtrise en urbanisme. On apprend à se connaître et à travailler ensemble !
— Moi, je viens d'Algérie, je suis là depuis un an seulement, alors j'en apprends aussi plus sur Montréal, sur comment la ville est faite et construite.

............

— We didn't know each other before beginning this project for our master's in Urbanism. We're getting to know each other and to work together!
— I'm from Algeria. I've been here for only a year, so I'm also learning more about Montréal, how the city is made and built.

— **Je faisais un barbecue chez moi** avec ma copine et des amis, pis elle était là avec sa copine.
— Quelque temps après, on s'est revues sur Tinder. Et comme on se connaissait déjà, c'était plus facile.
— Ça fait presque un an qu'on est ensemble.
— Une Haïtienne et une Roumaine, c'est ça Montréal!

— I was having a barbecue at home with my girlfriend and some friends, and she was there with her girlfriend.
— Some time after, we saw each other again on Tinder. And since we already knew each other, it was easier.
— We've been together for almost a year now.
— A Haitian and a Romanian—that's Montréal!

C2
C2
EPENGE KABASELE
BUSINESS DEVELOPMENT OFFICER
V

**J'ai deux grands frères,** et ma mère a toujours voulu une fille. À 40 ans, dans un acte de foi, elle a mis un stérilet et elle s'est dit: « Je vais prier pendant un an, et dans un an, je vais enlever mon stérilet et concevoir ma fille. »

Un jour, elle s'est réveillée, elle avait fait un rêve dans lequel ma tante Epenge [prononcer É-pen-guè] venait la voir avec un bébé dans les bras et disait: « Je sais que tu as toujours voulu une fille, alors laisse-moi partir et je te laisse cette petite fille. » Elle s'est réveillée vraiment perturbée et elle est partie au travail avec un mauvais *feeling*. Son oncle est venu la voir au travail et lui a dit: « Il faut que tu viennes à la maison, ton père t'attend. » Ils sont passés chercher son autre sœur, et en arrivant à la maison, mon père leur a dit: « Epenge est morte. » Ma tante était malade, elle avait pris l'avion depuis son village pour venir recevoir des soins à Kinshasa [au Congo], et elle est morte dans l'avion.

Après les funérailles, ma mère est partie en Belgique et elle a eu un malaise dans l'avion. À l'atterrissage, on l'a emmenée à l'hôpital et on lui a dit: « Madame, vous êtes enceinte.
— Mais c'est impossible, j'ai un stérilet!
— Croyez-le ou non, mais vous êtes enceinte de cinq mois, et c'est une fille. »
Je suis née trois mois et demi plus tard, et mon nom, c'est Epenge.

I have two older brothers, and my mother always wanted a daughter. At 40, in an act of faith, she got an IUD and thought, "I will pray for one year, and in one year, I'll remove the IUD and conceive my daughter."

One day, she woke up. She'd had a dream in which my Aunt Epenge [pronounced Eh-pen-gue] came to see her with a baby in her arms and said, "I know you've always wanted a daughter. So let me go and I'll leave this little girl in your arms." She woke up very upset and went off to work with a bad feeling. Her uncle came to see her at work and told her, "You have to come to the family house; your father has something to tell you." They picked up her other sister, and when they got to the house, my father told them, "Epenge is dead." My aunt was sick. She had taken a plane from her village to receive care in Kinshasa [Congo], and she died in the plane.

After the funeral, my mom went to Belgium, and she passed out in the plane. When they landed, she was taken to the hospital and they told her, "Madame, you are pregnant."
— But that's impossible; I've got an IUD.
— Believe it or not, you're five months pregnant, and it's a girl.
I was born three-and-a-half months later, and my name is Epenge.

**Je ne m'habillais pas du tout comme ça** au secondaire. À l'époque, je m'habillais comme un gros rappeur des années 90 : j'avais des pantalons à peu près quatre fois ma taille, des t-shirts XXL avec Eminem en prison dessus, genre. Des bandanas même. J'avais des bandanas.

I didn't dress like this at all in high school. Back then, I used to dress like a big rapper from the 90s: I had pants four times my size, XXL T-shirts with Eminem in jail on them, like. Bandanas even. I had bandanas.

**I don't know if I want to go back to Hong Kong** or stay here. I'm actually torn between the North American culture and the Asian culture. I'm very creative—I draw animations—and I have a lot of ideas, but sometimes I have the impression that Westerners have an advantage here, because culturally they have a louder voice, and they seem to know the right people. So if I wanted to open a business here, I'd have to go through someone with these abilities; it would be more difficult on my own because I'm part of a minority. On the other side, in Asia, particularly in China, your creativity is not considered seriously; it's ignored, and you basically do what you're told. So I just wish these two cultures would be more open to each other, because they could learn so much from each other!

Je sais pas si je veux retourner à Hong Kong ou rester ici. Je suis vraiment partagée entre la culture nord-américaine et la culture asiatique. Je suis très créative — je dessine des animations — et j'ai beaucoup d'idées, mais parfois, j'ai l'impression que les Occidentaux ont un avantage ici, parce que culturellement, ils ont une voix plus forte, et ils semblent connaître les bonnes personnes. Fait que si je voulais lancer une business ici, je devrais passer par quelqu'un qui a ces atouts-là; ce serait plus difficile de le faire par moi-même, parce que je fais partie d'une minorité. D'un autre côté, en Asie, particulièrement en Chine, ta créativité n'est pas prise au sérieux, elle est ignorée, et en gros, tu fais ce qu'on te dit. Fait que j'aimerais juste que ces deux cultures soient plus ouvertes l'une à l'autre, parce qu'elles pourraient apprendre tellement l'une de l'autre!

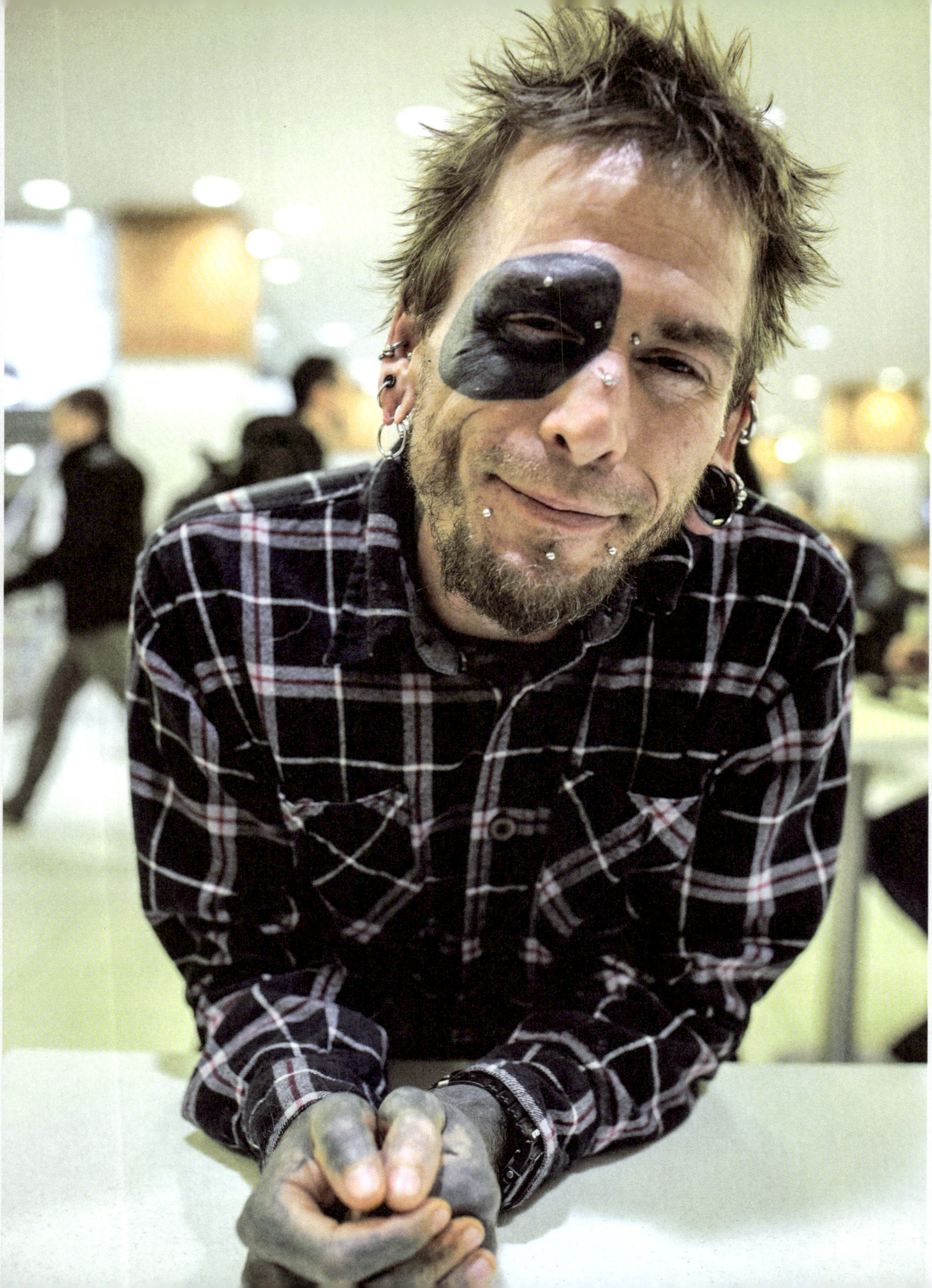

**J'étais sur un coin de rue.** Une madame arrive avec une tasse de café — pas un gobelet en *styrofoam*, une vraie tasse à café —, du café chaud et un croissant. Elle me donne ça pis elle me dit : « Tiens. Tu garderas la tasse. » Il faisait froid, il faisait froid, il faisait froid… Je me suis dit : « Allume ! Réchauffe-toi, fais quelque chose ! Va à l'intérieur, travaille, fais quelque chose, réchauffe-toi ! T'es là pis t'as froid. Fais quelque chose ! » Suite à ça, je me suis trouvé un appartement, j'ai arrêté de boire, je me suis trouvé un emploi… Elle a changé ma vie, cette tasse-là.

Je rêve d'avoir une maison. Je me suis levé un matin, pis je me suis dit : « Je vais me quêter une maison, 25 cennes à la fois. » Ça n'a pas marché, mais je me suis trouvé un emploi où je pouvais accumuler un peu d'argent — mais pas assez pour m'acheter une maison. J'ai appris à faire un budget, je suis retourné à l'école… Je vais l'avoir un jour, ma maison. Je vais l'avoir. Un jour, je vais avoir mon arbre à moi. Un arbre qui va toujours être à moi, qui ne changera jamais de place, que je vais pouvoir aller voir tous les jours. Il n'y a personne que je connais depuis plus que quelques années, tout le monde a été passager dans ma vie. Je déménage tout le temps. Avoir une place qui est à moi pour toujours, un arbre qui ne se fera jamais couper, qui va vivre plus vieux que moi… Un arbre, un ruisseau, c'est ça que je veux.

Aujourd'hui, je suis retourné à l'école, j'ai laissé le monde de la rue de côté. Au début de mon adolescence, c'était dur, j'avais de la misère avec les amis à l'école. J'ai eu des problèmes d'intimidation, je n'avais pas la tête à faire mes devoirs, à faire les choses que je devais faire. Fait qu'en sortant du secondaire, je n'avais nulle part où aller. Maintenant, je peux dire aux gens : « Je suis étudiant. » Je vais avoir un travail, je vais avoir un avenir, je vais contribuer [à la société]. Jusqu'à maintenant, oui je contribuais, mais c'était tout le temps dans le social. Je faisais des belles choses, mais ce n'était rien de concret. Aujourd'hui, juste de dire que ça va bien à l'école, c'est juste ça, le bonheur : le fait d'appartenir. >

I was on a street corner. A lady comes to me with a coffee cup—not a Styrofoam cup, an actual coffee mug—a hot coffee and a croissant. She gives me this and then says, "Here you go. You can keep the mug." It was cold, it was cold, it was cold… I thought, "Wake up! Warm yourself up, do something! Go inside, work, do something, warm yourself up! You're here and you're cold. Do something!" After that, I found myself an apartment, I quit drinking, I found myself a job… It changed my life, that cup of coffee.

I dream of having a house. I woke up one morning and thought, "I'm gonna panhandle myself a house, one quarter at a time." It didn't work out, but I found myself a job that allowed me to save a bit of money—but not enough to buy me a house. I learned how to make a budget, I went back to school… I'm gonna get it one day, my house. I'm gonna get it. Some day I'm gonna have my own tree. A tree that will always be mine, that won't ever move anywhere, that I'll have the chance to go see every day. There's nobody I've known for more than a few years; everyone has only ever passed through in my life. I move all the time. Having a place that's mine forever, a tree that will never get cut down, that will outlive me… A tree, a stream, that's what I want.

These days, I've gone back to school. I left the street behind me. In my early teens, it was tough. I struggled making friends in school. I was bullied. I wasn't in the right mind to do my homework, to do the things I was supposed to do. So when I finished high school, I had nowhere to go. Now I can tell people, "I'm a student." I'm gonna have a job, I'm gonna have a future, I'm gonna contribute [to society]. Up until now, yes I was contributing, but it was always on the social level. I did beautiful things, but it was never concrete. Now, just saying I'm doing well in school, that's what happiness is; the fact that I belong.

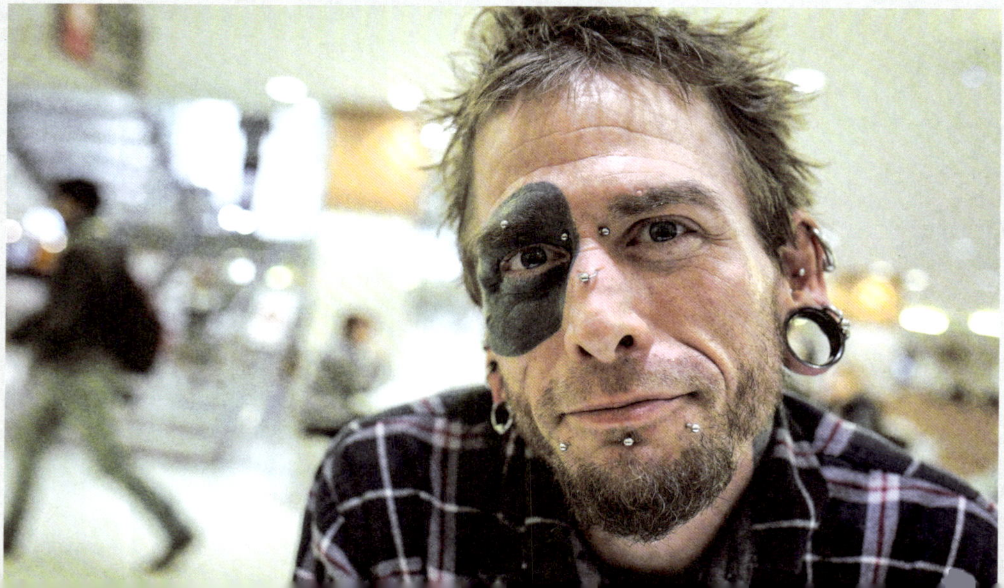

**C'est ma sœur qui m'a fait découvrir le voyage.** On était parties toutes les deux en Europe pour mes 20 ans, et comme elle devait repartir plus tôt, je suis restée à Paris toute seule. J'y ai vécu l'histoire la plus romantique possible. Tout le kit… C'était un Américain. Bien sûr, il ne parlait pas bien le français, il avait un gros accent : « Pourriez-vous m'aider ? » Puis, la pluie a commencé à tomber, on s'est retrouvés tous les deux sous un parapluie, on est allés prendre un petit café, etc. Tout ce que tu peux imaginer dans un film, ça m'est arrivé ! Ça n'a duré que quelques jours très intenses, et c'est resté très « fleur bleue ». Pis on s'est éloignés. On a voulu s'écrire, mais la vie a repris son cours.

It's my sister who made me discover travelling. We went to Europe together for my twentieth birthday, and since she had to leave earlier, I stayed in Paris alone. I lived the most romantic story possible. The real deal… He was American. Of course, he didn't speak French well. With a strong accent, "Could you help me?" Then the rain started to fall, we both found ourselves under an umbrella, we went to have a little coffee, etc. Everything you can imagine in a movie, it happened to me! It only lasted a few intense days, and remained very sentimental. Then we parted. We wanted to write, but life resumed its course.

When you decide to become a mother, it's part of the possibilities. Sure you have a small period of mourning at first because like it or not, you project yourself into the future. But you take it one day at a time—he's still a child, after all. The difference will probably get bigger growing up, it's true. But even if he might not be able to express himself verbally, it doesn't mean he won't be able to dance or do whatever he wants to do. I want people to accept him, to see him, because for many, it's just the unknown.

I started to sign him up for small photo shoots when he was 9 months old, for pajama ads. I admit that I was a bit surprised at first that it worked, but there are people, brands that are sensitive to the cause. He often does small fashion shows, too, and he's even represented by an agency! I don't know if I would've done that if he didn't have this difference. I wanted to eliminate this view that some people still have. Down syndrome people have a place among us, why hide them? For me, his difference is a plus, and he shows people that he can do the same as them.

**Quand tu décides de devenir maman,** ça fait partie des possibilités. C'est sûr que t'as une petite phase de deuil au début, parce que veux, veux pas, tu te projettes dans le futur. Mais tu prends ça un jour à la fois ; ça reste un enfant pareil. La différence va peut-être se creuser en grandissant, c'est vrai. Mais même s'il ne sera peut-être pas capable de s'exprimer verbalement, ça ne veut pas dire qu'il ne pourra pas danser, ou faire ce qu'il a envie de faire. Je veux que les gens puissent l'accepter, le voir aussi, parce que pour beaucoup de monde, c'est juste de l'inconnu.

J'ai commencé à l'inscrire à des petits *shootings* photo quand il avait 9 mois, pour des pubs de pyjamas. J'avoue que j'ai été un peu étonnée au début que ça marche, mais il y a des gens, des marques qui sont sensibles à la cause. Il fait souvent des petites parades de mode aussi, et il est même représenté par une agence ! Je ne sais pas si j'aurais fait ça s'il n'avait pas cette différence. Je voulais éliminer ce regard que certaines personnes ont encore… Les personnes trisomiques ont une place parmi nous, alors pourquoi les cacher ? Pour moi, sa différence, c'est un plus, et il montre aux gens qu'il est capable de faire comme eux.

**Je termine ma maîtrise en littérature comparée** et je commence mon doctorat en janvier. Ensuite, je vais enseigner la littérature à l'université. Et après avoir économisé un peu d'argent, le but ultime serait de voyager, d'enseigner l'anglais à l'étranger ! Ce goût du voyage me vient sûrement de Tintin, que j'aime depuis que j'ai cinq ans (*elle montre son tatouage du symbole de l'album* Les cigares du pharaon *sur son avant-bras*), mais surtout de *Sur la route,* de Jack Kerouac, qui parle de rencontres humaines et d'un pèlerinage avec soi-même. J'ai même intégré cette citation dans mon mémoire de maîtrise : « Les seuls gens qui existent sont ceux qui ont la démence de vivre, la démence de discourir, la démence d'être sauvés, qui veulent jouir de tout dans un seul instant, ceux qui ne savent pas bâiller [...] ».

I'm finishing my master's degree in Comparative Literature, and I'm starting my PhD in January. Then I will teach literature at the university. And once I've saved a bit of money, the ultimate goal would be to travel and to teach English abroad! This taste for travel probably comes from *Tintin*, which I've loved since I was five. (*She shows me her tattoo of the symbol from* Cigars of the Pharaoh *on her forearm*), but especially from *On the Road* by Jack Kerouac because it's about human encounters, and of a journey with oneself. I even included this quote in my thesis: "The only people for me are the mad ones, the ones who are mad to live, mad to talk, mad to be saved, desirous of everything at the same time, the ones who never yawn [...]."

**J'imagine que le public aime voir quelqu'un de différent;** ça fait jaser. Les recherchistes de V télé sont venus me recruter pour toutes leurs téléréalités. J'ai participé deux fois à *Un souper presque parfait.* La deuxième fois, j'ai gagné le prix du public. Je suis parti vivre en appartement à 16 ans, donc j'ai dû apprendre à me débrouiller tout seul en cuisine… J'ai aussi gagné à *Tu m'aimes, tu mens!* et *Coup de foudre.* Aujourd'hui, je travaille sur le plus gros projet de ma vie: un groupe rock, métal et R'n'B qui s'appelle Within & Without.

I guess the public likes to see someone different; it gets people talking. The team from V télé recruited me for all their reality TV shows. I participated twice in a show called *Un souper presque parfait* [similar to *Come Dine with Me*]. The second time, I won the viewers' choice. I went to live in an apartment when I was 16 years old, so I had to learn how to cook for myself. I also won *Tu m'aimes, tu mens!* [*You Love Me, You Lie!*] and *Coup de foudre* [*Love at First Sight*]. Today, I'm working on my life's greatest project: a rock, metal and RnB band called Within & Without.

**Quand je vendais du pétrole,** il y avait une petite dame qui m'achetait souvent des camions-citernes. Sa société était en liquidation judiciaire, mais c'était une société de transport, donc obligée d'acheter du carburant. Sauf que quand ta société est en liquidation judiciaire, tes conditions de paiement sont merdiques, donc mon responsable me disait : « Elle, tu lui mets 150 % de marge. Elle n'a pas le choix, elle ne peut pas acheter ailleurs. » Le problème, c'est que l'argent qu'elle dépensait pour ça, c'est de l'argent qui aurait pu retourner aux employés après [la liquidation]. Donc, j'étais en train de lui prendre son argent sans même qu'elle s'en rende compte. Et mon patron à côté qui était là : « Vas-y ! Vas-y ! » À un moment, je lui ai dit : « Je ne peux pas. » Il m'a dit : « Tu veux ta prime ? Tu veux ta permanence ? » J'ai réfléchi et j'ai dit : « Ben… non. » Là, j'ai eu mon déclic.

Tout l'argent que je gagnais, je le dépensais pour me détruire la tête et oublier ce que je faisais dans la journée. À un moment donné, je suis tombé malade… Une sale maladie : j'avais un abcès au poumon, ils m'en ont enlevé un tiers. Quand je me suis endormi sur la table d'opération, j'étais en mode : « Est-ce que je vais me réveiller ? » À ce moment-là, je vendais encore du pétrole, et je me suis dit : « Mais à quoi elle sert, ma vie, si je meurs là ? Il y a plein de choses que je vais regretter. » Et quand je me suis réveillé, j'ai pensé : « C'est une seconde chance. La prochaine fois que je ferme les yeux, que ce soit dans un jour, dans un an ou dans cinquante ans, j'aurai le sourire aux lèvres. »

When I was selling oil, there was a little lady who frequently bought fuel trucks from me. Her company had filed for bankruptcy, but it was a freight company, so they were forced to buy fuel. Except when you go bankrupt, your payment arrangements are shitty, so my boss would tell me, "For her, you add a 150% margin. She has no choice; she can't buy anywhere else." The problem was that the money she spent on this was money that could have gone back to the employees after [bankruptcy]. So I was taking her own money without her even realizing it. And my boss was right next to me saying, "Go for it! Go for it!" At one point, I said, "I can't do it." He said, "Do you want your bonus? Do you want a permanent contract?" I thought about it and said, "Well… No." That's when I had my wake-up call.

All the money I was making I would spend getting wasted to forget what I was doing during the day. At one point, I got sick… A nasty disease. I had an abscess in my lung; they removed one-third. When I fell asleep on the operating table, I was like, "Am I going to wake up?" At that time, I was still selling oil, and I thought, "But what was the point of my life if I die now? There are so many things I'm gonna regret." And when I woke up, I thought, "This is a second chance. The next time I close my eyes, whether it be in a day, in a year or in fifty years, I'll do it with a smile on my face."

OU NEED IS LOVE

94.7 FM
HITS

**J'ai vécu quatorze ans en centre jeunesse.** C'est comme eux qui m'ont élevé, finalement. Je suis passé dans des foyers de groupe, dans des foyers d'accueil… La dernière famille d'accueil était un peu plus stricte. Je devais retenir des chapitres de la Bible, notamment les psaumes. C'était vraiment rigoureux comme règlement. Comme j'étais un peu un mauvais garçon, je mangeais moins; la priorité allait aux enfants de la famille…

C'est là que j'ai commencé à être battu, par le père et la mère. Il y avait la ceinture, des bâtons en bois, et même une machine à sabler. On me mettait en pénitence, aussi: plusieurs jours sans manger, plusieurs nuits sans dormir en restant à genoux par terre avec les bras en l'air. Mais j'avais comme une crainte d'affirmer que j'étais battu. Plus tard, je suis retourné en foyer de groupe, pis mes 18 ans sont arrivés. C'était dur, mais dans tout ça, j'ai un peu appris les règles, la discipline. Une chose négative a toujours un côté positif, c'est comme ça que je vois les choses, en fait. C'est ce que Déclic m'a appris, aussi.

J'ai été élevé avec *Rambo* et le *Roi lion*; avec la télé, et des stéréotypes. Je savais que ce n'était pas la vraie vie, mais c'est comme ça que j'ai appris à parler, comme ça que je me suis construit une personnalité au fil des années, en prenant des bouts de personnages qui me plaisaient. Adolescent, j'avais un côté sombre, un peu comme Blade [personnage du film éponyme]. Je n'avais vraiment pas de contact avec les gens, je ne parlais pas, sauf quand je n'avais pas le choix. Pis je me cachais le visage parce que j'avais de l'acné. Je n'avais vraiment pas d'estime de moi. Parler avec une fille, c'était… comme si moi, je n'en avais pas le droit, parce que j'étais inférieur aux autres.

C'est le sport qui m'a permis de m'ouvrir un peu. Les gens ont vu mes capacités, m'ont parlé et ont voulu faire des activités avec moi. J'étais toujours un peu sur mes gardes, mais je me suis plus ouvert. Pis c'est avec Déclic que j'ai pu forger ma propre personnalité. C'est eux qui m'ont poussé au-delà des stéréotypes, qui m'ont fait remarquer que j'avais une bonne capacité d'analyse, et aussi de l'écoute — les gens se confient à moi. J'aime ça aider les gens, maintenant je le sais.

J'avais l'impression de ne pas avoir de cœur. Les émotions, je ne les ressentais pas de la même façon que tout le monde. Que ce soit la peur, la tristesse, l'amour… Ça a commencé à changer quand j'ai perdu ma grand-mère en janvier dernier. C'est la seule personne pour laquelle j'avais une vraie affection. Elle était le côté positif de ma vie. Elle m'a donné de sa force et elle m'a appris la générosité. Vers la fin, elle était très malade, elle souffrait beaucoup.

La veille de son décès, je suis allé la voir pour essayer de la réconforter. Je lui ai dit: «Tout va bien maintenant, j'ai une bonne job, un appartement… Tout va bien.» Pis j'ai vu une larme couler sur sa joue. C'est comme si elle savait qu'elle allait partir. Le lendemain, j'ai ressenti un grand vide, parce que je l'aimais tellement. C'est là que j'ai compris que j'avais un cœur. Et les souvenirs que j'ai avec elle continuent à la faire vivre. >

I lived 14 years in the Youth Centres. They're the ones who actually raised me. I went through group homes, foster homes... The last foster family was a bit more strict. I had to remember chapters of the Bible, especially the Psalms. This was a really strict rule. Since I was a bit of a bad boy, I ate less; the children of the family were the priority.

At that point, I started to get beaten, by the father and the mother. There was the belt, wooden sticks, and even a sanding machine. I got punished, too: several days without eating, several nights without sleeping while kneeling on the floor with my arms up. But I was, like, worried to say that I was beaten. Later, I returned to the group home, and then my eighteenth birthday came. It was hard, but out of all that, it's like I've learned the rules, some discipline. A negative thing always has a positive side; that's how I actually see things. That's also what Déclic taught me.

I was raised with *Rambo* and *The Lion King*, with TV, and stereotypes. I knew it wasn't real life, but that's how I learned to speak, how I built myself a personality over the years, taking pieces of the characters I liked. When I was a teenager, I had a dark side, a bit like Blade [character from the movie of the same name]. I had absolutely no contact with people; I didn't speak unless I had no choice. And I was hiding my face because I had acne. I definitely had no self-esteem. Talking to a girl... it was like I had no right to, because I was inferior to others.

It's sports that allowed me to open up a little. People saw my abilities, talked to me and wanted to do activities with me. I was always a bit on my guard, but I opened up more. Then it was with Déclic that I was able to build my own personality. They pushed me beyond stereotypes, made me notice that I had good analytical skills, and also listening skills—people confide in me. I like to help people, now I know it.

I had the impression that I had no heart. I didn't feel emotions the same way as everyone else. Whether it was fear, sadness, love... That started to change when I lost my grandmother last January. She's the only person I had real affection for. She was the positive side of my life. She gave me her strength, and she taught me generosity. Near the end, she was very ill. She was suffering a lot. The day before she died, I went to see her to try and comfort her. I said, "Everything is good now. I have a good job, an apartment... Everything is good." Then I saw a tear run down her cheek. It's like she knew she was leaving. The next day, I felt a great void, because I loved her so much. That's when I realized I had a heart. And the memories I have with her make her live on.

— **On est amis depuis le secondaire,** on est venus à Montréal ensemble. Notre meilleur souvenir ensemble, c'est le concert de Lady Gaga, pendant la toune *Gypsy*. À ce moment-là, on avait le *dancefloor* à nous tout seuls!
— Il y a plein de monde qui pensaient que c'était fini, mais il restait encore une dernière chanson.
— Le parterre du Centre Bell était vide! On courait, avec des *glitters* dans la bouche, on avait des *glitters* dans les dents! C'était *full* bon.

— We've been friends since high school. We came to Montréal together. Our best memory together is the Lady Gaga concert, during the song "Gypsy". At that point, we had the dance floor to ourselves!
— Lots of people thought it was over, but it was the last song.
— The floor of the Bell Centre was almost empty! We were running, with glitter in our mouth. We had glitter in our teeth! It was crazy good.

**I have nightmares constantly, ever since I can remember. The only neutral dream I had was about a plastic bag and it was really boring. Everything else has been terrifying. I think I just have a dark, twisted mind and imagination.**

Je fais constamment des cauchemars, depuis aussi loin que je me souvienne. Le seul rêve neutre que j'ai fait était à propos d'un sac en plastique, et c'était vraiment plate. Tous les autres ont été terrifiants. Je pense que j'ai juste l'esprit et l'imagination sombres et tordus.

**J'ai eu la méningite quand j'avais trois ans.** J'aurais pu perdre la vie, mais c'est l'audition que j'ai perdue. Pas la parole, je bavardais beaucoup! J'ai aussi appris la langue des signes. Pendant cinq ans, j'étais dans le silence total, parce qu'il n'existait pas d'appareil pour moi. Mais quand j'ai eu huit ans, j'ai été la première enfant au Canada à recevoir un implant cochléaire. Une chance inouïe! Tu dois réapprendre à entendre, mais après un temps, le cerveau s'habitue et tu entends de plus en plus de choses. La lumière se fait dans la noirceur! Ça aide aussi tellement en lecture labiale... Récemment, ma mère a appris des nouveaux signes à ma filleule de cinq ans sans que je le sache. Je les quittais pour rentrer chez moi, et elle m'a dit « Je t'aime » avec ses mains par la fenêtre!

I had meningitis when I was three years old. I could have lost my life, but it was the hearing I lost. Not the speaking—I chatted a lot! I also learned sign language. For five years I was in total silence because there was no device available. But when I was eight, I was the first child in Canada to receive a cochlear implant. An incredible opportunity! You have to learn how to hear again, but after a while, the brain adjusts and you hear more and more things. You see light in the darkness! It also helps so much with reading lips. Recently, my mother taught new signs to my five-year-old goddaughter without me knowing. I was leaving them to go home and she said "I love you" with her hands through the window!

**J'étais fille unique, et je recevais beaucoup de cadeaux à Noël. Ma mère me disait : « Choisis six jouets que tu voudrais garder pour toi. » Puis, j'allais avec elle à l'orphelinat et je donnais les jouets que j'avais reçus, mes préférés. C'est comme ça que j'ai été élevée. C'est ma mère qui m'a appris que quand on reçoit, il faut partager.**

I was an only child, and I'd receive lots of presents at Christmas. My mother would say, "Choose six toys you would like to keep for yourself." Then I'd go with her to the orphanage and give away the toys I'd received, my favourite ones. This is how I was raised. It's my mother who taught me that when you receive, you have to share.

**J'étais avec cinq de mes très bons amis,** dans le milieu de la foule [à Osheaga, pendant le concert de Edward Sharpe and the Magnetic Zeros], puis on a décidé de me soulever dans les airs et de m'amener vers l'avant. Il y en avait un en avant qui ouvrait le chemin, et les autres m'ont porté jusqu'en avant. Le plan, c'était juste ça, et là, le chanteur nous a dit : « Est-ce que vous voulez monter sur le *stage* ? » Ben là, c'est sûr qu'on était *down* ! Ce qui est l'fun, c'est qu'ils ont laissé monter mes amis aussi. C'est des amis du primaire, mes meilleurs amis, et c'était vraiment spécial de vivre ça avec eux. Entendre tout le monde crier... C'était vraiment fou. C'était impressionnant. Quand t'es en bas, tu sais qu'il y a beaucoup de monde, mais quand tu montes sur le *stage*, c'est fou [de voir] la marée humaine.

Après la première toune, la sécurité allait me faire descendre, mais c'est le chanteur qui a insisté pour me laisser rester pour *Home*. Il leur a dit : « *One more track!* » Et quand ça a été fini, tous les musiciens sont venus me voir, c'était vraiment spécial. Après ça, tout le monde me reconnaissait dans le festival, tout le monde venait me voir. Dans le métro, les gens prenaient des photos avec nous. J'étais comme une star. J'en parle avec mes amis depuis dimanche, et on n'en revient pas à quel point ça a pris de l'ampleur. Je pense que c'est surtout le moment où on a fait ça, juste avant *If I were free* : le *timing* était parfait. Comme j'ai vu dans un *post* d'Alexandre Bilodeau, ça enlève les barrières, que je sois monté sur le *stage* avec l'aide de mes amis, même si je ne peux pas me déplacer... Chaque fois que je regarde la vidéo, j'ai des frissons.

I was with five of my very good friends, in the middle of the crowd [at Osheaga, during the Edward Sharpe and the Magnetic Zeros concert], and we decided to lift me up in the air and bring me to the front. There was one opening the way, and the others carried me to the front. That was the plan, and then the singer said, "You wanna come up on stage?" Well, of course we were down! The fun part is that they let my friends come up, too. They're friends from primary school, my best friends, and it was very special to experience that with them. Hearing everybody shout... It was insane. It was impressive. When you're down there, you know there are lots of people, but when you're on stage, the sea of people is crazy.

After the first song, security was going to bring me down, but the singer insisted I stay there for "Home." He told them, "One more track!" And when it was over, all the musicians came to see me; it was truly special. After that, everybody recognized me at the festival; everyone was coming to see me. In the Métro, everyone was taking pictures with me. I was like a celebrity. I've been talking about it with my friends since Sunday, and we can't believe how big it's gotten. I think it's mostly the timing, just before the song "If I Were Free." It was perfect. As I read in a post by Alexandre Bilodeau, it removes barriers, the fact that I got up on stage with the help of my friends, even though I can't move... Every time I watch the video, I get chills.

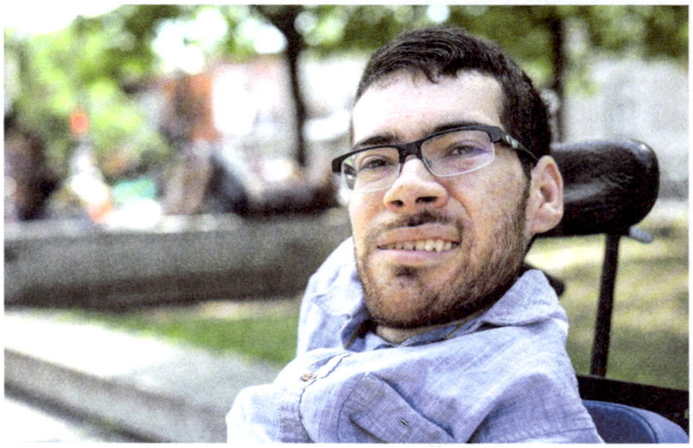

**À la garderie en milieu familial,** sa gardienne nous a dit : « Je crois qu'on devrait faire venir une spécialiste pour l'évaluer. » La première grille d'évaluation, c'est une grille de développement qui est utilisée avec n'importe quel enfant pour voir où il est rendu. Un mois plus tard, on m'a appelée pour me dire qu'il échouait dans chacune des catégories qui avaient été analysées : la parole, la communication, la motricité fine… Au début, je n'y croyais pas. Je me disais : « Il ne connaissait pas la madame. Il était fatigué. »

Après ça, les spécialistes ont fait une pré-évaluation diagnostique du TSA [trouble du spectre de l'autisme]. Moi, je n'avais aucune idée de ce que c'était. C'est à ce moment-là que mon monde s'est écroulé. Je suis allée sur YouTube, j'ai regardé la vidéo d'un petit garçon qui se faisait évaluer, et il était pareil comme mon fils. J'ai pleuré pendant… Je pleure encore aujourd'hui, et ça fait deux ans. C'est encore très difficile à accepter. Là, il est jeune, mais de savoir que, plus tard, il restera peut-être comme ça, c'est très dur. J'espère qu'il va pouvoir être autonome. On se dit toujours : « Si on n'est plus là, qui va s'en occuper ? »

Pendant longtemps, je n'ai pas pu prendre mon fils dans mes bras pour regarder un film. Il n'aimait pas se faire toucher. Là, il commence à aimer ça. Ça fait peut-être six mois qu'il vient nous faire des câlins. Et maintenant, il va voir n'importe qui et il lui fait un câlin ou lui donne un bec sur la joue. On dirait que ça se développe. Il n'y a pas très longtemps, j'étais sur le divan, il a sauté sur moi et il a dit : « Couché avec toi. » J'ai pensé mourir ! Je voulais fondre. Mon mari était là et il m'a dit : « Oh. Mon. Dieu. Tu ne veux pas bouger, toi. » J'ai dit : « Non. Chut ! » Je ne voulais pas qu'il parle ou qu'il bouge. Jackson est resté au moins cinq minutes collé sur moi comme ça. J'entendais son petit cœur battre contre le mien… Je ne voulais pas bouger, et je me suis dit : « *Yes !* C'est la première fois, mais il va y en avoir d'autres, des bons moments de même. »

Le plus difficile, pour moi, c'est d'accepter le regard des autres. Ma plus grande crainte encore aujourd'hui quand on est en public, c'est qu'il décide de faire une crise parce qu'il y a trop de stimuli : les bébés qui pleurent, l'eau qui tombe sur les fruits et les légumes à l'épicerie, les roues du panier qui grincent… Et là, boum ! il fait une crise ! Et je vois le jugement des gens. J'ai eu beaucoup de commentaires comme : « Hé, tiens-le, ton enfant » ou « Ouin, il est mal élevé », des choses comme ça. >

C'est stressant pour moi quand je dois aller dans un endroit public avec mon fils. C'est à ça que je pense en premier. Avant même d'y aller, je stresse. Je ne peux pas emmener mon enfant au parc juste comme ça, sans y penser. Je ne peux pas rentrer à la maison et décider d'aller à l'épicerie parce qu'il me manque du lait. On doit toujours respecter la routine. Si je décide de tourner à gauche au stop, alors qu'habituellement je tourne à droite, ça ne fonctionne pas dans sa tête. Pour lui, le chemin est tracé. Dès qu'on vient chambarder la routine, qu'on change le chemin tracé dans sa tête, il perd ses moyens.

Aujourd'hui, on venait faire ces photos. Ce matin, j'ai dû lui expliquer qu'entre le Centre Gold [centre de soutien aux enfants autistes] et la garderie, on rencontrerait un monsieur avec une caméra. J'utilise des pictogrammes. J'en ai toujours avec moi, surtout quand je suis en public: « Reste gentil, reste assis, ne cours pas... » Ça m'a souvent aidée. Maintenant, il commence à comprendre qu'il n'en a pas besoin, mais pendant longtemps, quand je sortais sans les pictogrammes, j'avais l'impression qu'il me manquait un bras.

..........

At the family daycare service, his caretaker told us, "I think we should get a specialist to evaluate him." The first evaluation grid is a development grid that is used with any child to see how they're developing. They called me a month later to tell me he failed in every category they analyzed: speech, communication, fine motor skills... At first I didn't believe it. I thought, "He didn't know the lady. He was tired."

After that, the specialists did a diagnostic pre-evaluation of the ASD [Autism Spectrum Disorder]. I had no idea what it was. That's when my world collapsed. I went onto YouTube. I watched a video of a young boy who was being evaluated, and he was just like my son. I cried for… I'm still crying today, and it's been two years. It's still very difficult to accept. He's young now, but to know that later, he may stay like this… It's very hard to accept. I hope he will be able to be independent. We always wonder, "If we're not there anymore, who will take care of him?"

For a long time, I could never hold my son in my arms to watch a movie. He didn't like being touched. Now, he's starting to like it. It's been maybe six months since he comes and gives us hugs. And now he goes to anyone and gives them a hug or a peck on the cheek. It seems to be developing. Not too long ago, I was on the couch, he jumped on me and said, "Laid down with Mom." I thought I would die! I wanted to melt. My husband was there and said, "Oh. My. God. You do not want to budge." I was like, "No. Shh!" I didn't want him to speak. I didn't want him to move. Jackson stayed at least five minutes lying on me like that. To hear his little heart beating against mine… I didn't want to move, and I thought, "Yes! That's the first time, but there will be other good times like this."

The hardest thing for me to accept is the looks of others. My greatest fear, even today, when we go out in public, is that he will decide to throw a tantrum because there is too much stimulation: babies crying, water spraying on the fruits and vegetables in the grocery store, the wheels of the cart squeaking… And then boom, a tantrum! And I see how judgemental people are. I've had lots of comments like, "Hey, hold your kid," or "Well, he's bad-mannered." Stuff like that.

It's stressful for me when I know I have to go to a public place with my son. It's the first thing I think about. Even before I go, I'm already stressed out. I can't take my son to the park just like that, without thinking about it. I can't come home and decide to go to the grocery store because I'm out of milk. Everything needs to be a routine. If I decide to make a left at the STOP when I usually make a right, it doesn't work in his mind. For him, the course is set. As soon as you go and disrupt the routine, the path set in his mind, he loses it.

Today, we came to do these pictures. This morning, I had to explain to him that between the Gold Centre [a support centre for autistic children] and the daycare, we would meet a gentleman with a camera. I use pictograms. I always have them with me, especially when I'm in public: "Be nice, sit down, don't run…" This has helped me a lot. Now he's starting to understand that he doesn't need them. But for a long time, when I went out without the pictograms, I felt like I was missing an arm.

**J'ai été sur le plateau de tournage** de *90210* grâce à la Fondation Rêve d'enfants. Aujourd'hui, je me dis que rien ne justifiait ça, que je n'étais pas en danger de mort et que j'ai eu une très belle jeunesse. Mais je ne peux pas me plaindre de ce que j'ai vécu grâce à ça. J'étais obsédée par cette série-là. Mon rêve, c'était d'aller les rencontrer. Et je l'ai fait !

Si c'était à refaire, toutefois, je ferais le choix politique de ne pas accepter un tel cadeau. Ce n'est pas parce que je suis handicapée que je suis inspirante et que je mérite un cadeau spécial. Je l'ai toujours su au fond de moi, mais ça m'a pris des années avant de pouvoir le mettre en mots. Les gens ne comprennent pas pourquoi je n'aime pas me faire dire que je suis inspirante. Je n'aime pas que les gens me regardent et se disent : « Si elle peut le faire, je peux le faire. » Je ne sers pas à aider les gens à mettre leurs peurs et leurs inquiétudes en perspective. Tout ça part de l'idée que ma vie est fondamentalement difficile. Comprends-tu ce que je veux dire ? J'ai encore du mal à l'expliquer. Stella Young, une artiste et une activiste handicapée australienne, l'explique de façon magnifique dans sa conférence TED. Tout le monde devrait l'écouter au moins une fois. Stella est décédée de manière subite en 2014.

I was on the set of *90210* thanks to the Children's Wish Foundation. Looking back, I think there was no justification for this. I wasn't in grave danger, and I had a very beautiful youth. But anyway, I won't complain about what I experienced thanks to that. I was obsessed with this show. My dream was to go and meet them. And I went to meet them!

If I could do it again, though, I'd make the political choice to not accept such a gift. It's not because I'm disabled that I'm inspiring and deserve a special gift. I've always known it deep inside, but it took me years before I could express it with words. People don't understand why I don't like to be told that I'm inspiring. I don't like that people look at me and think, "If she can do it, so can I." I'm not there to help people put their fears and worries into perspective. All of this comes from the idea that my life is fundamentally difficult. Do you understand what I mean? I still have a hard time explaining it. Stella Young, an Australian disabled artist and activist, explains it in a wonderful way in her TED talk. Everyone should listen to it at least once. Stella passed away unexpectedly in 2014.

**When I grow up,
I'll be a tiger!**

............

Quand je serai grande,
je vais être un tigre !

**J'ai un *band* qui s'appelle** Deux Folles & un Banjo. On chante des chansons très pertinentes sur la fin du monde, les grilled cheese, pis l'importance de manger ses légumes.

Mon plus grand défi, c'est d'être indulgente envers moi-même. Je m'en demande beaucoup. Donc, c'est de me permettre une marge d'erreur. Quand il y a des petits pépins qui se glissent sur ma route, que je ne finis pas quelque chose dans les temps, j'ai tendance à être dure avec moi-même, à me serrer la vis. Ça donne des choses pas belles, de la colère. C'est des choses qu'on apprend à gérer à un moment donné. Au moins, maintenant, je me vois venir, et dans ces cas-là, je m'isole et je respire.

I have a band called *Deux Folles & un Banjo*. We sing very relevant songs about the end of the world, grilled cheese sandwiches, and the importance of eating your vegetables.

My greatest challenge is being self-indulgent. I expect a lot from myself. So it would be to allow myself a margin of error. When there are little glitches that show up on my way, that I don't finish something in time, I tend to be hard on myself, to crack down on myself. It makes things not pretty, anger. Those are things you learn to manage at some point. At least now, I see myself coming, and in those cases, I isolate myself and I breathe.

**Je fais de la zoo-animation.** La première fois, c'était dans une résidence pour personnes âgées, avec mon chat. C'était intense. Je n'avais jamais vu ce genre d'environnement, où les gens sont là pis attendent de... pas faire grand-chose. Et la réaction des gens a été tellement merveilleuse! Quand je suis dans un environnement comme ça, dans un CHSLD, je suis là juste pour être en relation avec les gens et les écouter, et je garde une ouverture pour voir ce qu'eux, ils peuvent m'apporter aussi. Toute la résilience qu'ils peuvent avoir... J'écoute leur histoire, leur passé. Ces gens-là ont un sentiment de confiance envers moi et envers mes animaux, et ils se laissent un peu retomber en enfance. Quand t'es en relation avec un animal, tu ne penses pas, tu fais juste être. Je pense que ça leur fait tellement de bien, et je me sens privilégiée d'être témoin de ça.

I do pet therapy. The first time was in a residence for the elderly, with my cat. It was intense. I'd never seen this sort of environment, where people are there and wait for... not much to happen. And people's reactions... It was so wonderful! When I'm in an environment like that, in a CHSLD, I'm just there to be with the people and listen to them, and I keep an open mind to see what they can also bring me. All the resilience they may have... I listen to their history, their past. Those people have a feeling of trust toward me and my pets, and they allow themselves to fall back into childhood. You don't think when you're interacting with an animal; all you do is just be. I think it makes them feel good, and I feel privileged to witness that.

**Je me suis retrouvé déguisé en lapin avec la mission de faire réagir les passants pour une émission de télévision. Je dois faire pleurer les *kids*…**

I ended up disguised as a bunny with the mission of making people react for a television show. I'm supposed to make kids cry…

**Au départ, je voyais souvent des gens** quêter au centre-ville avec leurs animaux. J'achetais des poches de nourriture avec mon salaire pis je la mettais dans des sacs Ziploc que je distribuais. À un moment donné, j'ai perdu mon emploi. Je n'avais plus les moyens de continuer, mais je n'avais pas le goût d'arrêter. Donc, je me suis lancée dans les démarches pour devenir un organisme et pouvoir demander des dons. J'adore les animaux, et j'ai souvent entendu des histoires d'animaux euthanasiés parce que le maître n'avait pas d'argent. Ça me fendait le cœur. Ces animaux-là ne peuvent pas mourir juste pour une question d'argent. C'est pour ça que j'ai fondé L'Amie des animaux défavorisés du Québec, pour pouvoir aider le plus d'animaux possible.

Quand j'était jeune, chez ma mère, on recueillait des chats errants ; chez mon père, on avait des cochons d'Inde, des souris, des tourterelles, un chat, un chien, des poissons-chats, des tortues… Notre maison était un vrai zoo, c'était effrayant ! Dès que je voulais un animal, mon père me le donnait. Mais je n'étais pas le genre d'enfant qui se tannait de son animal. Pour moi, c'était vraiment à la vie, à la mort.

In the beginning, I would often see people panhandling downtown with their pets. I would buy bags of food with my salary and split it into Ziploc bags that I would distribute. At one point, I lost my job. I couldn't afford to continue, but I didn't want to stop. So I started doing the paperwork to become a non-profit organization and be able to ask for donations. I love animals, and I have often heard stories of animals who have been euthanized because their owner had no money. It broke my heart. These animals can't die just for a question of money. That's why I founded *L'Amie des animaux défavorisés du Québec*, just to be able to help as many animals as I could.

When I was young, at my mother's , house, we would rescue stray cats; at my dad's, we had guinea pigs, mice, turtle doves, a cat, a dog, catfish, turtles… Our house was a real zoo; it was scary! Every time I wanted an animal, my dad got it for me. But I wasn't the kind of child who gets bored with their pet. For me, it was till death do us part.

**Chaque fois que je ne me sentais pas bien,** pour rester positive, je m'écrivais «*It's OK*» sur le poignet. Un jour, je suis allée à un *show* de Tegan and Sara à Toronto, et je me suis dit: «Allez, je le fais tatouer, comme ça je suis sûre de ne jamais l'oublier!» Je suis passée à travers ma grosse période *dark*, et le «*It's OK*» m'a tellement aidée, c'est incroyable! Aujourd'hui, la vie me sourit et j'en suis reconnaissante à chaque jour. Chaque fois que je vis un moment magique, je regarde mon poignet et je sais que «It's OK». It's ok to be true to who you are. It's ok to go for your dreams. It's ok to just follow your heart. Et aussi, it's ok to be gay.

Quand j'ai découvert Tegan and Sara, j'ai fait comme: «Hein?! Fait que je suis pas obligée d'avoir l'air d'un homme!» C'est à ce moment-là que j'ai «connecté» avec moi-même. Aujourd'hui, je travaille sur un projet qui s'appelle *The ITs Ok Project*, dont le but est de diffuser des messages d'amour et d'espoir. On a tous besoin d'un petit rappel que «c'est correct», surtout dans la société dans laquelle on vit. Ou peut-être qu'il y a certaines choses qui ne sont pas correctes, mais qu'est-ce que je peux faire pour les rendre OK? Le pouvoir de contrôler la manière dont on vit les choses est entre nos mains.

Every time I felt down, I would write *It's OK* on my wrist to stay positive. One day, I went to a Tegan and Sara show in Toronto, and I thought, "Go have it tattooed. That way I'm sure I'll never forget it!" I went through a really dark period, and the *It's OK* helped me so much. It's incredible! Today, life smiles at me and I'm grateful every day. Every time I live a magical moment, I look at my wrist and I know that *It's OK*. It's ok to be true to who you are. It's ok to go for your dreams. It's ok to just follow your heart. And also, it's ok to be gay.

When I discovered Tegan and Sara, I was like, "What? So I don't have to look like a man!" That's when I got in touch with my true self. Today, I'm working on a project called *The ITs Ok Project*, whose purpose is to spread messages of love and hope. We all need a little reminder that it's okay, especially in the society we live in. Or maybe there are some things that aren't okay, but what can I do to make them okay? The power to control the way we experience things is in our hands.

**I'm doing this to see people's reactions,** to let people see that honeybees are not what they thought they were. When I tell people I keep bees, their first thought is the sting. But when I bring people here, they realize that the bees are not aggressive; they're not jumping at you. I think part of the reasons why bees are dying off is because humans are killing them, subconsciously. We don't like bees, culturally. But you go to places in Eastern Europe, and there's old ladies keeping beehives, little kids, women... It's part of the culture. Over there, they're not brainwashed. Here, there's a phobia that's created by the culture, which I call apiphobia. *Api* means *bee* in Latin.

When I was in college, there was so much negativity. There was the economic collapse, and people started to realize more and more that solutions couldn't come from politics, that they had to come from the grass roots. I was tired of being negative about the world, and when I started to study bees, I realized this was an avenue in which I could affect change, do something positive about. The one thing that most people agree on is that honeybees are important. It's not debated; no one is protesting beekeeping. It's a very positive thing to be doing.

First off, I think I've educated myself about the problems, and I think the scientists can't do it alone. I realized that when I travelled over the winter and I visited labs where they research the colony collapse. And they're dying for help! When I asked them, "Can I help you in exchange for food and shelter?" they were so happy that I didn't ask to get paid. It was educational and I was happy to do it, and they needed the help. You realize that there's so much to do, and scientists are understaffed. And also, it's a great way to travel! You meet beekeepers. They're very welcoming. It's a very tight-knit community. Even if you don't speak their language! I worked with beekeepers who speak only Russian, and I could still communicate with them. It transcends language.

>

Je fais ça pour voir la réaction des gens, pour leur permettre de voir que les abeilles ne sont pas ce qu'ils pensaient qu'elles étaient. Quand je dis aux gens que je suis apiculteur, ils pensent aux piqûres en premier. Mais quand je les emmène ici, ils réalisent que les abeilles ne sont pas agressives et qu'elles ne te sautent pas dessus. Je pense qu'une des raisons qui font que les abeilles disparaissent est que les humains les tuent, inconsciemment. On n'aime pas les abeilles, culturellement. Mais tu vas dans des endroits en Europe de l'Est, et il y a des jeunes enfants, des femmes et des aînés qui élèvent des abeilles ; ça fait partie de la culture. Là-bas, ils ne se sont pas fait laver le cerveau. Ici, il y a une phobie [des abeilles] qui vient de la culture, et que j'appelle apiphobie. *Api* veut dire *abeille* en latin.

Quand j'étais au secondaire, il y avait tellement de négativité. C'était la crise économique, et les gens ont commencé à réaliser de plus en plus que les solutions ne pouvaient pas venir de la politique, qu'elles devaient venir du peuple. J'en avais marre d'être négatif à propos du monde, et quand j'ai commencé à étudier les abeilles, je me suis rendu compte que c'était une avenue dans laquelle je pouvais m'engager pour apporter un changement, pour faire quelque chose de positif. Les abeilles sont importantes, tout le monde en convient. Il n'y a pas de débat ; personne ne manifeste contre l'apiculture. C'est quelque chose de très positif à faire.

Avant tout, je me suis renseigné sur les problèmes, et j'ai acquis la conviction que les scientifiques ne peuvent pas s'en sortir tout seuls. J'ai réalisé ça quand j'ai voyagé cet hiver. J'ai visité des laboratoires où ils [les scientifiques] font de la recherche sur l'effondrement des colonies. Et ils avaient vraiment besoin d'aide ! Quand je leur ai demandé : « Est-ce que je peux vous aider en échange d'un toit et de nourriture ? », ils étaient tellement heureux que je ne demande pas à être payé ! C'était éducatif et j'étais heureux de le faire, et eux avaient besoin de cette aide. Tu réalises qu'il y a tellement à faire, et les scientifiques manquent d'effectifs. C'est un super moyen de voyager ! Tu rencontres des apiculteurs, et ils sont très accueillants, c'est une communauté tissée serrée. Même si tu ne parles pas leur langue. J'ai travaillé avec des apiculteurs qui ne parlaient que le russe, et je pouvais quand même communiquer avec eux. Ça transcende le langage.

**À l'aube de son premier tour du monde!**

Just before her first world tour!

**Quand il avait à peine 24 heures,** ils l'ont transféré à Sainte-Justine. C'était irréel. On aurait dit que ça ne pouvait pas être vrai : tu viens d'accoucher, t'es toute contente, pis en dedans de vingt-quatre heures, on ne sait pas ce qui se passe, les médecins te disent qu'ils ne peuvent plus rien faire pour lui ici… et ils partent avec ton bébé. Toi, t'es pognée à l'hôpital et tu ne peux pas embarquer dans l'ambulance avec lui parce que c'est toute une équipe qui vient le chercher pour l'emmener à Sainte-Justine. Quand on est arrivés là-bas, il était « pluggé » de partout. Il avait des électrodes sur la tête, une caméra braquée sur lui, des intraveineuses dans le nombril, de l'oxygène… T'es tellement dans un autre monde ! C'est surréel. On n'en prend pas conscience, on est en mode survie.

Ça a pris deux jours environ avant qu'un des médecins nous rencontre et nous dise: « On n'a pas encore trouvé. On fait des tests. On ne sait pas pourquoi il est comme ça, mais je peux déjà vous dire que votre enfant va être lourdement handicapé. Il va être en fauteuil roulant et il va être gavé toute sa vie. » Sur le coup, j'étais sur la défensive: « T'es qui, toi, pour me dire ça? Tu n'as pas de résultat, mais tu me dis que mon gars va être handicapé? Ça ne marche pas! » J'ai pleuré, mais pleuré de rage. Plus tard, on a su qu'il avait une malformation au cerveau: une simplification gyrale. Dans le fond, tous les plis qu'on a dans le cerveau, lui, il en a moins que la normale. Le pédiatre nous a dit qu'il ne savait pas à quoi son avenir ressemblerait ou s'il vivrait longtemps. Il nous a juste dit: « Il part de zéro, et tout ce qu'il fera, ce sera un cadeau. »

À la fin de l'année passée, j'en étais à un point où je ne voulais plus sortir de chez nous. Je restais dans le noir. Mon conjoint allait chez un couple d'amis, et moi je restais à la maison, les portes et les fenêtres fermées. Je ne voulais voir personne. Là, je me suis dit: « Ce n'est pas moi, ça. » Le médecin pensait que c'était dû à l'épuisement. Alors, j'ai pris de la médication; pas longtemps, trois mois. Après ça, je me sentais mieux, donc j'ai arrêté.

Mais il y a beaucoup de papas en détresse aussi, parce que toute la charge financière repose sur eux. La majorité du temps, c'est la maman qui est à la maison. Le père vit beaucoup de stress. Il ne peut pas être malade, il faut que son salaire rentre. C'est comme s'il n'avait pas le droit d'avoir de la peine ou de vouloir être à l'hôpital avec son enfant. Il faut qu'il aille travailler, il n'a pas le choix. Il faut que le salaire rentre. Mon conjoint dit souvent que les papas sont oubliés: « Les mères, vous êtes au front, mais nous, on est là en arrière. On vous soutient. On est là pour soutenir notre famille. » Quand je suis à l'hôpital avec Zak, il faut qu'il s'occupe de nos filles, des commissions, du ménage, des comptes… Il fait tout dans l'ombre! Et le monde dit: « Oh, pauvre maman! » Mais le papa aussi, il est fatigué.

>

When he was barely 24 hours old, they transferred him to Sainte-Justine. It was surreal. It's like what's happening isn't real: you just gave birth, you're all happy, and within 24 hours, you don't know what's happening, they tell you there's nothing they can do for him here... and they leave with your baby. You're stuck in the hospital and you can't go with him in the ambulance because there's a whole team who comes to take him to Sainte-Justine. When we got there, he was plugged in everywhere. He had electrodes on his head, a camera pointed at him, intravenous in the belly button, oxygen... You're so in another world. It's surreal. You don't realize it; you're in survival mode.

It took about two days until one of the doctors met us and said, "We haven't found anything yet. We're doing some tests. We don't know why he's like this, but I can tell you already that your child is going to be seriously disabled. He's going to be in a wheelchair and force-fed all his life." At the time, I was on the defensive: "Who are you to tell me this? You have no results, yet you tell me my boy is going to be disabled? It doesn't work like that." I cried, but I cried out of rage. Later, we learned he had a brain malformation: a gyral simplification. Basically, the folds we have in our brain... he has less than he should. The pediatrician told us he didn't know what his future would look like or whether he would live long. He just said, "He's starting from nothing, and everything he's going to do will be a gift."

At the end of last year, I reached a point where I didn't want to leave my house. I stayed in the dark. My partner would visit a couple of our friends, and I'd stay home, doors and windows shut. I didn't want to see anybody. There I said to myself, "That's not me." The doctor thought it was caused by exhaustion. So I took some medication; not long, three months. After that, I felt better, so I stopped.

But there are lots of dads in distress too, because they have the whole financial load on their shoulders. Most of the time, it's the mother who's at home. The father carries a lot of stress. He can't get sick; he has to get his paycheque. It's like he doesn't have the right to be sad or to want to be in the hospital with his child. He has to go to work; he has no choice. The money needs to come in. My partner often says that dads are forgotten: "As mothers, you're on the front line, but we're here behind, supporting you. We're here to support our family." When I'm in the hospital with Zak, he has to take care of our daughters, the groceries, the cleaning, the accounts... He does everything in the shadows! And everyone says, "Oh, poor mom." But the dad... He is tired too.

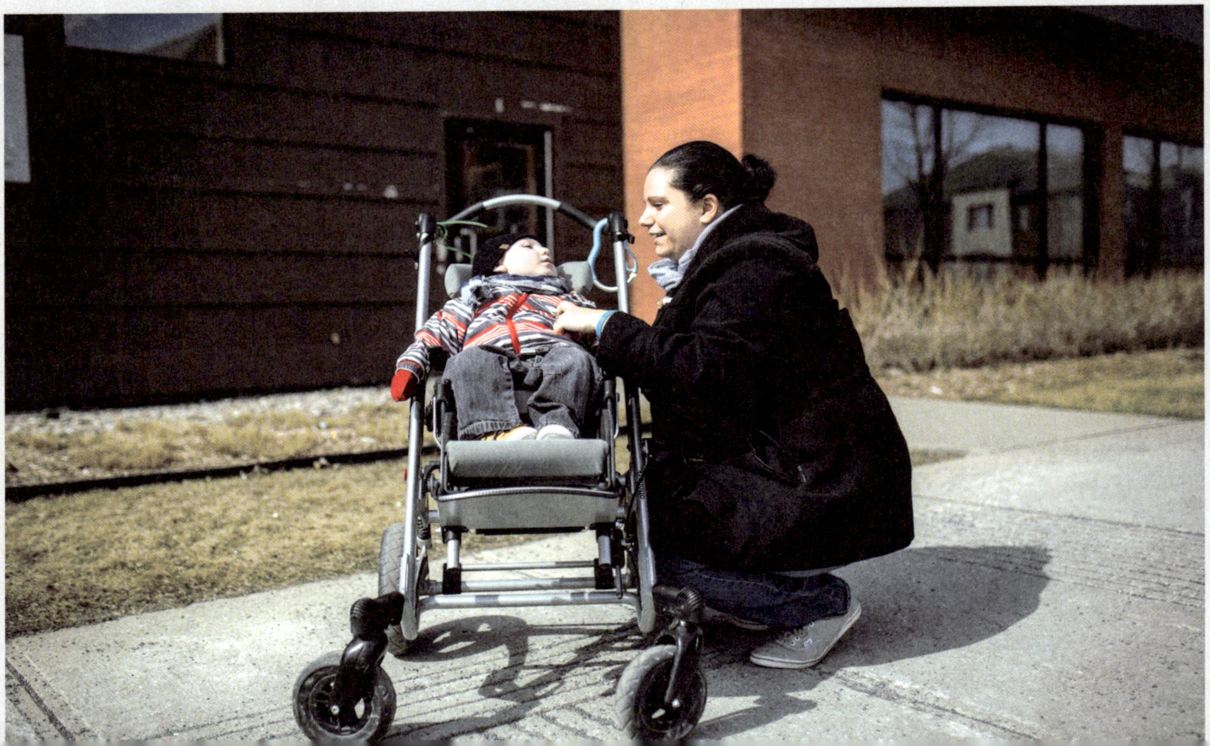

**Je suis conseiller en ressources humaines.** Le goût du style me vient du fait que je suis Congolais. On appelle ça la sapologie ou encore la SAPE, pour Société des ambianceurs et des personnes élégantes. Pour certains, c'est limite une religion. Pour moi, c'est simplement de savoir être stylé et de ne pas sombrer dans les stéréotypes que la société véhicule à propos de la communauté noire. On peut être élégant, voire plus stylé que ceux qui créent les modes. Moi, je voyais mon père et mes oncles bien s'habiller. Donc, c'est culturel, en quelque sorte.

I'm a human resources counsellor. The taste for style comes from the fact that I am Congolese. It's called Sapology, or SAPE, for *Société des ambianceurs et des personnes élégantes* [Society of Ambiance-Makers and Elegant People]. For some, it's almost a religion. For me, it's simply about having style and not falling for the stereotypes society labels the Black community with. We can be elegant, even more stylish than those who create the trends. I saw my father and my uncles dressing well. So to me, it's cultural, to some extent.

**— On commence notre dix-huitième année ensemble.**
— J'étais dans un petit café, lui il est sculpteur, et il cherchait un modèle…
— Ma modèle avait des mains d'homme, et j'en étais rendu à sculpter les mains. Donc, je cherchais des belles mains, féminines. Elle était assise devant moi. Elle lisait le journal, et je trouvais qu'elle avait des belles mains. Alors je lui ai demandé de poser pour les mains.
— Après, on allait souper ensemble de temps en temps, et on passait des heures à discuter. On avait du mal à se quitter chaque fois !

Quand on est jeune, on sent la gêne des gens. Aujourd'hui, ça ne me fait plus grand-chose, j'assume plus. Mon mari trouve que mon œil ressemble à une étoile.

— We're starting our eighteenth year together.
— I was in a small coffee shop. He is a sculptor and he was looking for a model...
— My model had really masculine hands, and I was about to sculpt the hands. So I was looking for beautiful hands... feminine. She was sitting in front of me. She was reading the newspaper, and I thought she had really beautiful hands. So I asked her to pose for the hands.
— After, we would go for dinner from time to time, and we spent hours talking. It was hard to leave each other every time!

When you're young, you feel people's discomfort. Now it doesn't bother me much. I live with it. My husband thinks my eye looks like a star.

**I think it's really important** for him to be involved in social movements, for him to see that people are getting together for something positive and asking for change. I want him to know that there are alternatives and that he has the absolute right to speak up for the ones that he cares about. The mainstream way is not the inevitable way; there will always be avenues for him to express himself. Of course, it's often hard to fully believe this myself, but that is why I am here—it's a kind of act of faith.

............

Je pense que c'est très important pour lui d'être impliqué dans des mouvements sociaux, qu'il voie que des gens se rassemblent pour quelque chose de positif, pour demander du changement. Je veux qu'il sache qu'il y a des alternatives et qu'il a le droit absolu de s'exprimer pour défendre celles auxquelles il croit. Le courant dominant n'est pas la voie inévitable ; il y aura toujours des ouvertures pour qu'il puisse s'exprimer. Bien sûr, ça m'est souvent difficile d'y croire à fond moi-même, mais c'est pour ça que je suis ici — c'est un peu un acte de foi.

**Mon plus grand défi,** c'est de terminer mon bouquin. Je suis passée à deux doigts de la mort à plusieurs reprises. Ça ne paraît pas, mais la maladie m'a tenue en dehors de la société durant la moitié de ma vie. À 26 ans, je suis devenue à moitié paralysée. J'ai eu des troubles de l'élocution, j'étais en fauteuil roulant. La vie m'a forcée à m'intérioriser. J'aimais le mouvement, les voyages, les rencontres, et finalement, j'ai dû vivre une vie monastique. Mais ça m'a amenée à avoir un cheminement spirituel tellement riche qu'aujourd'hui je ressens le besoin d'en parler, d'où le bouquin. Et depuis que j'ai retrouvé l'élocution, je donne des conférences. Je ne suis pas une écrivaine, mais simplement une femme qui a beaucoup de choses à dire.

My greatest struggle is to finish my book. I've been close to dying on many occasions. It doesn't look like it, but disease kept me outside of society for half my life. At 26, I became half paralyzed. I had speech impairments. I was in a wheelchair. Life forced me to internalize. I used to love movement, trips, meeting people, but I ended up having to live a monastic life. But that led me to have such a rich, spiritual life that today, I feel the need to share; hence, the book. And since I regained my speech, I've been giving lectures. I'm not a writer, but simply a woman who has a lot to say.

**J'aimerais peut-être devenir écrivaine.** Ma vie commence maintenant. Je viens de naître. Avant, j'étais trop perdue pour savoir ce que je voulais. J'écoutais tout ce que mes parents disaient, j'essayais d'être une bonne fille, je ne faisais aucune connerie... Je n'ai jamais «skippé» l'école au secondaire. J'habitais à Mascouche, et les gens là-bas ont des jobs stables. Ils s'en vont en enseignement, dans les ordinateurs, des choses comme ça. Il n'y avait personne d'assez porté sur l'art pour en faire sa carrière. Je n'avais aucun modèle. À un moment donné, j'ai rencontré des gens qui m'ont fait voir un côté positif de la vie que je ne voyais pas avant. Je suis entrée au cégep en communication. Ça m'a permis de faire de l'art, de la sculpture, des choses comme ça. J'ai rencontré plein de gens artistiques et je me suis dit: «Mon Dieu, il y en a d'autres des comme moi! Il y a vraiment une famille qui existe.»

Là, je vais commencer une job de nuit à 40 heures semaine bientôt. Je sais que ça va être dur pendant six mois, mais après ça, je vais pouvoir la lâcher et voyager. Quand je travaille, toutes les économies que je fais s'en vont dans la partie «bonheur» de ma vie. Je pourrais «saver» pour acheter des ordinateurs ou des vêtements, mais je porte les mêmes vêtements depuis que je suis au secondaire. Je vais au Village des Valeurs, je paye quelque chose 2 $, je suis confortable dedans, pis c'est tout ce qui m'importe. Je travaille dur pour gagner de l'argent. J'aime mieux le placer tout de suite dans quelque chose de positif.

I'd like to maybe become a writer. My life starts right now. I was just born. Before, I was too lost to know what I wanted. I listened to everything my parents said. I tried to be a good girl. I didn't do anything wrong... I never skipped a class in high school. I used to live in Mascouche, and the people there have steady jobs. They go into teaching, computers, stuff like that. Nobody liked art to the point of making a career out of it. I had no role models. At one point, I found some people who made me see a positive side of life that I never saw before. I got into CÉGEP in Communication. It allowed me to do art, sculpture, stuff like that. I met many artistic people and I thought, "My God, there are others like me! There really is a family who exists."

There, I'm going to start a night job 40 hours per week soon. I know it's going to be tough for six months, but after that, I'll be able to quit and go travel. When I work, all my savings go toward the *happiness* part of my life. I could save to buy computers or clothes, but I've been wearing the same clothes since high school. I go to Value Village, I pay $2 for something, I'm comfortable in it, and that's all that matters. I work hard for my money. I'd rather invest it right away into something positive.

**Pour pouvoir faire une hormonothérapie,** il faut aller consulter un psychologue plusieurs fois, pour se faire évaluer. Ça, c'est vraiment con, *by the way*. Sérieusement, s'il y a une chose que je trouve ridicule, c'est d'avoir à se faire dire par une autre personne ce qu'on est ou ce qu'on n'est pas... Il faut que tu correspondes à certains critères. Ensuite, le psychologue te donne une lettre pour dire que tu peux recevoir la testostérone ou les estrogènes, et finalement, tu vas voir un endocrinologue ou un médecin de famille qui t'en réfère un. J'ai commencé en août, j'ai vu ma psychologue jusqu'en octobre et, en novembre, j'ai commencé à recevoir mes injections. Personnellement, je n'ai jamais aimé les aiguilles. Pour te dire, je tombais sans connaissance quand j'en voyais une. Mais je suis passé par-dessus cette peur-là pour pouvoir le faire. C'était vraiment difficile. La première fois, je «shakais»! Mais j'étais heureux, je sautais partout, je courais dans la rue avec mon ami en me disant: «Ah, la vie est tellement *hot*!»

Les changements commencent à partir de la troisième semaine, mais ils sont vraiment minimes. Mais chaque semaine, il y en a des nouveaux. Ma transition se passe relativement bien, autant pour les changements physiques que pour les changements psychologiques. Par exemple, avant, je n'aimais pas ressentir des sentiments extrêmes, mais j'étais une personne qui en ressentait beaucoup. Bizarrement, avec les injections de testostérone, ça s'est comme effacé. Et sincèrement, d'être moins touché par les blessures que les gens essaient de t'infliger, c'est vraiment nécessaire quand tu fais une transition. Je pense que ça, c'est le plus grand changement psychologique que ça m'a fait. Je suis devenu un peu plus dur.

Le gouvernement provincial requiert une stérilisation pour changer le marqueur de genre sur un certificat de naissance. Demander ça à des gens, c'est vraiment difficile. Personnellement, je prends juste des hormones. Pour moi, la patience dans une transition, c'est vraiment important. Chaque jour, je me remets en question parce que c'est quelque chose qui reste à vie. Je suis rendu au point où je m'accepte vraiment comme je suis.

Les gens devraient apprendre à ne pas «genrer» les personnes automatiquement. Quand on va à l'épicerie, se faire dire «monsieur» ou «madame», ce n'est pas nécessaire. Les gens disent: «Bonne journée, monsieur!» ou «Bonne journée, madame!», mais «Bonne journée!» tout court, ça suffit. Se faire «mégenrer», c'est la chose qui blesse le plus, même si on se demande pourquoi ça nous affecte autant. On se dit: «Ben voyons! Je devrais m'en foutre complètement. Cette personne-là, je ne la reverrai jamais!» Mais ça nous affecte quand même parce que la personne ne nous a pas lu comme on se lit, nous. Et là, il y a un *mindfuck*. Je pense que de ne pas assumer le genre des personnes qu'on rencontre et de leur demander leur pronom préféré, c'est très important. C'est dur d'instruire les gens là-dessus, mais plus on en parle, moins ça fera de dommages. Ça peut sauver des vies, pour vrai.

To be able to do hormone therapy, you have to go see a psychologist many times, to get evaluated. That's really stupid, by the way. Seriously, if there is one thing that I find ridiculous, it's having to be told by another person what you are or aren't... You have to fit into some criteria. Then the psychologist gives you a letter to say you can receive testosterone or estrogen, and finally, you go see an endocrinologist or a family doctor who refers you to one. I started in August, met with my psychologist until October, and in November, I started having my injections. Personally, I've never liked needles. Truth is, I used to pass out when I saw one. But I overcame this fear to be able to do this. It was really hard. The first time, I was shaking! But I was happy. I was jumping all around. I was running in the street with my friend thinking, "Aaah, life is so beautiful!"

The changes start after three weeks, but they are minimal. But every week, there are new changes. My transition is going rather well, for the physical changes as well as the psychological changes. For example, I used to not like having extreme feelings, and I was a person who felt a lot of these. Oddly, with the testosterone injections, it's like it disappeared. And honestly, being less affected by the pain people try to cause you—that's really necessary when you're transitioning. I think that's the biggest psychological change I've made. I became a bit tougher.

The provincial government requires sterilization to change your gender on your birth certificate. Asking that of people is really hard. I personally only take hormones. For me, patience in a transition is really important. Every day, I question myself because it's something that lasts for life. I'm at a point where I really accept myself for who I am.

People should learn not to automatically genderize people. When you go to the grocery store, being addressed as *sir* or *ma'am*—that's not necessary. People say, "Good day, sir!" or "Good day, ma'am!" but "Good day!" is enough. Getting misgendered is the thing that hurts the most, even if you wonder why it affects you. You think, "Come on! I shouldn't give a shit. I'm never gonna see that person again!" But it affects us because that person didn't read us the same way we read ourselves. And then there's a mindfuck. I think that not assuming people's gender when you meet them, asking them their preferred pronouns, is very important. It's tough to educate people about this, but the more we talk about it, the less damage it will cause. It can save lives, for real.

**— I had injured my feet**—because I walk a lot—and I needed some help for the groceries and things like that. So I called The Yellow Door. Stephanie was a volunteer, so she came to my place and we did things together. She helped me so much while I was injured! And finally it healed, but we stayed friends; we have our coffees and our cocktails. We found out that we had the same birthday, and so many common interests! I was blessed to meet her.
— We see each other once a week since then.

— Je m'étais blessé le pied — parce que je marche beaucoup — et j'avais besoin d'aide pour faire mon épicerie, des choses comme ça. J'ai donc appelé La Porte Jaune. Stéphanie était bénévole, elle est venue chez moi et on a fait tout ça ensemble. Elle m'a tellement aidée quand j'étais blessée ! Finalement, j'ai guéri, mais on est restées amies ; on prend des cafés et des cocktails. On s'est rendu compte qu'on avait la même date d'anniversaire et tellement de choses en commun ! J'ai eu beaucoup de chance de la rencontrer.
— On se voit une fois par semaine, depuis.

*(La jeune fille pleure.)*

— **Je suis tout émue,** je suis heureuse pour lui!
— C'est parce que je viens de me trouver un stage. Je viens juste de le trouver, et il ne me restait plus qu'une semaine...

............

*(The girl is crying.)*

— I'm all emotional. I'm happy for him!
— It's because I just found myself an internship. I just found it, and I only had one week left...

C'est vraiment dommage, elle n'est pas coiffée aujourd'hui !

It's really too bad, her hair is not done today!

**C'était ma fête de 15 ans** et j'étais avec une amie. On est allées voir deux gars, supposément ses amis à elle. Moi, les garçons… Je ne savais même pas que c'était possible de « s'accoupler » ! J'exagère, mais bon, je ne connaissais rien à tout ça. Et mon amie et un des gars ont commencé à faire l'amour devant moi. L'autre garçon m'a demandé si j'avais soif, et il m'a donné un jus d'orange. Après ça, je ne me souviens de rien, sauf quelques *flashs*. Je me suis réveillée dans un lit d'enfant, toute seule avec le gars. Mon amie était partie. Le petit frère est entré dans sa chambre et a fait le saut en me voyant : « Ark ! Pourquoi elle est toute nue ? » Je suis partie en courant et, sur le coup, je n'ai rien compris de ce qui s'était passé. Je me sentais vraiment comme si j'avais perdu le contrôle de moi-même, comme si on avait pris une partie de moi ou qu'il me manquait un bout de ma vie.

Après ça, j'avais des réactions étranges. Quand mon père venait me faire un câlin, ça me mettait hors de moi. Je le repoussais tout le temps. Le soir, quand je marchais seule, j'avais tellement peur et j'étais tellement anxieuse que je perdais connaissance dans la rue. Avant ce soir-là, je dansais la bachata, mais après, je n'avais plus du tout envie d'écouter ça, ni d'aller danser. C'était comme si je me transformais, mais je ne comprenais pas pourquoi. Et ça me frustrait tellement, parce que je ne me reconnaissais plus moi-même. Je ne savais plus qui j'étais.

Huit mois plus tard, j'ai eu mon premier vrai chum. Quand on a voulu avoir une première relation sexuelle, j'ai eu mon premier *flashback*. Pour vrai, ce moment-là était pire que le matin où je me suis réveillée dans le lit à 15 ans. C'est comme si je revivais le moment, comme si j'avais une hallucination totale ou que j'étais dans un autre univers. Je suis comme entrée en transe et j'ai tout revu. Quand je suis revenue à la réalité, je pleurais, je « shakais ». Mon chum m'a dit : « Faut que t'ailles à l'hôpital. Ça fait cinq minutes que je te parle, pis tes yeux étaient tout blancs. »

À partir de ce moment-là, je me suis sentie vraiment seule. Je n'en avais parlé à personne parce que j'avais vraiment honte. Je me disais que je n'aurais pas dû être là, que j'aurais pu me défendre ou partir, que je n'aurais pas dû boire le verre que me proposait ce gars que je ne connaissais pas... D'un côté, tu essaies de te convaincre que ce n'est pas arrivé, mais d'un autre côté, tu as tellement mal que tu ne peux pas le fuir.

Le soir, je pleurais. Je ne voulais même plus dormir parce que j'en rêvais. [...] J'allais tout le temps dans des *rave*, je prenais de l'ecstasy et du *speed*, les deux en même temps. Les gens te disent : « Prends pas ça. C'est dangereux, tu peux en mourir. » Mais rendue là, tu te dis : « Ouais, mais entre mourir pis être seule, c'est quoi le pire ? » Mourir, ça passe. Être seule, c'est une souffrance qui reste, qui ne te quitte pas. Ça te hante. Si la drogue pouvait me sauver de la souffrance, je n'en avais rien à foutre de ce que les gens pouvaient me dire.

Les gens de Déclic ont beaucoup cru en moi, et les familles de mes amis qui m'ont hébergée aussi. Alors, à un moment donné, tu commences à croire en toi et à voir plus loin, à imaginer un peu tout ce que tu serais capable de faire. Tu laisses ton imagination et tes rêves te guider. Tu te dis que t'es capable d'arrêter la drogue, pis tu crois tellement en toi que ça devient inévitable. Quand t'as perdu tous tes repères, que tu cherches tes valeurs, pis que tout ce que t'as à faire, c'est « chiller » dans un parc, sérieusement, qui ne consommerait pas ? Mais quand tu te lèves le matin pour aller quelque part d'important, que tu te soucies de l'impression que tu vas donner, de ce que tu vas apprendre là-bas, tu n'as pas envie de consommer.

Donc, j'ai tranquillement perdu l'intérêt pour la drogue, et j'ai commencé à m'intéresser à d'autres choses et à me préoccuper de ma vie. Ça, c'est le plus beau cadeau que je me suis fait, et que Déclic m'a permis de me faire : de me dire que ma vie était ma priorité.

>

It was my fifteenth birthday and I was with a friend. We went to see two guys, supposedly her friends. Boys, to me... I didn't even know it was possible to "do it"! I'm exaggerating, but I mean, I knew nothing about all this. And my friend and one of the guys started having sex right in front of me. The other guy asked if I was thirsty, and he gave me an orange juice. After that, I don't remember anything, except some flashes. I woke up in a kid's bed, alone with the guy. My friend was gone. His little brother came into his bedroom and jumped when he saw me. "Eww! Why is she naked?" I left running, and at the time, I didn't understand anything about what had happened. I really felt like I had lost control of myself, as if a part of me had been stolen or like I was missing a piece of my life.

After that, I had strange reactions. When my dad came to hug me, it made me mad. I'd push him away all the time. At night, when I was walking alone, I was so scared and so anxious that I'd pass out in the street. I used to dance bachata, but after, I didn't want to listen to it at all or go to dancing. It was like I was changing, but I couldn't understand why. And it was so frustrating because I no longer recognized myself. I didn't know who I was anymore.

Eight months later, I had my first real boyfriend. When we were about to have our first sexual relation, I had my first flashback. For real, that moment was worse than the morning I woke up in the bed at age 15. It's like I was reliving the moment, like I had a complete hallucination or was in another universe. I went into a trance and saw everything again. When I came back to reality, I was crying. I was shaking. My boyfriend said, "You need to get to the hospital. I've been talking to you for five minutes and your eyes were all white."

From that moment, I felt really alone. I hadn't told anyone because I was really ashamed. I thought it was my fault. I was telling myself that I shouldn't have gone there, that I could have defended myself or left. I shouldn't have accepted a drink from a guy I didn't know. On one hand, you're trying to convince yourself that it didn't happen, but on the other hand, you're so hurt that you can't run away from it.

At night, I would cry. I didn't even want to sleep anymore because I would dream about it. [...] I was always going to raves. I was taking ecstasy and speed, both at the same time. People tell you, "Don't take this. It's dangerous. You could die." But at this point, you think, "Yeah, but between dying and being alone, which is worse?" Dying, that passes. Being alone... That's a pain that remains, that doesn't leave you. It haunts you. If drugs could save me from the suffering, I didn't give a damn what people could say to me.

The people at Déclic really believed in me, and the families of my friends who sheltered me, too. Then, at some point, you start believing in yourself, and seeing further, picturing everything you could be capable of. You let your imagination and your dreams guide you. You tell yourself you are capable of quitting drugs, and you believe in yourself so much that it becomes inevitable. When you've lost all of your points of reference, when you're searching for your values, and all you have to do is chill in a park... Seriously, who wouldn't do drugs? But when you get up in the morning to go somewhere important, when you're worried about the impression you're going to give, about what you're going to learn there, then you don't feel like doing drugs.

So I slowly lost interest in using, and I started getting interested in other things and concerned about my life. That's the most beautiful gift I've given myself, and that Déclic allowed me to give myself: to tell myself that my life was my priority.

Je me sentais vraiment comme si j'avais perdu le contrôle de moi-même, comme si on avait pris une partie de moi ou qu'il me manquait un bout de ma vie.

............

I really felt like I had lost control of myself, as if a part of me had been stolen or like I was missing a piece of my life.

**J'ai une dysphasie.** C'est un problème de langage et de compréhension. Quand j'étais plus jeune, j'ai beaucoup travaillé avec des orthophonistes. Avant, ce que je disais, ce n'était pas vraiment clair. J'ai fait des progrès. Je suis dans une classe spécialisée de préparation au marché du travail. C'est pour nous aider à travailler sur notre autonomie, à faire des stages et à nous donner une idée de ce qu'on veut faire plus tard.

Je dessine depuis que je suis tout petit. Ça a été difficile de trouver un stage dans le domaine des arts avec le Programme de préparation au marché du travail. Ce qu'on faisait habituellement, c'était plutôt des stages en cuisine ou dans le service à la clientèle. Je n'aimais pas vraiment ça. Je voulais seulement faire du dessin. Les intervenants ont essayé de me faire comprendre que le dessin, ce n'est pas tout dans la vie. Mais ensuite, ils m'ont proposé de faire un stage au centre de réadaptation Marie Enfant de Sainte-Justine. J'ai travaillé au département d'art graphique, et c'est là qu'on m'a proposé d'exposer mes œuvres à l'exposition *D'un œil différent*.

C'est l'organisme AMDI — l'Association de Montréal pour la déficience intellectuelle — qui m'a accompagné à *D'un œil différent*. Ils organisent des projets et des activités, comme des voyages humanitaires. Je suis parti au Nicaragua, dans la campagne, pour construire des bancs dans une cour d'école. Actuellement, je fais un stage dans un grand magasin de jouets, au service à la clientèle. Je fais aussi du théâtre. Mon premier rôle, ça a été le Petit Prince. Ensuite, j'ai joué le philosophe dans *Le bourgeois gentilhomme* et une madame dans *Les belles-sœurs*. Ma plus grande fierté, c'est d'avoir reçu une médaille du gouverneur général du Canada pour mon parcours.

J'ai fait un stage chez la designer de mode Marie Saint Pierre. Je dessinais des croquis. Ça, c'est pour le bal de finissants de ma cousine cette année. Elle a trouvé une couturière. Je me croise les doigts pour que ça marche et qu'elle puisse coudre la robe que j'ai dessinée. Ma cousine a hâte de la porter !

I have dysphasia. It's a language and comprehension impairment. When I was younger, I worked a lot with speech therapists. Before, what I was saying wasn't very clear. I've improved. I'm in a specialized class, a preparation for the job market. The goal is to help us work on our independence, do internships, and give us an idea of what we want to do later on.

I've been drawing since I was little. It was difficult to find an internship about arts in the Preparation for the Job Market program. The internships we did were more like line cook or customer service. I didn't really like it. I only wanted to draw. The staff tried to make me understand that drawing isn't the only thing in life. But then they offered me an internship at the Marie Enfant Rehabilitation Centre at Sainte-Justine. I worked in the graphic arts department, and that's where I was invited to display my work at the *D'un œil différent* exhibition.

It's MAIH—Montreal Association for the Intellectually Handicapped—who accompanied me to *D'un œil différent*. They organize projects and activities, like humanitarian trips. I went to Nicaragua, in the countryside, to build benches in a schoolyard. Now I'm doing an internship at a large toy store, in customer service. I also do theatre. My first role was the Little Prince. Then I played the philosopher in *Le Bourgeois gentilhomme*, and then a woman in *Les Belles-sœurs*. My greatest pride is receiving a medal from the Governor General of Canada for my accomplishments.

I did an internship with fashion designer Marie Saint Pierre. I was drawing sketches. This one is for my cousin's prom this year. She found a dressmaker. My fingers are crossed for it to work and she can sew the dress I designed. My cousin can't wait to wear it!

**— Mon fils, c'est un grand cœur** sur deux pattes. Il est fin. Il est toujours là quand quelqu'un a besoin de lui. Il a un bon cœur et une belle âme. Regarde ce qu'il fait pour les enfants!
— J'ai une fondation qui s'appelle *À pas de géants pour les enfants*. J'amasse des sous pour Opération Enfant Soleil. Ça fait cinq ans que je fais ça, et ça fait 25 000 $ que je donne, plus 5 000 $ en jouets et en cadeaux que je suis allé porter chambre par chambre à Sainte-Justine. Le plus grand malheur de ma vie, c'est que je n'ai pas d'enfants. Donc, à défaut d'en avoir, j'essaie de prendre soin de ceux des autres.

............

— My son is a big heart on two legs. He's nice. He's always there when someone needs him. He's got a good heart and a beautiful soul. Look at what he does for the kids!
— I have a foundation called *À pas de géants pour les enfants* [Giant Steps for Kids]. I collect funds for *Opération Enfant Soleil*. I've been doing this for five years, and I've donated $25,000, plus $5,000 in toys and gifts that I delivered room by room at Sainte-Justine. My greatest misfortune in life is that I don't have kids. So in place of having any, I try to take care of other people's kids.

**The hopeful purpose of language** is to be more like a public park and less like the fence that surrounds it. I apply this to my life by thinking less about *language* in the abstract and more in terms of having a linguistic repertoire, which reflects different parts of my identity: Hebrew is my native language; Yiddish is my heritage language; English is my professional language; French is my official language now that I'm living in Montréal. Many of these are also my social languages, which allow me to interact and socialize with people. All these languages are part of my identity—it just means that I have a complex linguistic identity, which allows me greater access to people and ideas and cultural worlds.

Le rôle idéal d'une langue est d'être plus comme un jardin public que comme la clôture qui l'entoure. J'applique ça dans ma vie en considérant la langue non pas comme une chose abstraite, mais plutôt comme un répertoire linguistique actif, qui reflète différentes parties de mon identité : l'hébreu est ma langue maternelle ; le yiddish est ma langue d'héritage ; l'anglais est ma langue professionnelle ; et le français est ma langue officielle, maintenant que je vis à Montréal. Beaucoup de ces langues sont aussi mes langues sociales, qui me permettent d'interagir et de socialiser avec les gens. Toutes ces langues font partie de mon identité — ça veut juste dire que j'ai une identité linguistique complexe, qui me donne accès à plus de gens, d'idées, de mondes, de cultures.

**La mission qu'on s'est donnée,** c'est de travailler avec les jeunes en difficulté pour s'assurer qu'ils retournent à l'école ou qu'ils y restent. La façon dont on fonctionne, c'est qu'on crée un lien avec les jeunes, et en fait, on les aime. Tous les jeunes qui passent par chez nous deviennent un peu comme notre famille.

Souvent, les jeunes vont avoir des problèmes d'estime de soi, des difficultés à se donner de la valeur : on travaille là-dessus. L'objectif ultime, c'est toujours la qualification ; qu'ils puissent avoir un diplôme qualifiant. Aujourd'hui, les jeunes ont souvent plusieurs problèmes — on parle alors de comorbidité. Ils viennent d'une famille dysfonctionnelle, ils ont été placés en centre jeunesse, ils ont vécu des abus, ont commencé à consommer, ont de la difficulté à se loger, etc. Quand ils arrivent chez nous, leurs besoins de base ne sont pas comblés, donc on travaille à la stabilisation de ces besoins, et pendant ce temps-là, on apprend à se connaître. On les accompagne dans le respect le plus total, sans jugement.

Moi, j'ai eu une super famille : on s'aime vraiment beaucoup. Il y a eu beaucoup d'amour, beaucoup de respect, beaucoup de « T'es capable ! » J'ai vécu dans un milieu où les exigences étaient très élevées, mais où on ne nous écrasait jamais : on nous poussait, plutôt. J'aimerais que tout le monde puisse vivre ce que j'ai vécu. C'est mieux d'être dans un milieu où on est bien, où on est reconnu, où on est capable de comprendre sa valeur.

Je n'ai pas d'enfants, mais j'ai l'impression que j'en ai. Sérieusement, j'en ai beaucoup, beaucoup, beaucoup ! Tous des jeunes adultes ; je ne les ai pas connus petits... Des fois, je leur demande des photos de quand ils étaient bébé.

The mission we gave ourselves is to work with youth at risk to ensure they go back to school or stay in school. The way we work is that we build a relationship with the kids, and in fact, we love them. All the kids who come to us become kind of like family.

Often, young people will have problems with self-esteem, difficulties giving themselves any value. That's what we work on. The ultimate goal is always qualification, having a qualifying diploma. Today, youth often have many issues—it's called comorbidity. They come from a dysfunctional family, they've been placed in a Youth Centre, they've suffered from abuse, started doing drugs, have difficulty finding housing, etc. When they arrive here, their basic needs are not met, so we stabilize the situation, and during this time, we get to know each other. We show them the utmost respect, without judgement.

I've had an amazing family; we love each other very much. There was lots of love, lots of respect, lots of, "You can do it!" I was raised in an environment where expectations were high, but where we were never demeaned; instead, we were pushed. I would like for everyone to have a chance to live what I've lived. It's better to be in an environment where you feel good, where you are recognized, where you can realize you're worth something.

I don't have children, but I feel like I do. Seriously, I have lots, lots, lots! All young adults; I didn't know them as little kids... Sometimes I ask them for baby pictures.

**I'm autistic.** My struggles are pretty much spread across the board. I took a lot of behavioural modification classes—improv acting and stuff like that—so that I can be more personable… be a fake person.

I am always doing the opposite of what my brain tells me to do. A common manifestation of autism is to ramble, and the thoughts to interject in a conversation that I'm not invited into are constantly there, but I have to suppress those things.

............

Je suis autiste. J'ai des défis dans toutes les sphères de ma vie. J'ai suivi beaucoup de cours de modification du comportement — de l'improvisation et des trucs comme ça — pour être un peu plus approchable, pour avoir l'air d'une personne.

Je fais toujours le contraire de ce que mon cerveau me dit de faire. Une manifestation courante de l'autisme est de déblatérer, et l'envie d'intervenir dans une conversation à laquelle je n'ai pas été invitée est toujours présente, mais je dois réprimer ces réflexes.

**We've been together** for two years. He's a rescued dog, from the SPCA. He was found tied to a fence in the dead of winter, in a life-threatening, emaciated state. He was weighting only 50% of his current weight, and no one thought he would make it. The SPCA provided round-the-clock care, and as per their own account, "Travis fought to stay alive." I had never rescued a dog before, so I thought I'd give a dog a new home. When I first saw him, he was the only dog in the pound that wouldn't bark.

Ça fait deux ans qu'on est ensemble. C'est un chien qui vient d'un refuge de la SPCA. Ils l'ont trouvé attaché à un poteau en plein cœur de l'hiver, dans un état de maigreur qui menaçait sa vie. Il pesait seulement 50 % de son poids actuel, et personne ne pensait qu'il survivrait La SPCA lui a procuré des soins jour et nuit, et selon leurs propres dires : « Travis s'est battu pour rester en vie. » Je n'avais jamais sauvé de chien avant, alors je me suis dit que je lui donnerais un nouveau chez-lui. Quand je l'ai vu pour la première fois, c'était le seul chien du refuge qui n'aboyait pas.

**On me demande souvent** depuis combien de temps je suis une femme. Moi, je réponds: «Depuis toute ma vie.» J'ai *toujours* été une femme. Mais ma transition, je l'ai faite il y a douze ans. La première année de transition, c'est la pire année de ta vie, parce que c'est beaucoup de changements physiques, psychologiques et émotionnels. Et le regard des gens sur toi est dur, parce qu'ils ne savent pas ce que tu es. Mais ensuite, c'est la renaissance: tu deviens papillon, et les plus belles années commencent.

Pendant toute ma jeunesse, je savais que j'étais différente des autres, que je n'étais pas «normale». Mais je ne savais pas que mon «diagnostic» — si on peut dire ça — était la transsexualité. Mon identité sexuelle était vague, mais pas mon orientation sexuelle: je savais que j'étais attirée par les garçons. Alors à ce moment-là, je pensais: «Étant donné que je suis un mec, ça veut dire que je suis un homosexuel.» Quand j'étais jeune adulte, je sortais dans les bars gais, mais il y avait un truc en moi qui me disait que je n'étais pas tout à fait à l'aise, pas tout à fait à ma place. Et j'étais toujours la plus efféminée du groupe. À 19, 20 ans, j'ai vu un documentaire sur la transsexualité, et à ce moment-là, tout est devenu clair. Je suis tombée à terre; toutes les réponses à mes questions étaient là, c'était une révélation. Finalement, je pouvais être qui j'étais. J'ai pensé: «Oui, je suis une femme et je peux en devenir une.»

Au primaire, j'ai vécu beaucoup d'intimidation parce que j'étais déjà très efféminée. En quatrième ou cinquième année, je regardais déjà les garçons les plus beaux et les plus populaires de l'école. J'enviais les filles de pouvoir se tenir avec eux et porter des vêtements que j'aurais voulu porter, comme des robes. À huit, neuf ans, déjà, j'allais dans le garde-robe de ma mère en cachette, quand il n'y avait personne à la maison. Je prenais une robe, je l'essayais et je la remettais bien à sa place, exactement comme elle était avant. Pareil avec les chaussures. Je me souviens que parfois, je mettais juste un peu de rouge à lèvres; ma mère le savait et elle ne disait rien. Et parfois, elle m'amenait chez Jacob Jr. pour acheter des habits. Des années plus tard, je me suis rendu compte qu'en fait Jacob Jr. était juste pour les filles.

Ça a bien été avec ma famille. Ça ne les a pas surpris que je fasse ma transition parce que j'ai toujours été très féminine. Ma mère est une femme très forte, elle a traversé beaucoup de choses, dont la guerre du Vietnam, et je ne l'avais jamais vu pleurer. Quand je le lui ai annoncé, cette nuit-là, je l'ai entendue pleurer dans sa chambre. Ça m'a blessée, parce que tu vis de la culpabilité de faire subir ça à ta famille. Mais le lendemain, elle a fait comme si de rien n'était, et c'était correct. Et j'ai été très, très heureuse le jour où elle m'a donné quelques petits conseils de maquillage. Là, pour moi, c'était «OK, elle a accepté».

>

People often ask me how long I have been a woman. I reply, "For my whole life." I've always been a woman. But my transition I made 12 years ago. The first year of transition is the worst year of your life because there are a lot of physical, psychological and emotional changes. And the looks people give you is hard because they don't know what you are. But then, it's a rebirth: you become a butterfly, and the most beautiful years begin.

Throughout my youth, I knew I was different from the others—that I wasn't normal. But I didn't know that my diagnosis—if we can call it that—was transsexuality. My sexual identity was vague, but not my sexual orientation. I knew I was attracted to boys. So at that time, I thought, "Since I'm a boy, then I must be a homosexual." When I was a young adult, I went to gay bars, but there was something inside me that said I wasn't quite at ease, not quite in my place. And I was always the most effeminate in the group. At 19 or 20, I saw a documentary about transsexuality, and at that moment, it all became clear. I was shocked. All the answers to my questions were in there. It was a revelation. Finally, I could be who I am. I thought, "Yes, I am a woman, and I can become one."

In elementary school, I was the victim of a lot of bullying because I was already very effeminate. In fourth or fifth grade, I was already looking at the most beautiful and most popular boys in the school. I envied the girls that they could be with them and that they could wear clothes I wished I could wear, like dresses. At 8 or 9, I went into my mother's closet secretly, when no one was home. I'd take a dress, try it on and put it back exactly as it was before. Same with the shoes. I remember sometimes I would put on a bit of lipstick; my mother knew but she wouldn't say anything. And sometimes she brought me to buy clothes at Jacob Jr. Years later, I realized Jacob Jr. was just for girls.

It went well with my family. They weren't surprised by my transition because I've always been very feminine. My mother is a very strong woman. She went through a lot, including the Vietnam War, and I'd never seen her cry. When I told her, that night, I heard her crying in her bedroom. It hurt me, because you feel guilt to be inflicting this on your family. But the next day, she acted like nothing happened, and we were fine. And I was very, very happy the day she gave me a few makeup tips. Then for me, it was like, "Okay, she's accepted."

**L'important, c'est de poser des questions, pas de trouver des réponses.**

............

What's important is to ask questions, not to find answers.

**My leg was shorter** than the other one; this stretches my femur. I got it in April and it already grew it by four centimetres. When they see this, people think I'm going to be shy and not do anything with my life. But I still go to the gym and stuff. At the gym, there's this one guy that's super buff and he's like, "Wow, you're my hero."

Through the whole process, you find out who your real friends are because you see who is there for you. Oh, and when I go do my OPUS card, they don't make me wait in line!

............

Ma jambe était plus courte que l'autre; ça sert à allonger mon fémur. Je l'ai depuis avril et ma jambe a déjà grandi de quatre centimètres. Quand ils voient ça, les gens s'imaginent que je dois être timide et ne rien faire de ma vie. Mais je continue à aller au gym, et tout. Il y a un gars au gym qui est vraiment *beef*, et il me dit: « Wow, tu es mon héros! »

Tout au long du processus, tu découvres qui sont tes vrais amis, parce que tu vois qui est vraiment là pour toi. Oh, et je n'ai plus besoin d'attendre en ligne quand je renouvelle ma carte OPUS!

**I was travelling in Asia,** and I ate at a food stand in the street. I ordered something with chicken, and the guy took a live chicken behind his counter and chopped his head off right in front of me. And I just thought, "Wow. I knew deep down that this happens every time I make the choice to eat that, I just usually don't see the consequences of my decision." That was my trigger to become a vegetarian.

Je voyageais en Asie et j'ai mangé à un *stand* de bouffe dans la rue. J'ai commandé quelque chose avec du poulet, et le type a pris un poulet vivant derrière son comptoir et lui a tranché la tête juste devant moi. Je me suis juste dit : « Wow ! Je savais au fond de moi que c'est ce qui se passe chaque fois que je fais le choix d'en manger, mais habituellement, je ne vois pas les conséquences de ma décision. » Ça a été l'élément déclencheur qui a fait que je suis devenu végétarien.

**I'm not sure** he understands he's gonna have a little sister. I feel like we've trained him to say "There's a baby inside!"

............

Je ne pense pas qu'il comprend qu'il va avoir une petite sœur. J'ai l'impression qu'on l'a entraîné à dire : «Il y a un bébé là-dedans!»

**Pour moi, la créativité,** c'est une hygiène de vie. C'est un exercice, comme aller courir. Me lever le matin, faire trois pages d'écriture automatique et me donner le droit de me tromper, le droit d'écrire quelque chose qui n'est pas beau, pour moi, c'est ouvrir les portes de l'inspiration. Je ne pense pas que l'inspiration, c'est quelque chose qui vient à nous. Je pense qu'il faut être *game* d'aller la chercher, même si tu peux te tromper et que ça peut finir par être dégueulasse. Pour moi, le syndrome de la page blanche, ça n'existe pas. C'est une excuse, la plus bâtarde des excuses. S'il y a une page, tu pognes ton crayon, pis tu gribouilles, *whatever*... Tu fais un avion avec! Ça n'existe pas, la page blanche. C'est toi qui décides de la laisser vide.

For me, creativity is a healthy way of life. It's an exercise, just like going for a run. Getting up in the morning, doing three pages of automatic writing and allowing myself to mess up, allowing myself to write something that's not beautiful... For me, that's opening the doors of inspiration. I don't think inspiration is something that comes to you. I think you have to be ready to go after it, even if you can mess up and it can end up being terrible. For me, the blank page syndrome doesn't exist. It's an excuse—the most bastard of excuses. If there's a page, you take your pen and scribble, whatever... Make a plane out of it. The blank page doesn't exist. It's you who decides to leave it blank.

**J'ai découvert que j'étais autiste** quand je suis allée consulter un médecin pour mon fils. Il ne voulait pas qu'on l'appelle par son nom, il voulait qu'on l'appelle « Train bleu ». Le pédopsychiatre que j'ai vu m'a dit que ça pouvait être un type d'autisme. J'ai couru voir sur Internet pour faire des recherches, et là, en lisant toutes les caractéristiques, je me suis surtout reconnue moi-même, encore plus que mon fils. J'ai beaucoup pleuré, parce que ça répondait à tous mes questionnements. Je me suis toujours sentie différente des autres, surtout à l'adolescence. Je n'avais pas les mêmes intérêts que les autres. On venait me chercher pour les travaux scolaires, mais pas pour les activités sociales. S'il y avait une fête, une sortie au cinéma, on ne m'appelait pas. Je ne savais pas comment me rendre intéressante, comment interagir. Je me sentais coupable de ma différence.

Je décrirais ma manière de communiquer comme informative et directe, et pas très sociale. Je ne vais pas parler juste pour parler de n'importe quoi. Et je ne comprends pas les doubles sens, je prends tout au pied de la lettre. Les blagues, l'ironie, les expressions, je ne les comprends pas. Une fois, quelqu'un me parlait d'un bateau qui coulait, et je pensais que c'était vrai, qu'il y avait un bateau à Montréal qui coulait. En fait, il me parlait d'un projet qui n'avait pas marché. Maintenant, ces choses-là me font rire.

I discovered I was autistic when I went to consult a doctor for my son. He didn't want to be called by his name. He wanted to be called *Blue Train*. The child psychiatrist I saw told me it might be a form of autism. I rushed onto the Internet to do some research, and when I read all the characteristics, I recognized myself more than my son. I cried a lot because it answered all the questions I had. I always felt different from the others, especially when I was a teenager. I didn't have the same interests as everyone else. People would come to me for schoolwork, but not for social activities. If there was a party, or people went to the movies, they didn't call me. I didn't know how to make myself interesting, how to interact. I felt guilty for being different.

I would describe my communication style as informative and direct, not very sociable. I won't talk just to talk about nothing. And I don't understand double meanings; I take everything literally. Jokes, sarcasm, expressions... I don't understand them. The other day, someone was telling me about a sinking boat and I thought it was for real, that there was a boat sinking in Montréal. He was actually telling me about a project that didn't work out. Now, these things make me laugh.

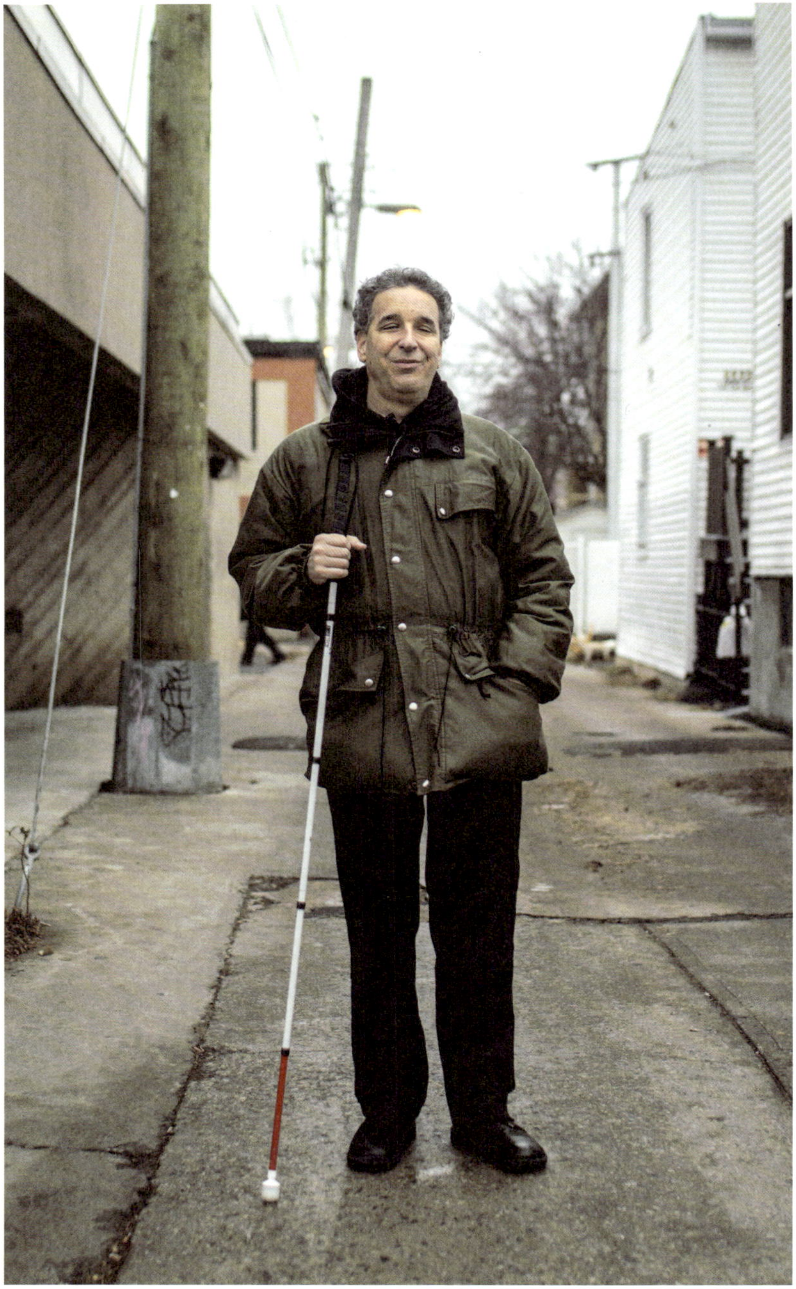

**Ce qui me manque,** c'est l'effet « wow ». De voir une fille sexy, mon fils qui fait du vélo pour la première fois ou un bel arrêt au hockey, quand le gardien s'étire et va chercher la rondelle... C'est une chose d'entendre : « Oh, le bel arrêt ! » mais c'en est une autre de voir comment le gars a fait. Wow. Je ne sais pas c'est quoi, une bicyclette, au soccer. On me l'a expliqué, mais je ne suis pas capable d'imaginer comment on peut faire ça. Ou même simplement compter un but avec la tête ! J'aimerais voir ça ! Le « wow » de la vie. Pour ce qui est d'être fonctionnel, tu prends ton temps, tu t'arranges... c'est faisable. C'est sûr que c'est dérangeant, stressant, que tu brûles de l'énergie à te déplacer, mais le pire, c'est le « wow ».

What I miss the most is the wow factor. To see a sexy girl, my son riding his bike for the first time, a great hockey save... when the goalie stretches and grabs the puck. It's one thing to hear, "Oh, what a beautiful save!" and another to see how the guy did it. Wow. I don't know what an overhead kick is in soccer. They explained it to me, but I can't imagine how someone can do that. Or just scoring a goal with the head! I'd like to see that! The wow of life. When it comes to being functional, you take your time, you adapt... It's doable. For sure it's inconvenient, stressful, we burn some energy getting by. But the worst, it's the wow.

— My mother is like the other moms. It doesn't matter if she's tall or short. It's just her, and I love her as she is.
— As someone who has a small difference, whether we like it or not, we attract attention. When I leave the house, it's a sure thing I will get looked at, fingers pointed at me, comments made... I've been living with this for 40 years. I have no issues. I can handle it. But the day your child is confronted with this... One morning, in kindergarten, she tells me, "I don't want to go to school." I squeezed it out of her, and finally she tells me, "So-and-so won't stop saying you're a little dwarf from *Snow White*, and it's upsetting me." I find this aspect difficult. It's not just me who is dealing with it. It has an impact on my loved ones.

**— Ma mère est comme les autres mamans.** Ce n'est pas grave si elle est grande ou petite. C'est juste elle, et je l'aime comme elle est.
— En tant que personne avec une petite différence, qu'on le veuille ou non, on attire les regards. Quand je sors de la maison, c'est sûr qu'on va me regarder, me pointer du doigt, faire des commentaires... Ça fait quarante ans que je vis avec ça. Moi, ça va, j'ai le dos large. Mais le jour où ton enfant est confronté à ça... Un matin, à la maternelle, elle me dit : « Je ne veux pas aller à l'école. » Je lui tire les vers du nez et, finalement, elle me dit : « Untel n'arrête pas de dire que t'es un petit nain de *Blanche-Neige*, et ça m'énerve. » Cet aspect-là, je le trouve dur. Ce n'est plus seulement moi qui gère ça. Ça a un impact sur mes proches.

**Je reviens d'un voyage** de 50 jours en Italie, toute seule. Un voyage comme ça, c'est comme un rêve. Depuis que je suis revenue, on pourrait réussir à me convaincre que je n'y suis jamais allée. Au début, j'avais un peu peur. Je me disais : « Mon Dieu ! Je vais être toute seule pendant 50 jours ! » Mais finalement, je vis super bien avec moi-même. Et j'ai rencontré tellement de gens ! Chaque jour, tu rencontres du monde, tu pars avec des gens qui viennent de partout. C'est ça qui est bien dans la vie : échanger. On a tous des *backgrounds* vraiment différents et on est tous des personnes extrêmement différentes !

Un soir, je lisais sur un banc de parc, et une madame qui parlait juste italien a commencé à me parler. On a discuté toute la soirée. Elle m'a finalement invitée à prendre une bière, elle avait fait son épicerie et elle m'a donné de la bouffe. J'étais sur un banc, elle était sur un autre banc, il y a eu un *eye contact* et on s'est mises à se parler. Ensuite, on a passé quatre heures ensemble. Je me suis dit : « Wow ! Qu'est-ce qu'il vient de se passer ? » Les gens sont trop sympathiques.

............

I just got back from a 50-day trip to Italy, on my own. A trip like this is like a dream. Since I got back, I could be convinced that I never went. At first, I was a bit afraid. I thought, "My God, I'm gonna be alone for 50 days!" But it turns out I'm very comfortable with myself. And I met so many people! Every day, you meet people; you go with people from all over the world. That's what's good in life: to exchange. We all have very different backgrounds and we're all extremely different people!

One evening, I was reading on a park bench and a woman who only spoke Italian started talking to me. We ended up chatting all evening! She eventually offered me a beer. She had just bought her groceries and she gave me some food. I was on a bench, she was on another bench, there was eye contact and we started talking. And we spent four hours together. I was like, "Wow! What just happened?" People are so nice.

**Quand j'ai émigré au Canada,** je me suis retrouvée à travailler dans un organisme à but non lucratif. J'ai réalisé que ce qu'avaient fait ma mère et ma grand-mère toute leur vie, du bénévolat, ici, c'était quelque chose d'encadré et qu'on pouvait en faire une profession. Durant toute mon enfance, quand on rentrait de l'école, ma mère nous donnait à manger, puis elle partait au club communautaire de l'église pour aider les moins fortunés. Elle a toujours pris soin des autres. Moi, je suis tombée en amour avec cette profession-là : gagner sa vie, quand même assez bien, tout en faisant du bien aux autres. Pour moi, le *ultimate*, c'est quand je demande de l'argent à des gens, et qu'après, ils me remercient d'avoir pensé à eux et de leur avoir donné la chance de faire quelque chose de bien. C'est ça qui fait que, tous les matins, je me réveille, et qu'après vingt-sept ans, je vais travailler avec autant de plaisir et de passion.

Parmi les femmes qui sont ici ce soir, il y en a qui luttent pour leur vie, qui combattent un cancer... Il y en a qui ne seront peut-être pas ici l'année prochaine. Mais aujourd'hui, elles sont là, habillées, maquillées, en train de participer. La vie est plus forte que n'importe quoi. Quand je les regarde, je me dis que mes propres malheurs, mes propres difficultés, ce n'est rien. Moi, je suis en santé et je vais me battre pour elles. C'est aussi simple que ça.

Mes grands-parents sont des rescapés du génocide arménien. Une de mes grands-mères avait six ans quand elle est partie sur le chemin de l'exode avec sa sœur, qui en avait douze. Un pacha turc sur un cheval s'est approché pendant que les femmes et les enfants marchaient. Les hommes avaient tous été tués. Il a dit aux officiers qu'il voulait acheter une fille pour la faire travailler dans sa cuisine. Il a dit : « Je prendrais celle-là », en parlant de la sœur de ma grand-mère. Ma grand-mère s'accrochait à sa jupe parce que leurs parents étaient morts. Elles étaient seules au monde. Le pacha a pris pitié et a dit : « Amène la petite avec toi. » Donc, ma grand-mère et sa sœur ont vécu et travaillé comme servantes dans la cuisine de ce monsieur, qui était très riche et qui les a protégées.

Quand sa sœur a eu 16 ans, il les a confiées aux bons soins d'un orphelinat où il y avait beaucoup d'Arméniens. C'est là que, quelques années plus tard, ma grand-mère a rencontré mon grand-père. Le pacha venait nous visiter au Liban. Je m'en rappelle, j'avais cinq ans, six ans, dix ans, et ma grand-mère était tout énervée parce que pacha venait nous visiter. Je le vois encore : un monsieur avec un chapeau et des moustaches, avec des cadeaux. Il a pris soin de ma grand-mère comme si c'était sa propre enfant.

J'ai grandi au Liban pendant la guerre. Quand j'avais 15 ans, la guerre a éclaté. J'ai étudié, je suis tombée en amour, je me suis mariée, j'ai fait mon baccalauréat et ma maîtrise sous les bombes.

Je travaillais pour une compagnie de montres et, une fois par année, j'allais à Bâle en Suisse. Un jour, pour quitter le Liban, j'ai pris le dernier avion. Une Jeep blindée nous a ramassés pour nous emmener à l'aéroport parce qu'il y avait des bombardements. Je suis arrivée à Bâle, je suis montée dans ma chambre, j'ai ouvert la fenêtre et, la première idée que j'ai eue, c'était de regarder de quel côté les bombes allaient arriver. Au Liban, on avait ce réflexe : peu importe où on allait, dès qu'on rentrait quelque part, la première chose à faire, c'était de regarder d'où les bombes pouvaient arriver et d'aller s'installer >

le plus loin possible. J'avais grandi avec ça. Dans cette chambre, je m'en suis rendu compte: « Non, non, tu es en Suisse. Tu n'es pas en danger. » Je me suis assise sur le lit et j'ai ouvert la télé. Aux nouvelles, ils annonçaient que, le lendemain, il y aurait un référendum sur la couleur des fleurs qu'ils allaient planter le printemps prochain. Moi, j'avais quitté mon pays, mes parents, ma famille dans des bombardements. Et ces gens-là étaient en train d'aller aux urnes pour décider de la couleur des fleurs. Ça a été un *awakening* pour moi. Je me suis dit: « Oh, *my God!* Ma vie n'est pas normale. »

Deux semaines plus tard, je devais retourner au Liban. À Genève, il y avait un problème informatique à l'aéroport. Il y avait beaucoup de monde, des milliers de personnes, et tout à coup, un monsieur a traversé la foule, a pris une chaise, est monté dessus et a brandi un passeport en disant: « Les personnes qui ont le passeport canadien peuvent traverser sans passer aux douanes. » Moi, j'avais un passeport du Liban, un pays en guerre: le pire passeport au monde. On nous traitait comme du bétail. Ce jour-là, j'ai regardé le passeport canadien et je me suis dit: « C'est ce passeport-là que je veux. »

When I emigrated to Canada, I found myself working for a non-profit organization. I realized that what my mother and grandmother had done their whole lives, volunteering, was regulated here and could be made into a profession. My entire childhood, when we came home from school, my mother would feed us and then go to the community club at the church to help the less fortunate. She always took care of others. I fell in love with this job: making a living, a rather good one, while doing good for other people. For me, the ultimate is when I ask someone for money and then they thank me for thinking of them, for giving them the opportunity to do good. That's why every morning I wake up, and why after twenty-seven years, I go to work with as much pleasure and passion.

Some of the women here tonight are fighting for their lives; they're fighting cancer... Some might not be here next year. But today they're here, dressed, up with makeup on, participating. Life is stronger than anything else. When I look at them, I tell myself that my own miseries, my own struggles, are nothing. I'm healthy and I will fight for them. It's that simple.

My grandparents are survivors of the Armenian genocide. One of my grandmothers was six years old when she was on the road of the exodus with her sister, who was twelve. A Turkish pasha on a horse came while the women and children were walking. The men had all been killed. He told the officers he wanted to buy a girl to make her work in his kitchen. He said, "I'll take that one," talking about my grandmother's sister. My grandmother was holding on to her sister's skirt because their parents were dead. They only had each other. The pasha felt pity and said, "Bring the little one with you." So my grandmother and her sister lived and worked as servants in this man's kitchen, who was very rich and protected them.

When her sister turned sixteen, he placed them in the care of an orphanage where there were a lot of Armenians. That's where, a couple years later, my grandmother met my grandfather. The pasha would come to visit us in Lebanon. I remember, I was five, six, ten years old, and my grandmother would get all excited because Pasha was visiting. I can still see him: a man with a hat and moustache, coming with presents. He took care of my grandmother like she was his own child.

I grew up in Lebanon during the war. When I was fifteen years old, the war broke out. I studied, I fell in love, I got married, I got my bachelor's and my master's under the bombs.

I worked for a watch company and once a year, I'd go to Basel in Switzerland. One day, to get out of Lebanon, I took the last plane. An armoured Jeep picked us up and drove us to the airport because there were bombings. I got to Basel, went up to my room, opened the window, and the first thought I had was to look at which side the bombs were going to fall. In Lebanon, we had this reflex: no matter where we went, anywhere we walked in, the first thing we did was check out where the bomb might fall and then get as far away as possible. I grew up with that. In this room, I realized, "No, no. You're in Switzerland. You're not in danger." I sat on the bed and turned on the TV. On the news, they were announcing that on the next day, there would be a referendum to decide the colour of the flowers they would plant next spring. I had left my country, my parents, my family, in bombings. And these people were going to the polls for the colour of the flowers. It was an awakening for me. I thought, "Oh, my God! My life isn't normal."

Two weeks later, I had to go back to Lebanon. In Geneva, the computer system was down in the airport. There were a lot of people, thousands of people, and suddenly a gentleman walked through the crowd, took a chair, climbed up on it and waved a passport in the air saying, "People who have a Canadian passport can cross without going through customs." I had a Lebanese passport, a country at war: the worst passport in the world. They treated us like livestock. That day, I looked at the Canadian passport and told myself, "That's the passport I want."

**Comme je suis une personne sourde oraliste** qui fait principalement de la lecture labiale pour comprendre les autres, c'est particulièrement «drainant» pour moi quand je me retrouve avec plusieurs personnes dans des endroits sombres ou bruyants comme les bars, les restaurants et les salles de spectacle. Souvent, je ne comprends pas, mais je fais semblant de comprendre. Je n'ai pas encore trouvé le truc pour lire sur les lèvres de quatre personnes en même temps! Ça, c'est un réel problème. Tu ne veux pas être exclue, alors après avoir fait répéter une ou deux fois une personne, tu te sens humiliée de ne pas avoir compris et tu te demandes ce que tu dois faire. Trois fois sur quatre, tu fais semblant de comprendre. Ça, c'est frustrant.

Ce que j'ai compris avec le temps, c'est que la communication se fait dans les deux sens. Ce n'est pas toujours à moi à faire des efforts. Les autres doivent en faire eux aussi. Depuis que je suis petite, j'ai toujours vécu avec le stress de devoir constamment comprendre à tout prix ce que les autres me disent. Ça m'a pris du temps à me dire: «Laurence, t'as pas besoin de toujours tout comprendre à 100 %, 7 jours sur 7, 365 jours par année.» C'est épuisant, à la longue!

Le plus important, c'est de se rappeler que la communication se passe dans les deux sens. Il faut inclure la personne sourde, la respecter, être patient, s'assurer de bien articuler quand on est avec elle et essayer de comprendre ce qu'elle désire. Il ne faut pas avoir peur d'attirer son attention si elle regarde ailleurs, par exemple en lui touchant l'épaule. Aussi, afin d'avoir la meilleure compréhension possible de sa part, il est essentiel qu'il y ait une bonne luminosité et que ce ne soit pas trop bruyant autour. De grâce, évitez de mâcher vos mots! Ayez conscience, chers entendants, que vos grosses moustaches et barbes compliquent grandement la lecture labiale!

Because I'm an oral deaf person who mostly does lip-reading to understand others, it's particularly draining for me when I find myself with many people in dark or noisy places such as bars, restaurants and shows. Often, I don't understand, but I pretend to understand. I haven't yet found the trick to be able to read the lips of four people at the same time! This is a real problem. You don't want to be excluded, so after asking the same person to repeat themselves one or two times, you feel humiliated for not understanding and you wonder what you should do. Three times out of four, you pretend you understand. That's frustrating.

What I realized over time is that communication goes both ways. It's not just me who should always make the effort; people have to make one too. Since I was a little girl, I've always lived with the stress of constantly having to understand what others were saying. It took me some time to realize, "Laurence, you don't need to always understand 100 percent, 24/7, 365 days per year." It's exhausting in the long run!

The most important thing to remember is that communication goes both ways. You need to include the deaf person, respect her, be patient, make sure to articulate when you're facing her and try to understand what she wants. You shouldn't be afraid to attract her attention if she's looking away, for example, by touching her shoulder. Also, to get the best understanding possible, it's essential that there be good light and not too much noise around. And please, avoid mincing your words! And realize, dear hearing people, that your big moustaches and beards make lip-reading much more difficult!

**I change my hair pretty often.** I guess I'm crazy… I change everything a lot in my life. I don't have a profession; I work on a lot of things. I'm trying to find out who I am. I'm the same, in a constant change. I've lived in Brazil, Italy, England, and now Montréal. I'm a DJ, a photographer… a musician, maybe? I mean I don't know if I'm still singing, but I wanna sing again. I'm an actress too. I just like arts, or I just like being lost maybe… I don't know. I love being lost.

Je change mes cheveux assez souvent. J'imagine que je suis folle : je change souvent tout dans ma vie. Je n'ai pas de profession ; je travaille sur beaucoup de choses. J'essaie de découvrir qui je suis. Je suis la même, mais en changement constant. J'ai vécu au Brésil, en Italie, en Angleterre, et maintenant à Montréal. Je suis DJ, photographe… musicienne, peut-être ? Je veux dire que je ne sais pas si je chante toujours, mais je veux chanter encore. Je suis une actrice aussi. C'est juste que j'aime les arts, ou peut-être que j'aime juste être perdue… Je ne sais pas. J'aime être perdue.

**Les médecins disaient :** « Elle ne terminera jamais son secondaire. » Il faut arrêter de juger les personnes handicapées. La pitié, ce n'est pas de ça qu'on a besoin. On a besoin de croire en nous. Quand j'étais plus jeune, j'étais souvent hospitalisée à Sainte-Justine. Quand on était dans la salle de jeu, ma mère et moi, on regardait la tour de l'Université de Montréal. Ma mère disait : « On ne sait pas, peut-être que tu iras à l'UdeM. » Moi, je ne voulais rien savoir de l'université. Peut-être que je voyais ça comme quelque chose d'impossible. Au secondaire, je n'étais même pas sûre de me rendre au cégep. Et mon plus beau souvenir, c'est la remise de mon baccalauréat à la collation des grades. Mes parents étaient extrêmement fiers : j'étais sur la scène avec mon fauteuil roulant, j'avais mes petits souliers à talons hauts parce que je voulais être belle… Et le monde applaudissait. On m'a dit qu'ils avaient applaudi plus fort que pour les autres. Pour mes parents, c'était quelque chose !

The doctors said, "She will never finish high school." We need to stop judging disabled people. We don't need your pity. We need you to believe in us. When I was younger, I was often hospitalized at Sainte-Justine. When my mother and I were in the playroom, we'd look at the University of Montréal tower. My mom would say, "Who knows? Maybe you'll go to UdeM." I didn't want to hear anything about the university. Maybe I thought it was impossible. In high school, I wasn't even sure I'd go to CÉGEP. And my best memory is when I received my bachelor's at convocation. My parents were extremely proud. I was on the stage with my wheelchair. I was wearing my little shoes with high heels because I wanted to be pretty… People were clapping. I was told they clapped louder than for the others. For my parents, that was something!

**Quand j'ai commencé à la Maison Tangente** [une Auberge du cœur], j'étais intervenant sur le plancher. À l'hébergement, on travaille en réinsertion sociale. On accepte les jeunes dans la mesure où il y a de la place, où ils veulent se mettre en action et si, sur le plan de la santé mentale, ils sont capables de le faire. Les jeunes qui entrent ici vont à l'école, font du bénévolat, s'impliquent dans des projets ou travaillent. La plupart du temps, ils travaillent ou ils vont à l'école, mais on est ouverts à tous les projets, tant que ça les pousse à changer leur situation. Les jeunes qui viennent ici n'ont nulle part d'autre où aller. Ils ont épuisé leur réseau social. Ils ne peuvent plus aller chez leurs parents, ils se sont fait mettre dehors de leur centre jeunesse ou de leur logement parce qu'ils n'avaient pas payé… C'est dans des contextes comme ça qu'on les accueille.

Tsé, quand tu suis un jeune pendant un an… On a des liens merveilleux avec les anciens. Certains jeunes reviennent nous voir. Quand ils sont partis d'ici, ils commençaient leurs études, pis là, ils les ont finies, ils ont un enfant, une job, une auto, ils sont placés, pis tu te dis : « C'est magnifique ! Merveilleux ! » Il y a des jeunes qui nous invitent à leur mariage. On vit beaucoup de beaux moments… Certains de mes jeunes se sont inscrits au cégep. Là, il y en a quatre qui se sont inscrits en même temps et qui ont été acceptés. C'est des mini-réalisations, de jour en jour.

When I started working at Maison Tangente [an *Auberge du cœur*], I was working on the floor. In the residence, we work on social reintegration. We take in youth as long as we have room, on the sole condition that they are willing to take action, and in terms of mental health, that they are capable of doing so. The young adults who come here go to school, do volunteer work, participate in projects or work. Most of the time, it's work or school, but we're open to any project as long as it motivates them to change their situation. The kids who come here have nowhere else to go. They've exhausted their social network. They can't go back to their parents' home, they've been kicked out of their Youth Centre or their apartment because they didn't pay rent… This is the context in which we welcome them.

You know, when you follow a kid for a year… We have wonderful relationships with the former residents. Some come back to see us. When they left here, they were starting school, and now, they're done with their studies, they have a kid, a job, a car, they're integrated, and you're like, "Well, that's wonderful! Marvelous!" Some kids invite us to their wedding. There are many beautiful moments… I've got kids who've applied to CÉGEP. Just now, there are four in a row who applied and got accepted. It's the small accomplishments, day after day.

**J'ai vécu mon premier abus sexuel** à neuf ans, dans la famille. En fait, il y a eu plusieurs agressions, parce que dans ma famille, c'était quelque chose de répétitif, c'était comme une roue qui revenait tout le temps: un était abusé et abusait l'autre, qui abusait l'autre, qui abusait l'autre, etc. Ils [les agresseurs] étaient presque tous de la famille, sauf un qui était un ami de la famille. Ma tante, ma mère, ses frères, ma grand-mère, ils ont tous vécu ça, et ça se reproduisait tout le temps. Là, ça ne se reproduit plus, ça a arrêté quand moi j'ai dénoncé. À 11 ans.

Quand j'ai dénoncé [les abus], ça a été un rejet total de la part de toute ma famille, excepté ma mère. Tout le monde a dit: «Tu gâches la famille, tu viens de tout éclater.» Ma marraine vivait dans le confort, mais son mari abusait de ses enfants, de ses nièces, de ses filleules, de tout le monde... Quand j'ai dénoncé, elle a tout perdu, fait que toute la famille s'est revirée contre celle qui avait brisé le confort. Ça, ça a été une des affaires les plus dures, parce que quand j'étais en foyer d'accueil, j'étais toute seule. À Noël, tout le monde sortait, mais moi, tous les Noëls, j'étais au centre jeunesse avec les intervenants.

Quand je demandais de l'aide, ce n'était jamais pris au sérieux. Les moyens appropriés ne fonctionnaient pas, fait que j'utilisais tous les moyens inappropriés que je pouvais imaginer pour avoir de l'attention: la mutilation, la drogue, les mauvaises fréquentations, créer des conflits à l'école, me faire renvoyer, mentir, faire des tentatives de suicide...

Dans le temps de Noël, ils m'ont enfermée dans une unité d'encadrement intensif où il y a des barreaux comme en prison, où quand tu sors en auto pour un rendez-vous il y a le *lock* pour enfants qui est barré, il y a un agent de sécurité assis à côté de toi et un agent de sécurité qui conduit. T'as une heure de sport par jour, c'est tout ce que t'as pour bouger. T'as des «réflexions»: ils te mettent dans un local, ils te donnent des feuilles et tu réponds à des questions comme «Pourquoi t'as fait ça? Comment tu peux t'améliorer?» Tu ne sens pas que t'es considérée, pis tsé, si j'ai fait ça, c'est parce que j'avais besoin d'un certain amour, d'une attention. Je ne savais pas de quelle sorte d'attention j'avais besoin, mais je savais que j'avais besoin de quelqu'un.

J'ai voyagé pendant 15 mois, je viens de revenir. J'ai pris la décision de voyager toute seule, et c'est là que tout s'est comme vraiment ouvert. J'ai tout fait par moi-même: je suis allée visiter une amie en Australie, pis après ça, j'ai passé trois mois en Asie à me débrouiller toute seule. C'était fou de savoir que je n'avais plus besoin des centres jeunesse ou des ressources dont j'avais besoin avant, plus besoin d'avoir tout le temps du soutien... Je pouvais tout faire par moi-même!

Je me souviens de la détresse dans laquelle j'étais quand j'étais plus jeune. Je me souviens à quel point ça fait mal, à quel point tu te demandes «À quoi ça sert la vie?» Avec tout ce que j'ai traversé, je ne peux pas croire où je suis rendue, je m'ébahis moi-même de tout ce que j'ai accompli!

Quand je parle de ce que j'ai vécu, ce n'est pas pour qu'on me prenne en pitié, c'est vraiment pour dire: «Regarde, tu peux le faire! Je comprends ton *feeling*, je comprends à quel point c'est difficile, je comprends comment tu te sens, je te *feel*, au complet. Ça peut être la petite peine d'amour ou ça peut être les abus, peu importe ce que t'as vécu, je sais ce que ça fait d'avoir mal. Mais c'est possible, c'est tellement possible de s'en sortir!» Alors oui, maintenant je veux en parler, pis j'aimerais ça que ça réveille du monde. Pis, *go*, vas-y, tu peux le faire! >

I experienced my first sexual abuse at age nine, within the family. Actually, there were many abuses, because in my family, it was a repetitive thing. It was like a vicious circle going around and around: one was abused and abused another, who abused another, who abused another, and so on. They [the abusers] were almost all from the family, except one who was a friend of the family. My aunt, my mother, her brothers, my grandmother... They all went through it, and it happened all the time. Now it doesn't happen anymore; it stopped when I reported it. At the age of 11.

When I exposed [the abuse], I suffered total rejection from my family, except my mother. Everyone said, "You're ruining the family. You just broke everything." My godmother, who had all the wealth, but her husband was abusing her children, her nieces, her goddaughters, everyone... When I exposed them, she lost everything, so the whole family turned its back against the one who had broken the comfort. That was one of the hardest things, because when I was in foster care, I was all alone. At Christmas, everyone would leave. But me, every Christmas, I was at the Youth Centre with the social workers.

When I asked for help, it was never taken seriously. The appropriate means never worked, so I used every inappropriate mean I could imagine to get some attention: mutilation, drugs, bad company, creating conflicts at school, getting expelled, lying, attempting suicide...

At Christmas time, I was locked in an intensive supervision unit where there are bars like in jail, where when you go out in a car for an appointment the child lock is on, there is a security guard sitting next to you and a security guard driving. You get one hour of exercise per day. That's all you get to move around. You get reflections: they put you in a room, they give you some paper and you answer questions like, "Why did you do this? How can you improve?" You don't feel respect, and you know, if I did this it was because I needed some sort of love, attention. I didn't know what sort of attention I needed, but I knew I needed someone.

I travelled for fifteen months. I just got back. I made the decision to travel on my own, and that's when everything really opened up. I did everything by myself. I went to visit a friend in Australia, and after that, I spent three months in Asia, getting by on my own. It was crazy to know that I didn't need the Youth Centres or the resources I needed before, that I didn't need constant support anymore... I could do everything on my own!

I remember the distress I was in when I was younger. I remember how much it hurts, how much you wonder, "What's the point of living?" With everything I've been through, I cannot believe where I am now. I amaze myself with all I've accomplished!

When I talk about what I've been through, it's not so people pity me. It's really to say, "Look, you can do it! I understand how you're feeling. I understand how hard it is. I understand how you feel. I feel you, completely. Whether it's the small heartbreak or the abuses, whatever you've been through, I know what it's like to hurt. But it's possible. It's really possible to get through it!" So yes, now I want to talk about it, and I wish it could wake some people up. So go! Come on, you can do it!

J'ai pris la décision de voyager toute seule, et c'est là que tout s'est comme vraiment ouvert.

............

I made the decision to travel on my own, and that's when everything really opened up.

226 **J'ai un cousin qui est mort à Damas.** C'était une des premières bombes qui a explosé, et il était au mauvais endroit, au mauvais moment. Une autre bombe a fait en sorte qu'un autre de mes cousins soit amputé de la jambe. Ça me fait me dire: « Wow, j'aurais très bien pu être cette personne-là. » Ça aurait pu être ses parents qui auraient décidé de venir s'installer à Montréal, et mes parents qui auraient décidé de rester là-bas. C'est assez troublant d'y penser.

Je me projetais dans le futur et je m'imaginais très mal regarder dans le passé, voir ce qui s'est passé, et dire: « Wow. Je n'ai rien fait. » Je n'ai jamais été patriote, nationaliste et encore moins chauvin. Malgré ça, et même si j'ai vécu la majeure partie de ma vie ici et que je me considère plus Québécois que Syrien, c'est quand mes racines ont commencé à brûler que j'ai commencé à les sentir.

............

I have a cousin who died in Damascus. It was one of the first bombs that exploded, and he was in the wrong place at the wrong time. Another bomb caused one of my other cousins to have his leg amputated. It makes me think, "Wow, I could've been that guy." It could've been his parents who decided to come to Montréal and my parents who decided to stay over there. It's quite troubling to think about it.

I was visualizing myself in the future and I couldn't picture myself looking back into the past, seeing what had happened, and saying, "Wow. I did nothing." I've never been a patriot, nor a nationalist, and even less, a chauvinist. Despite this, and even though I've lived most of my life here and I consider myself a Quebecer more than a Syrian, it's when my roots started burning that I started feeling them.

**— C'est notre premier enfant.** Elle a deux mois. On s'attendait à tout, mais c'est impossible à imaginer tant qu'on ne le vit pas.
— L'émotion, quand elle est vraie, c'est bien plus fort que ce qu'on peut imaginer.

— She's our first child. She's two months old. We were expecting everything, but it's impossible to imagine until you live it.
— The emotion, when it's real, is much stronger than what you can imagine.

**— I like how cool she is.** She's like a Muslim hipster. So hippie!
— Hippie not like you see the hippie people: hippie inside. Love and peace and nature.
— She doesn't care about anything—what people say, what people think—she's just her! She does what she wants to do. She travels. She's fearless. Like, she's talking to me today about going to a farm and living kind of an Amish life.
— I want to go have this experience: stay there, work there. Eating organic food, working closely with animals. I want to grow food! I wanna garden stuff!
— That's what I mean! She's like… a hipster!

— J'aime comme elle est cool. C'est comme une hipster musulmane. Tellement hippie!
— Hippie pas comme les gens hippies que tu peux voir: hippie à l'intérieur. L'amour et la paix et la nature.
— Elle ne se préoccupe de rien — ce que les gens disent, ce que les gens pensent — elle est juste elle! Elle fait ce qu'elle veut faire. Elle voyage. Elle n'a peur de rien. Elle me parle aujourd'hui de partir dans une ferme et de vivre une sorte de vie amish.
— Je veux vivre cette expérience: rester là-bas, travailler là-bas. Manger des aliments bio, travailler de près avec des animaux. Je veux cultiver de la nourriture! Je veux jardiner des affaires!
— C'est ce que je veux dire! C'est comme… une hipster!

**Quand je suis allée en Russie** pour présenter le dernier court-métrage dans lequel j'ai joué, c'était vraiment *big*. La cérémonie d'ouverture, c'est un genre de « mini-Cannes ». On t'accueille avec des roses à l'aéroport. Tu montes les marches sur un grand tapis. Les gens hurlent, il y a des photographes partout. C'est intense ! Tout est en russe, ça fait que tu ne comprends rien. J'ai signé des autographes, j'ai pris des photos avec des gens, je ne comprenais pas pourquoi !

Je n'avais pas compris à quel point ça allait être intense, ce que j'allais vivre. Ce voyage-là, cette chance qu'on m'a donnée de vivre ça, j'en suis extrêmement reconnaissante. T'es tellement dans l'instant présent, c'est tellement vif que, quand c'est fini, on dirait quasiment que ça n'a pas eu lieu. Maintenant, je recherche ce genre de sensations-là.

When I went to Russia to represent the last short film I played in, it was really big. The opening ceremony was a sort of mini-Cannes. They welcome you with roses at the airport. You go up the big carpet. People are screaming. Photographers are everywhere. It's intense! It's all in Russian, so you can't understand anything. I signed autographs. I took pictures with people. I couldn't understand why!

I didn't realize that what I was about to experience would be so intense. That trip, this opportunity I was given to experience this... I'm extremely grateful. You're so much in the moment, it's so vivid that when it's over, it's almost like it never happened. Now I'm searching for that kind of feeling.

**Mes origines sont multiples :** je suis né en Côte d'Ivoire, mais j'ai grandi en Europe ; mon grand-père est Juif allemand réfugié en Afrique et il a marié une Guinéenne, et du côté de ma mère, il y a du sang peul, touareg et arabe. Un sacré mélange ! Ça fait quelqu'un qui, petit, ne sait pas trop qui il est, et qui, en grandissant, se dit qu'il est « le monde ». Ça m'a perturbé quand j'étais enfant, je me faisais traiter de bâtard. Je me souviens — je devais avoir huit ans —, j'ai demandé à mon père : « Mais moi, je suis quoi ? Je suis qui ? » Mon père n'était pas un intellectuel, et il m'a dit : « T'es un mélange, c'est ta chance. » Je me suis dit : « Il ne sait rien, il ne veut rien me dire ; il a botté en touche. »

Plus de vingt ans après, je me promène dans un petit village pas loin de Bratislava [en Slovaquie], et je rencontre quelqu'un qui baragouinait un peu le français. Il me dit : « Mais qu'est-ce que vous venez faire ici ? Il n'y a rien ! » Alors je lui dis : « Mais il y a vous ! La preuve, je vous ai rencontré, et on discute. » Et là il me regarde et me dit : « Vous savez c'est quoi votre chance ? Pourquoi vous êtes à l'aise partout où vous allez ? C'est que vous êtes un mélange. » Et là ça a fait tilt dans ma tête ; mon père était décédé et je me suis dit : « Oh putain, je te demande pardon, papa. Je t'ai traité de con, d'ignorant qui ne savait pas quoi me dire, mais en fait, tu avais raison. »

My cultural roots are manifold: I was born in Côte d'Ivoire, but I grew up in Europe; my grandfather is a German Jew who found refuge in Africa and married a Guinean woman; and on my mother's side, there's some Peul, some Touareg and a bit of Arab blood. Quite the mix! It makes someone who as a kid, doesn't really know who he is, and who growing up, tells himself he is the world. It upset me when I was a child and people used to call me a bastard. I remember—I must have been eight years old—and I asked my father, "But what am I? Who am I?" My father wasn't an intellectual, and he told me, "You're a mix; it's your good fortune." I thought, "He knows nothing. He doesn't want to tell me; he's avoiding the question."

More than twenty years later, I find myself wandering in a small village near Bratislava [in Slovakia], and I run into someone who spoke a bit of French. He says to me, "What are you doing here? There's nothing!" So I tell him, "Well, there is you. See, I met you, and we're chatting." And then he looks at me and says, "You know what your luck is? Why are you comfortable wherever you go? It's because you're a mix." And it just triggered something in my mind. My father had died and I thought, "Damn it! Please forgive me, Dad. I called you an idiot… an ignorant man who didn't know what to tell me. But you were actually right."

**Mes parents ont divorcé** quand j'avais neuf ans. Mon père a quitté la maison et nous a abandonnés, ma mère, ma sœur et moi. Ma mère s'est remariée avec un homme qui s'est avéré être un conjoint violent, qui l'a battue pendant une dizaine d'années. Quand mon père a quitté la maison, je me souviens encore qu'une de mes grands-mères m'avait dit: «C'est toi, l'homme de la maison, maintenant.» Quand on dit ça à un enfant de neuf ans, il pense que c'est vrai. Donc, j'ai grandi avec le sentiment d'être responsable de ce qui se passait chez moi et, en même temps, avec un sentiment d'impuissance parce que, quand la violence éclatait, j'étais impuissant. La première fois que j'ai vu cet homme-là battre ma mère, dans ma tête, c'était clair que j'allais le tuer. C'est quelque chose qui s'est construit tranquillement dans ma tête d'enfant. J'ai grandi avec ça. Et, à l'âge de 18 ans, je l'ai assassiné. C'est pour ça que j'ai été condamné à perpétuité avec un minimum de 25 ans de détention à purger.

Je n'ai jamais eu cette pensée-là: «J'ai ben fait d'avoir tué cet homme-là.» Cette pensée ne m'a jamais habité. Dès que je l'ai tué, j'ai su que j'avais fait quelque chose de terrible. Je m'en suis voulu instantanément. Et ce sentiment de culpabilité m'a toujours habité depuis. J'ai assassiné cet homme-là le 23 juin 1982, et il n'y a pas une journée depuis où je n'ai pas pensé à lui. Je pense à lui tous les jours. Je le considère comme un compagnon de route, parce qu'il est toujours là. Enlever la vie à quelqu'un, c'est quelque chose de très particulier, et tant qu'on n'a pas fait ce geste-là, on ne peut pas comprendre ou s'imaginer ce que ça représente, de porter ça. Ça ne s'efface jamais, ça ne se répare pas. C'est quelque chose qu'on apprend à porter. On apprend à vivre avec. Je n'ai pas l'espoir d'oublier ça un jour. Et c'est correct. J'assume ma responsabilité. Je ne sais pas si, un jour, je vais réussir à me pardonner ce geste-là.

Quand on m'a condamné à la prison à perpétuité avec un minimum de 25 ans à purger, j'avais 18 ans. En prison, on a beaucoup travaillé sur le geste de violence que j'avais posé, mais de 1982 à aujourd'hui, personne ne s'est attardé au fait que, moi aussi, j'ai été victime de violence. On ne m'a jamais parlé de ça. On m'a parlé de mon côté agresseur, et c'est correct, ça fait partie de moi, mais j'aurais aimé qu'on m'aide à guérir de cette victimisation que j'ai subie quand j'étais enfant.

L'homme qui a battu ma mère pendant une dizaine d'années mangeait du Kraft Dinner. Ça a une odeur particulière, le Kraft Dinner, et en prison, ils en vendent, pis les gars en mangent. Chaque fois que je sentais l'odeur du Kraft Dinner, j'avais des *flashbacks* de violence. Je revoyais ma mère se faire battre, juste à cause de l'odeur. À un moment donné, je me suis dit: «Il faut que tu te guérisses de cette odeur.» J'ai été m'acheter dix boîtes de Kraft Dinner et j'en ai mangé pendant trois jours. Je suis guéri de l'odeur du Kraft Dinner aujourd'hui. Mais la question fondamentale que je me pose, c'est: comment ça se fait que j'ai dû me guérir moi-même? >

« C'est toi, l'homme de la maison, maintenant. » Quand on dit ça à un enfant de neuf ans, il pense que c'est vrai.

"You are the man of the house now." When you say that to a nine-year-old child, he thinks it's true.

J'ai enlevé la vie à quelqu'un. Je me sens extrêmement responsable de ça, mais pas seulement parce que j'ai enlevé la vie à cet homme-là. Il n'avait pas besoin de se faire tuer, il avait juste besoin de soins. C'est un homme qui avait un problème de violence. Mais je lui ai fait du tort à lui, à sa famille, et à la société en général. Et si je continue à faire de l'intervention après seize ans, c'est parce que je voudrais me racheter auprès de la société. C'est ma façon à moi de me réconcilier avec la société. Je n'aime pas dire: « Rembourser ma dette. » Je ne dois rien à personne. Mais j'ai causé un tort irréparable, et le fait de faire ce métier-là, c'est ma façon de compenser.

Ce que je considère comme ma plus grande fierté dans la vie, c'est de donner des conférences dans des écoles et des universités. Ça, c'est la plus belle réussite de ma vie: être capable, de par mon expérience tant comme personne incarcérée que comme intervenant, d'aller donner des trucs à des gens qui vont aller faire ce métier-là et de transmettre les connaissances que j'ai acquises. Quand des gens me disent, des années plus tard: « T'es venu dans ma classe, je me souviens de toi », je suis fier parce que probablement que mon passage dans leur cheminement a été important, que je les ai fait réfléchir à quelque chose.

My parents got divorced when I was 9 years old. My father left the house and abandoned us—my mother, my sister and me. My mother remarried a man who turned out to be a violent husband, who beat her for about 10 years. When my father left the house, I still remember one of my grandmothers telling me, "You are the man of the house now." When you say that to a 9-year-old child, he thinks it's true. So I grew up feeling like I was responsible for what was happening at home and, at the same time, with a feeling of helplessness because when the violence broke out, I was powerless. The first time I saw this man beat my mother, in my mind, it was clear that I was going to kill him. It's something that slowly built up in my mind as a child. I grew up with that. And at the age of 18, I killed him. That's why I was sentenced to life in prison with a minimum of 25 years to serve.

I've never had this thought: "I was right to have killed that man." This thought has never occurred to me. As soon as I killed him, I knew I had done something terrible. I instantly blamed myself. And this feeling of guilt has always been inside me since. I murdered this man on June 23, 1982, and there hasn't been a day since that I haven't thought about him. I think about this man every day. I consider him a road companion, because he is always there. Taking someone's life is something very particular, and if you have never done something like this, you can't understand or imagine what it's like to live with it. It never goes away; it can't be fixed. It's something you learn to carry—you learn to live with. I have no hope to one day forget this. And that's okay; I take responsibility. I don't know if, one day, I'll be able to forgive myself for doing this.

When they sentenced me to life in prison with a minimum of 25 years to serve, I was 18. In prison, they worked a lot on the violent act I had committed, but from 1982 till now, no one has focused on the fact that I had been a victim of violence. They never talked to me about that. They talked to me about my aggressive side, but I would have liked someone to help me heal from the victimization I had suffered as a child.

The man who beat my mother for about 10 years would eat Kraft Dinner. It has a particular smell, Kraft Dinner, and in prison, they sell it and the guys eat it. Every time I would smell Kraft Dinner, I would have flashbacks of violence. I would see my mother being beaten again, just because of the smell. At one point, I thought, "I have to cure myself of this smell." So I went and bought 10 boxes of Kraft Dinner and I ate some for 3 days: I am now cured of the Kraft Dinner odour. But the fundamental question I ask myself is why did I have to cure myself on my own?

I took someone's life. I feel extremely responsible for that, not just because I took this man's life. He didn't need to get killed; he just needed to be cared for. He's a man who had a violence problem. But I hurt him, his family and society in general. And if I continue to do social work after 16 years, it's because I'd like to redeem myself toward society. It's my way of making peace with society. I don't like saying, "Pay my debt." I don't owe anything to anyone. But I've caused irreparable harm, and doing this job is my way to compensate.

What I consider my greatest pride in life is giving lectures at schools and universities. That's the greatest success of my life: to be able to, from my experience as a prisoner and a social worker, go and give tips to people who will be doing this job and pass on some of the knowledge I've acquired. When people tell me, years later, "You came to my class. I remember you," I am proud, because my passing through their path was probably important... that I made them reflect on something.

**Le moment le plus heureux de ma vie,** ça a été quand j'ai rencontré mon copain. La première fois, on s'est parlé toute la nuit et, le lendemain matin, on sortait ensemble. Il a vraiment changé ma vie. J'ai réalisé que je n'avais pas vraiment vécu avant qu'il m'aime et que je l'aime. C'est comme le début de ma vie. On a traversé le Canada ensemble sur le pouce. Il a rendu ma vie hyper spéciale. Il me semble que je n'avais pas tant de raisons de vivre avant. Je n'avais pas autant d'amis, je n'aimais pas l'école, j'habitais loin, la vie était plate. Il a animé ma vie!

The happiest moment of my life was when I met my boyfriend. The first time, we talked all night, and the next morning, we were a couple. He really changed my life. I realized I hadn't really lived before he loved me and I loved him. It was kind of the beginning of my life. We travelled across Canada together, hitchhiking. He made my life truly special. It seems to me that I didn't really have so many reasons to live before. I didn't have many friends. I didn't like school. I lived far away. Life was dull. He livened up my life!

**Ça fait trente-deux ans que je travaille avec Mado. Quand je ne suis pas là, je suis à la maison : je restaure des vitraux. Ou je fais de l'origami.**

I've been working with Mado for 32 years. When I'm not here, I'm at home. I restore stained-glass windows. Or I do origami.

**I was really feeling suffocated** by these blast walls in Kabul. They're putting up these concrete walls every day in the city, and it looks like a prison to me. When you drive, walk, go home… you end up facing these walls. I just wanted to take them down and make Kabul beautiful again. And so we started painting the walls. We chose some themes and causes, and that's how it all started.

When I go out in the morning, I'm not sure if I'll come back home alive. This is how it's gotten. At any moment in time, there could be an explosion. There could be a bomb, a suicide bomber or just criminals. But I still go out, fighting for a good cause; that's my war, that's my struggle, that's my identity. I cannot simply give up, even if a lot of people have given up. But I still see hope.

My biggest challenge is to show the real story of my country. I think we have been misrepresented all of our lives. Being a citizen of Afghanistan, there's so much bias, prejudices and discrimination against you because of what media shows. My struggle is to really prove that no, we're not like that. It's not always about corruption, war or bombs. We're also human beings. We live like the way you live, just a bit different. We're more social, I would say. We live in communities, we have big families of ten, twelve, fourteen people; we live very close to each other. I have five sisters and one brother. With my parents, we're a family of nine. But I have lots of first cousins… Our small gatherings have seventy people!

I'm the oldest son of the family, and as the oldest son, you have to provide for the whole family. I had my five smaller sisters and my brother, and when I was one year old, my dad was shot by the mujahideen. He was a police officer and he couldn't work anymore. So at 12, I had to work on the streets. I had to sell stuff; I had to earn some money for the family. That's how I got used to seeing a lot of first-hand challenges [of the war], and that makes you want to change things. I was never only a student in my life. You know, a student who goes to school, comes back and does his homework. I never ever was that. I was a student, a street vendor, a shopkeeper… And one of the biggest dreams I had was that sometime I could *just* be a student.

J'avais vraiment l'impression d'étouffer à Kaboul, avec tous les murs anti-explosion dans la ville. Ils construisent de ces murs en ciment tous les jours, et ça me donne l'impression d'une prison. Quand tu conduis, quand tu marches, quand tu rentres chez toi, tu te retrouves face à ces murs. Je voulais simplement les détruire et rendre Kaboul belle à nouveau. Et donc, on a commencé à peindre les murs. On a choisi des thèmes et des causes, et on s'y est mis.

Quand je sors de chez moi, je ne suis pas sûr de revenir vivant. C'est à ce point-là. À n'importe quel moment, il peut y avoir une explosion, il peut y avoir une bombe, un kamikaze, ou juste des criminels. Mais je sors quand même, pour me battre pour une bonne cause ; c'est ma guerre, c'est mon combat, c'est mon identité. Je ne peux pas juste abandonner, même s'il y a beaucoup de monde qui a abandonné. Mais je vois toujours de l'espoir.

Mon plus grand défi, c'est de montrer la véritable histoire de mon pays. Je crois qu'on a été mal représentés toute notre vie. En tant que citoyen afghan, il y a tellement de préjugés et de discrimination contre toi, à cause de ce que les médias montrent. Mon combat, c'est de vraiment prouver que non, on n'est pas comme ça. Il n'y a pas que la corruption, la guerre et les bombes. On est aussi des êtres humains, on vit comme vous vivez, juste un peu différemment. On est plus sociaux, je dirais. On vit en communauté, on a de grandes familles de 10, 12, 14 personnes ; on vit près les uns des autres. J'ai 5 sœurs et 1 frère ; avec mes parents, on est une famille de 9. Mais j'ai beaucoup de cousins… nos petites réunions comptent 70 personnes !

Je suis l'aîné de la famille, et en tant que premier fils, tu dois prendre soin de ta famille. J'avais mes 5 petites sœurs et mon frère, et quand j'avais un an, mon père s'est fait tirer dessus par les moudjahidines. Il était policier et il ne pouvait plus travailler. Donc, à 12 ans, j'ai dû me mettre à travailler dans les rues : je devais vendre des affaires, je devais gagner de l'argent pour la famille. C'est comme ça que j'ai pu voir beaucoup des enjeux [de la guerre] de première main, et ça te donne le goût de changer les choses. Je n'ai jamais été juste un étudiant dans ma vie. Tu sais, un étudiant qui va à l'école, qui rentre chez lui, et qui fait ses devoirs ? Je n'ai jamais été ça. J'étais un étudiant, un vendeur de rue, un commerçant… Et un de mes plus grands rêves, c'était de pouvoir un jour être « juste » un étudiant.

**À 29 ans, j'ai eu un diagnostic d'arthrite psoriasique.** Aujourd'hui, c'est ma cent quatrième perfusion; j'en reçois une toutes les six semaines depuis 2003. Sans ça, je serais en chaise roulante aujourd'hui. Ça a changé ma vie. Le plus dur, c'est de me dire que j'ai transmis la maladie à mes deux garçons. J'ai pleuré tout ce que j'ai pu quand on l'a appris. Il y en a un qui reçoit un autre médicament que moi, et ça marche. Pour mon autre fils, pas tellement… Mais ma famille, ça reste ma plus grande fierté. J'ai cinq petits-enfants, et quand ils viennent chez leurs grands-parents, je peux te dire que ça bouge!

At age 29, I was diagnosed with psoriatic arthritis. Today is my 104th injection; I have received one every six weeks since 2003. Without it, I would be in a wheelchair today. It changed my life. The hardest part is knowing I transmitted the disease to my two boys. I cried all I could when we learned this. One gets the same injection as me, and it works. For my other son, not so much… Still, my family is my greatest pride. I have five grandchildren, and when they come to their grandparents' house, I can tell you there is a lot of hustle and bustle!

**Il y a un monsieur qui venait chez nous** pour m'apporter du matériel et qui était en amour avec ma blonde. Le gars arrive chez moi et, là, il commence à me parler de ma blonde. Ce qu'il ne savait pas, c'est que c'était *ma* blonde! Et qu'elle venait de passer la nuit chez moi! Il me disait: « Faut que je la trouve, je suis en amour... Ah, son sourire! » Et après, il commence à me parler de ma maladie: « Tu n'es pas chanceux. Je n'aimerais pas ça être à ta place. » Erreur! Tu aimerais ça en crisse, être à ma place, juste pour pouvoir te réveiller à côté de la femme que tu aimes et qu'elle te dise « Je t'aime ». On a tous quelque chose que quelqu'un n'a pas et il nous manque tous quelque chose. Ça fait que la morale, c'est: contente-toi de ce que t'as et *enjoy*!

J'ai fait un *speech* il y a un mois. Je suis allé dans une galerie d'art. On m'avait demandé de venir lire de la poésie. J'y suis allé tout nu! J'ai pris le transport adapté comme ça! J'avais écrit une lettre au Dr Barrette [ministre de la Santé] et je suis allé la lire. Mon discours commençait comme ça: « Vous l'avez sans doute remarqué, je suis poète! » Tout le monde est parti à rire. J'allais parler de dignité en étant tout nu. Je trouvais que c'était vraiment un paradoxe marquant. Il faut faire un geste éclatant pour se faire entendre dans la société dans laquelle on vit.

Moi, j'ai des soins à domicile, on m'habille, pis toute. Tous les jours, il y a des gens différents qui viennent et qui me voient tout nu. Imagine : le matin, tu te lèves pis tu reçois quelqu'un tout nu. Chaque jour, c'est quelqu'un de différent. Je me suis dit que de me mettre tout nu devant 50 personnes ou devant une personne différente chaque jour, ça ne change rien. C'était symbolique. Je veux montrer aux gens qu'il ne faut pas avoir honte de qui on est. Peu importe qu'on soit gros, petit, vieux, Anglais, Français, Allemand, on s'en câlisse. Malade ou pas, on s'en fout. On est juste des êtres humains. Et le lendemain, je me sentais tellement bien. Je me trouvais beau. Et ça faisait longtemps que je ne m'étais pas trouvé beau.

There's a guy who used to come to our place to bring some equipment and he was in love with my girlfriend. The guy gets to my place and he starts talking about my girlfriend. What he didn't know was that she was my girlfriend! And that she had just spent the night at my place! He was like, "I have to find her. I'm in love... Oh, her smile!" And then he starts talking about my condition. "You're not lucky. I wouldn't want to be in your position." Wrong! You'd freaking love to be in my position, just being able to wake up next to the woman you love and hear her tell you, "I love you." We all have something that someone else doesn't, and we're all missing something. The moral is this: be happy with what you have and enjoy!

I made a speech a month ago. I went to an art gallery. They asked me to come read some poetry. I went there naked! I took the paratransit like that! I had written a letter to Dr. Barrette [Minister of Health] and I went to read it. My speech started like this: "Surely you've noticed... I'm a poet!" Everyone started laughing. I went to talk about dignity while being naked. I thought it was a really impactful paradox. We have to make dazzling acts to be heard in today's society.

I receive home care services; people dress me and everything. Every day, it's different people who come and they see me naked. Imagine: in the morning, you get up and open the door to someone while naked. Every day it's a different person. I thought, getting naked in front of fifty people or in front of one different person every day, there's no difference. It was symbolic. I want to show people that we shouldn't be ashamed of who we are. Whether we are fat, short, old, English, French, German... Who gives a damn? Sick or not. Who cares? We're just human beings. And the next day, I felt so good. I found myself beautiful. And it had been a long time since I'd found myself beautiful.

**Je viens de la Guadeloupe.** C'est petit, c'est une île, t'as vite fait le tour. Soit tu te sens oppressé quand t'as une vie active et que t'aimes faire plein de choses, soit tu deviens comme les anciens : fainéant, parce qu'il y a la plage, le soleil, la rivière… Il n'y a pas grand-chose d'autre à faire que ça, alors comment tu peux ne pas devenir fainéant ? En plus, pour trouver du travail, c'est compliqué. C'est pour ça qu'il y a plein de jeunes dans la rue. Moi, je n'ai pas toujours été *clean*. Il y a peut-être de l'argent sale à faire, mais je préfère me donner un avenir, me créer une situation, et quand j'aurai une famille, pouvoir subvenir à ses besoins. Ce n'est pas en allant en prison ou au cimetière que je vais m'occuper de ma famille. Ma seule motivation, dans le fond, c'est la famille ; mes parents sont encore là-bas et je sais que ce n'est pas toujours la joie… J'aspire à les aider aussi. C'est juste ça qui m'a poussé à ne pas trop déconner.

I come from Guadeloupe. It's small. It's an island. It doesn't take long to see it all. Either you feel oppressed when you have an active life and you like to do many things, or you become like the elders: lazy, because there's the beach, the sun, the river… There isn't much else to be doing, so how can one not become lazy? On top of that, finding work is hard. That's why there are lots of young people in the street. I wasn't always clean. There may be dirty money to be made, but I prefer to build myself a future, to create a situation for me, and when I have a family, to be able to support them. I'm not going to be supporting my family if I go to jail or to the cemetery. My only motivation, in the end, is family; my parents are still over there and I know it's not always easy… I aspire to help them too. That's the only thing that motivated me not to mess around too much.

**Je suis née à Montréal** d'une mère haïtienne et d'un père québécois roux. Je suis une minorité visible, ça fait que, toute ma vie, on m'a dit que j'étais une étrangère. Tu représentes l'exotisme malgré toi. Pourtant, j'ai vu la mer à 30 ans, je n'étais pas sortie de Montréal avant! Ça fait que les « ton pays » et les « retourne dans ton pays »... À un moment donné, c'était plus facile pour moi de me dire que j'étais une extraterrestre. À l'adolescence, définir mon identité, ça a été difficile. L'extraterrestre, ça a vraiment été ma solution : j'imaginais que je venais peut-être d'une autre planète. Quand j'étais confrontée à un rejet — mettons que je fréquentais quelqu'un dont les parents ne voulaient pas me rencontrer parce que j'étais noire — au lieu d'être blessée, c'était ma façon d'y échapper.

I was born in Montréal to a Haitian mother and a redheaded Quebecer father. I'm a visible minority, so my whole life I've been told I was a foreigner. You represent exoticism whether you like it or not. Yet I saw the sea for the first time when I was 30... I had never been outside of Montréal before! So the "your country" and "go back to your country"... At some point, it was easier for me to tell myself I was an alien. During my teens, defining my identity was difficult. The alien really was my solution: to imagine that maybe I came from another planet. When I was faced with rejection—say when I was dating someone whose parents didn't want to meet me because I was black—instead of being hurt, it was my way of escaping.

**Ma fille avait trois ans et quelques mois.** C'était encore un bébé, mais quand je suis devenue handicapée, elle est devenue mon aidante. C'est elle qui me donnait à manger. Papa nous mettait ensemble dans la douche, et elle me lavait. En sortant de la douche, elle m'essuyait, me peignait...

Une journée pleine de désespoir, mais remplie de foi, j'ai parlé à mon bon Dieu et je lui ai demandé de me « revitaliser ». Mentalement, j'étais forte, mais j'étais frustrée parce que j'étais enfermée dans le corps d'un bébé. Alors, je lui ai demandé de me donner la force qu'il me fallait : « Je veux redevenir la mère de ma fille. Elle est trop petite pour être la mienne. »

Puis, j'ai commencé à bouger les doigts de ma main gauche. Avec mon physio, chaque jour, j'ai travaillé fort, fort, puis j'ai commencé à bouger les bras. En moins de trois mois, j'étais capable de cajoler ma fille. Pour moi, ça faisait déjà partie du rôle de mère. J'ai commencé à retrouver la voix et je chantais pour l'endormir. J'ai recommencé à lui raconter des contes de fées. Par la suite, j'ai appris à attraper des petits objets. Elle prenait soin de moi à la maison : « OK, maman, prends la cuillère, le couteau, le stylo... » J'ai commencé à écrire, bien mal, mais je lui écrivais « Je t'aime » et des petites choses comme ça. Après ça, j'ai réappris à la peigner, à l'aider avec ses devoirs, des choses comme ça. Pour moi, c'était vraiment une renaissance. Je te dis, c'est elle ma joie, ma raison de vivre. Je ne sais pas ce qu'il me serait arrivé si je n'avais pas été mère quand c'est arrivé.

My daughter was three years and a few months. She was still a baby, but when I became disabled, my daughter became my helper. She was the one who fed me. Dad would put us together in the shower and she would wash me. When we got out of the shower, she would dry me, comb my hair...

One day, full of despair but filled with faith, I spoke to my Good Lord and asked him to revitalize me. Mentally, I was strong, but I was frustrated because I was locked up inside a baby's body. So I asked him to give me the strength I needed: "I want to be my daughter's mother again. She's too young to be mine."

Then I started to move the fingers of my left hand. With my physiotherapist, every day I worked really, really hard, and then I started to move my arms. In less than three months, I was able to stroke my daughter. For me, that was part of my role as a mother. I started getting my voice back, and I would sing her to sleep. I started telling her fairy tales again. After, I learned how to pick up small objects. She took care of me at home: "Okay, Mama. Pick up the spoon, the knife, the pen..." I began to write, very poorly, but I wrote *I love you* and little things like that. After that, I learned how to comb her hair, how to help her with her homework, things like that. For me, it was like being reborn. I'm telling you, she's my joy... my reason to live. I don't know what would have happened to me if I hadn't been a mother when this happened.

**J'ai toujours été complexée** à cause de mon visage. Tu ne peux pas savoir comme c'est dur pour moi de me faire prendre en photo… J'avais quatre ans, j'étais assise sur le bord du trottoir, pis un chauffeur m'est rentrée dedans. À l'époque, les *bumpers* étaient un peu pointus à l'avant, fait que je l'ai pris en pleine face. Tout le côté gauche du visage a pris, l'œil s'est affaissé, pis toute. Toute ma vie j'ai été mal-aimée à cause de ça. À la maison, ma mère mettait mes frères sur un piédestal, elle n'était jamais impartiale. À l'école, j'étais brimée, mise à part. Je n'ai jamais pu faire des hautes études ; pourtant, j'aurais aimé ça. Fait que je me suis construit une carapace, et je me suis « faite » toute seule. J'ai toujours travaillé. Ça fait dix-huit ans que je vends *L'Itinéraire* presque à la même place. Je pense que je peux être fière de ça. Mais j'ai vraiment besoin de me sentir aimée, de prendre confiance en moi. J'en ai besoin. Chaque jour, je parle au monde et ça me fait du bien.

I have always had a complex because of my face. You can't imagine how hard it is for me to have my picture taken. I was four years old, I was sitting on the curb, and a driver hit me. At that time, the bumpers were a little sharp in the front, so I took it right in the face. The whole left side of my face was hit—the eye collapsed and everything. My entire life I've been unloved because of that. At home, my mother put my brothers on a pedestal; she was never impartial. At school, I was bullied, put aside. I've never been able to do advanced studies, although I would have liked that. So I built myself a shell, and I *made* myself, all on my own. I've always worked. I've been selling *L'Itinéraire* for eighteen years, pretty much in the same spot. I think I can be proud of that. But I really need to feel loved, to build self-confidence. I need it. Every day, I talk to people and it makes me feel good.

**J'ai fait beaucoup de cinéma.** J'ai joué beaucoup de rôles de mafiosos pis de policiers. Les deux se ressemblent un peu… Mais moi, j'aime mieux jouer les mafiosos ; c'est plus honnête.

I did a lot of movies. I played lots of mobster roles, and police officers. The two are a bit alike… But I like playing mobsters better; it's more honest.

**I was a rebel child.** I used to be very expressive, and where I come from [Kenya], it's difficult to be expressive. It's not what you want for your child; you want your child to be conforming, to be quiet… and I never was that person. I used to speak up a lot because I saw a lot of things around me that I didn't think were right.

My mother is a single mother, and the families around us were headed by men, so I was treated in a certain way: I was the child of a mother who didn't have a husband. Kids would be mean, and I knew that I had to drive a point home. I needed to tell them that, "Yeah, we're different, but we're still okay." So I'd speak up a lot to defend my family.

I am out—completely out to the world and to the media everywhere. I had three stages of coming out. I came out to my friends as soon as I left high school. Around that time, you know how aunties can be very nosy… They would ask me, "When are we meeting your boyfriend?" or "When are you getting married?" I would reply, "You know I'm going to bring a woman into this house." They would laugh, but in that way, I did come out to them. Then, the biggest thing was coming out to my mother. I think she kinda found out because my aunties were such gossips…

But she never asked about it, so when I started working for the queer movement in Kenya, the first time I appeared on local television, everyone went crazy. Our neighbours, our church people… They started calling her like, "Your daughter is on TV! She's saying men should marry men and women should marry women!" That was the farthest thing from what I was really saying. I was talking, in fact, about LGBTQ rights. In any case, my mother called me, "What is this I'm hearing you're on TV?" and I think she hung up on me.

Then my best friend called her and suggested we should have lunch. So we went to have lunch, and she asked me about the TV appearance and what it meant. I told her, "Some girls are not attracted to boys and some boys are not attracted to girls." So she asked, "Are you doing this for work, or are you one of those people?" I said, "I am one of those people! This is why it's my struggle!"

She cried for a bit; I think for like two or three days. She kept calling me and crying, and I would break down as well. I'd be like, "How is who I am breaking her heart so much?" After a week, we had the conversation that changed everything. She said, "I've prayed about it, I've talked to people about it, and it's fine. You just need to be careful." And now she worries about me. She watches the news, and when there's anything about homosexuality on TV she calls me like, "People are saying bad things about you! You need to be careful!" She calls me every day to know if I've gotten home safe… She's become very, very incredibly supportive about it.

J'étais une enfant rebelle. J'étais très expressive, et d'où je viens [du Kenya], c'est difficile d'être expressif. Ce n'est pas ce que tu espères pour ton enfant ; tu veux que ton enfant se conforme, qu'il soit sage… et je n'ai jamais été cette personne-là. Je disais souvent ce que je pensais parce que je voyais des choses autour de moi que je ne trouvais pas justes.

Ma mère m'a élevée seule, et les familles autour de nous étaient dominées par les hommes, donc j'étais traitée d'une certaine manière : j'étais l'enfant de la mère qui n'avait pas de mari. Les enfants étaient méchants et je savais qu'il fallait que je fasse valoir mon point de vue, que je leur dise : « Ouais, on est différents, mais on est quand même corrects. » Je disais donc souvent ce que je pensais pour défendre ma famille.

Je suis *out*, complètement *out* aux yeux du monde et des médias de partout. J'ai eu trois étapes de *coming out*. J'ai fait mon *coming out* à mes amis à la fin du secondaire. À cet âge-là, tu sais comment les matantes peuvent être indiscrètes... Elles me demandaient: «Quand est-ce qu'on rencontre ton chum?» ou «Quand est-ce que tu te maries?» Je répondais: «Vous savez que je vais ramener une femme à la maison?» et elles rigolaient, mais de cette manière, je leur ai fait mon *coming out*. Ensuite, le plus gros morceau, ça a été de faire mon *coming out* à ma mère. Je pense qu'elle le savait en quelque sorte déjà, parce que mes tantes étaient tellement commères...

Mais elle ne m'avait jamais questionnée à ce sujet, donc quand j'ai commencé à travailler pour le mouvement *queer* au Kenya, la première fois que je suis passée à la télévision locale, tout le monde est devenu fou. Nos voisins, les gens de notre Église, tous l'ont appelée pour lui dire: «Ta fille est à la télé! Elle dit que les hommes devraient se marier avec des hommes et que les femmes devraient se marier avec des femmes!» Ça ne pouvait pas être plus éloigné de ce que je disais vraiment — je parlais en fait des droits des LGBTQ. En tout cas, ma mère m'a téléphoné: «Qu'est-ce que c'est que cette histoire, tu es à la télé?» et je crois qu'elle m'a raccroché au nez.

Ensuite, ma meilleure amie lui a téléphoné et lui a suggéré qu'on aille dîner ensemble. Donc on est allées dîner, et elle m'a demandé de lui parler de mon passage à la télé et de ce que ça signifiait. Je lui ai dit: «Certaines filles ne sont pas attirées par les garçons, et certains garçons ne sont pas attirés par les filles.» Elle m'a demandé: «Et tu fais ça pour ton travail, ou tu es une de ces personnes?» J'ai répondu: «Je suis une de ces personnes! C'est pour ça que c'est mon combat!»

Elle a pleuré pendant un moment; je crois qu'elle a pleuré pendant deux ou trois jours. Elle n'arrêtait pas de m'appeler et de pleurer, et moi je craquais aussi, je me disais: «Comment qui je suis peut autant lui briser le cœur?» Après une semaine, on a eu la conversation qui a tout changé. Elle m'a dit: «J'ai prié pour toi, j'en ai parlé autour de moi, et c'est correct, il faut juste que tu fasses attention.» Et maintenant, elle s'inquiète pour moi. Elle regarde les nouvelles, et dès qu'on y parle d'homosexualité, elle m'appelle: «Les gens disent de mauvaises choses sur vous! Il faut que tu fasses attention!» Elle m'appelle tous les jours pour savoir si je suis bien rentrée à la maison... Aujourd'hui, elle me soutient vraiment incroyablement.

**I make giant soap bubbles.** There's a guy who works on the fifth floor of the building by the square, and he told me once that whenever he's depressed, he looks at the bubbles through the window and it makes him happy.

Je fais des bulles de savon géantes. Il y a un gars qui travaille au cinquième étage de la tour qui donne sur la place, et il m'a dit une fois que quand il est déprimé, il regarde les bulles par la fenêtre, et ça le rend heureux.

**Au fur et à mesure que tu te libères** de ton histoire familiale — pas parce qu'elle n'est pas belle, mais parce qu'elle ne t'appartient pas — tu peux rayonner. Peu à peu, j'ai pu faire le ménage dans mon histoire et comprendre d'où je venais, et ensuite j'ai pu me permettre d'avoir des rêves qui correspondaient à l'état dans lequel j'étais et de poser les gestes pour les réaliser. Il y a à peu près trois ans, j'ai senti que j'avais besoin de me féminiser. Avant, j'étais un garçon manqué. Je faisais beaucoup de compétitions de tennis et j'étais toujours en entraînement sportif. J'étais plus musclée. Je suis au début d'une métamorphose. Plus je suis lumineuse, plus je crois que le monde s'ouvre à moi, plus l'univers m'est possible. Depuis que j'ai mes *dreads*, c'est comme si j'étais devenue visible.

As you free yourself from your family history—not because it isn't beautiful, but because it doesn't belong to you—you can shine. Little by little, I was able to clean up my own history and understand where I came from, and then I could allow myself to have dreams that matched the state I was in and take the actions to fulfill them. About three years ago, I felt I was ready to become more feminine. I used to be a tomboy. I did a lot of tennis competitions and I was always training. I was more muscular. I'm at the beginning of a metamorphosis. The more luminous I am, the more I believe the world opens up to me, the more the universe becomes possible for me. Since I've had my dreadlocks, it's like I became visible.

— **We've learned to argue constructively.** We understand that when there is a problem, it needs to be addressed and resolved in an equitable manner. It's not about whether she wins or I win. It's just about whatever maintains the integrity of the relationship.
— We are both really committed to whatever work it takes to keep the relationship going and happy. We are committed to the other being happy.
— If she's happy, I'm happy. It's a non-vicious cycle!
— A virtuous cycle, my love…

— On a appris à se disputer de façon constructive. On comprend que, quand il y a un problème, il faut s'en occuper et le résoudre d'une manière équitable. On ne cherche pas à savoir si c'est elle ou si c'est moi qui gagne. On fait juste tout ce qu'il faut pour maintenir l'intégrité de notre relation.
— On est tous les deux décidés à faire tout le travail nécessaire pour que la relation continue de façon harmonieuse. On est déterminés à ce que l'autre soit heureux.
— Si elle est heureuse, je suis heureux. C'est un cercle non vicieux!
— Un cercle vertueux, mon amour…

SAMSUNG
2:11 PM

**Ma mère a été atteinte du cancer** et elle en est décédée, alors pour moi, c'est vraiment symbolique de faire ça. Avoir un parent atteint du cancer, c'est vraiment difficile. On n'est jamais prêt à voir un proche dépérir. Mais c'est dans l'ordre normal des choses. À un moment donné, tes parents vont mourir. Je me dis qu'avoir un enfant qui a le cancer, ça doit être encore plus difficile...

Ça faisait des années que je voulais participer au Défi têtes rasées de Leucan. Quand ma mère est tombée malade, j'ai voulu m'inscrire, mais je me disais tout le temps que ce n'était pas le bon moment, que j'allais attendre, que c'était mon bal ou autre chose... Cette année, je me suis dit : « Bon, là, ça suffit. Quand t'as le cancer, ce n'est pas un choix que tu fais. Tu ne décides pas de perdre tes cheveux quand tu veux. » Quand j'écrivais mon message pour Leucan — il devait être minuit — j'étais dans mon lit, et je pleurais parce que je trouvais que c'était porteur comme geste. J'étais contente de le faire.

Je n'ai pas profité d'elle autant que j'aurais pu. J'aurais aimé lui dire plus souvent que je l'aimais. Je pense que je ne lui ai même pas dit à la fin. En fait, dans ma famille, on ne se démontre pas *full* notre amour. On ne se prend jamais dans nos bras, on ne se dit jamais « Je t'aime ». C'est con parce que, même à la fin, quand j'ai appris que ma mère allait mourir, je ne l'ai pas fait plus... C'est quelque chose que je regrette. Un soir, après avoir appris la nouvelle, ma mère nous a demandé de souper ensemble, elle, ma sœur et moi. Le soir même, on m'a contactée pour que je rentre travailler, et j'ai décidé d'y aller parce que, dans ma tête, elle n'allait pas mourir. J'étais un peu dans le déni, je pense... Donc, je suis allée travailler et je n'ai pas soupé à la maison. Je le regrette tellement ! C'est l'une des dernières soirées où elle a été lucide à 100 %. Ça, c'est vraiment quelque chose que je ne vais jamais pouvoir me pardonner.

J'en étais rendue à un stade où, au bureau, à chaque courriel que je recevais, tout me semblait compliqué. J'avais une boule dans l'estomac, je pleurais pour des affaires pas rapport, j'angoissais pour rien... J'adore ce que je fais, mais j'ai réalisé que j'avais donné trop d'importance à ma job.

Mon arrêt de travail m'a vraiment aidée à « setter » mes limites et à reprendre des bonnes habitudes. J'ai réalisé qu'il y a comme un tabou, un malaise avec les arrêts de travail. Il y a plein de gens qui n'osent pas trop en parler et, dans leur tête, arrêt de travail égale dépression : tu restes chez vous et tu pleures toute la journée. Ça peut être ça, c'est sûr, mais la maladie mentale — parce que oui, ça s'appelle comme ça — c'est beaucoup plus large. Moi, j'ai encore plein d'énergie, je suis de bonne humeur et je fais plein d'activités. J'avais juste besoin de faire d'autres choses que j'aime et de décrocher un peu.

>

My mom had cancer and passed away from it, so for me, doing this was really symbolic. Having a parent suffering from cancer is really hard. You can never be ready to see someone close to you deteriorating. But it's the natural order of things. At some point, your parents will die. But I tell myself that having a child who has cancer, that must be so much harder...

I'd wanted to participate in the Leucan Shaved Head Challenge for many years. When my mom got sick, I wanted to sign up, but I would always tell myself, "It's not the right time. I'll wait. Now I've got my prom or some other thing..." This year I thought, "Okay, that's enough. When you have cancer, it's not a choice you make. You don't decide to lose your hair when you want." While I was writing my message for Leucan—it was about midnight—I was in my bed, and I was crying because I thought it was a strong gesture. I was happy to be doing it.

I didn't appreciate her as much as I could have. I wish I'd told her more often that I loved her. I think I didn't even tell her at the end. The thing is, in my family, we don't express our love much. We never hug each other. We never tell each other, "I love you." It's silly because even at the end, when I found out my mom was going to die, I didn't do it more... It's something I regret. One night, after we learned the news, my mom asked us to have dinner together: her, my sister and me. That night, I got called in to work and I decided to go because in my mind, she wasn't going to die. I was a bit in denial, I guess... So I went to work and didn't have dinner at home. I regret that so much because it's one of the last nights she was 100 percent lucid. That's really something I will never forgive myself for.

I was at a point at work where every email I received, everything seemed complicated. I'd have knots in my stomach. I'd cry for nothing. I'd feel anxious for no reason... I love what I do, but I realized I'd placed too much importance on my job. My sick leave really helped me set some boundaries and regain good habits. I realized there is some sort of taboo—an uneasiness—with sick leaves. Many people don't dare talk about it and in their minds, sick leave equals depression: you stay home and cry all day. It can be that, for sure, but mental illness – because yes, that's what it's called – is much broader. I still have a lot of energy, I'm in a good mood and I do plenty of activities. I just needed to do other things I love and disconnect for a while.

**Je suis née à Madagascar,** dans un village où il n'y avait pas d'électricité à l'époque. Ma famille est malgache d'origine chinoise. J'ai quitté le pays quand j'avais quatre ans. On a vécu un peu en France, et puis on est venus ici. J'ai grandi ici : Montréal, c'est chez moi. L'immigration, c'est vraiment une grande décision que les parents prennent, pas nécessairement pour eux, mais surtout pour leurs enfants. Donc, on grandit avec ça, avec ces espérances-là, qu'on porte. On grandit avec les sacrifices que nos parents ont faits ; on en est très conscients. Ça ajoute une certaine pression sociale de réussir, et des fois, de bien paraître. Et donc, les standards de réussite sont très hauts, chez nous comme dans d'autres communautés. Je me sens immigrante dans ce sens-là, mais en même temps, quand je voyage, je suis Québécoise, je suis de Montréal. Oui, je suis un peu Malgache, je suis un peu Chinoise, mais je suis surtout, je pense, Québécoise.



I was born in Madagascar, in a village where there was no electricity at the time. My family is Malagasy of Chinese descent. I left the country when I was four years old. We lived in France for a bit, and then we came here. I grew up here; Montréal is home. Immigration is a really big decision that parents make, not necessarily for them, but mostly for their children. So we grow up with that—with those hopes—that we carry. We grow up with the sacrifices our parents have made; we're very aware of this. It adds a certain social pressure to succeed, and sometimes, to give a good impression. And therefore, the standards for success are very high in our community, as in others. I feel like an immigrant in this sense, but at the same time, when I travel, I'm a Quebecer; I'm from Montréal. Yes, I'm a bit Malagasy, I'm a bit Chinese, but I am, above all, I think, a Quebecer.

Il va bien ; c'est ça ma plus grande fierté. Malgré son passé et notre vie qui n'a pas été facile au début, il va bien. Il est heureux. Il est juste heureux.

............

He's doing fine; this is my greatest pride. In spite of his past and our life, which wasn't easy at first, he's doing fine. He's happy. He's just happy.

**Ce n'est pas tant de donner de l'argent qui est important,** c'est plus le regard… Quand les gens s'arrêtent ou te font juste un sourire, ils reconnaissent que t'existes.



Pour moi, un livre, c'est comme des tranches de l'âme de quelqu'un. Peu importe lequel : qu'il soit historique, philosophique, que ce soit un roman ou autre chose. Pour moi, la connaissance, c'est la compréhension, l'ouverture d'esprit. Simone de Beauvoir, c'est mon auteure fétiche. Elle n'avait aucune barrière. Peu importe que tu sois une femme, peu importe ton milieu social, s'il y a des barrières, il faut que tu les dépasses. Peu importe tes rêves, tu ne dois pas laisser les gens te dicter quoi faire. Il y a une phrase que j'aime beaucoup : « Si chaque jour, je n'essaie pas de rendre le monde meilleur, quel genre de femme ou d'homme suis-je ? »

It's not so much about giving money that's important. It's more the look… When people stop or just smile at you, they're acknowledging that you exist.

For me, a book is like slices of someone's soul. It doesn't matter which—historical, philosophical, novels or something else. Knowledge, to me, is understanding, open-mindedness. Simone de Beauvoir is my favourite author. She had no barriers. It doesn't matter if you're a woman, regardless of your social background, if there are barriers, you have to overcome them. Whatever your dreams, you can't let people dictate what you should do. There is a sentence I really like: "If every day, I don't try to make the world a better place, what kind of a woman or a man am I?"

**C'est drôle… on est dans le parc La Fontaine** et j'ai habité là-haut sur Rachel pendant deux mois, un été. Pis c'est l'été où j'ai été le plus malheureux de toute ma vie. Je me cherchais, je remettais tout en question. J'ai passé ces deux mois sans travailler, à déprimer dans mon lit. C'était un tout petit appart — un demi sous-sol avec la vue sur la ruelle — et je n'avais presque pas de meubles…

C'est un ensemble de choses qui m'ont fait sortir et reprendre goût à la vie. À un moment donné, je me suis dit qu'il fallait que je me reprenne en main, parce que sinon j'allais crever là. C'est cette histoire-là que je raconte dans ma première pièce publiée, qui s'appelle *La beauté du monde*. C'est l'histoire d'un garçon qui a perdu la notion de la beauté, qui n'est plus capable de voir ce qui est beau dans le monde. Il va affronter ses démons en apprenant à connaître ses voisins du bloc, qui sont en fait tous une facette de lui-même. Ils essaient de l'aspirer vers eux, de faire en sorte qu'il leur ressemble, mais au dernier moment, il finit par s'en sortir.

It's funny… We're in La Fontaine Park and I lived up there on Rachel for two months, one summer. And it's the summer I was the most unhappy in my whole life. I was searching for myself, casting doubt on everything. I spent those two months not working, depressed in my bed. It was a tiny apartment—a semi-basement with a view of the alley—and I had almost no furniture…

It's a combination of things that made me go out and get back a taste for life. At one point mainly, I told myself that I had to get back on top of myself or else I was going to die there. This is the story I tell in my first published play called *La beauté du monde* [The Beauty of the World]. It's the story of a boy who has lost the concept of beauty… who is no longer able to see what is beautiful in the world. He is able to face his demons by getting to know his neighbours on the block who are all, in fact, facets of himself. They try to suck him in… make him be like them. But at the last moment, he finally gets out.

**Avant, je sortais beaucoup dans les clubs,** je pouvais aller dans les bons restaurants et m'acheter tout le linge que je voulais… Je pensais que j'avais atteint un niveau de vie plus élevé, mais j'avais encore un vide à l'intérieur, et il se creusait de plus en plus.

J'étais déjà allée à l'église et je n'y avais rien trouvé, mais quand j'y suis retournée, j'étais au bout de moi-même, et c'est comme si cette journée-là, des murs étaient tombés. C'est comme si toute ma retenue était tombée, et j'ai senti un amour que tu ne peux pas recevoir d'un copain, d'une copine, ou même de tes parents. C'est vraiment l'amour de Dieu qui m'a frappée, et ça a changé ma vie. Ce n'est pas quelque chose que tu peux nier, c'est juste là.

Pour moi, la religion, ce n'est pas des règles à respecter, c'est plutôt comme une relation avec quelqu'un : tu veux rester sur le bon chemin pour ne pas briser le cœur de la personne que tu aimes le plus au monde, et qui t'aime aussi.

Before, I used to go out a lot to the clubs. I could eat out in the good restaurants and buy all the clothes I wanted… I thought I had reached a higher lifestyle, but there was still a void inside me, and it was growing deeper.

I had already gone to church and had found nothing, but when I went back, I was burned out and it's like the walls were broken down that day. It's as if all my self-restraint fell apart and I felt a love that you can't receive from a boyfriend or girlfriend, or even your parents. It's really God's love that hit me and changed my life. It's not something you can reject; it's just there.

For me, religion is not about rules to follow. It's more like a relationship with someone: you want to stay on the right path so as not to break the heart of the person you love the most in the world, and who loves you back.

**C'est moi qui ai pris le congé parental,** parce que ma copine retourne aux études. Je n'avais pas réalisé à quel point tu peux aimer quelqu'un avant… Ça te fait te projeter beaucoup dans le futur aussi, ça te fait réfléchir à tes décisions, à ce que tu veux apporter dans le monde pour lui. Ça remet en question tes choix. Ce que je trouve difficile, c'est d'être relativement seul là-dedans : il n'y a pas beaucoup de modèles, pas beaucoup de personnes à qui s'identifier. Souvent, dans les activités, je suis le seul père. En tout cas, ça me donne une certaine fierté !

It's me who took the parental leave because my girlfriend is going back to school. I hadn't realized the extent to which you can love someone before… It also makes you think a lot about yourself in the future—makes you think about your decisions, about what you want to bring to the world for him. It makes you challenge your choices. What I find difficult is being relatively alone in this: there aren't many role models, not many people I can identify with. Often, during activities, I'm the only father. In any case, it makes me somewhat proud!

**J'ai pas mal tout fait dans ma vie :** distribué des circulaires, déchargé des camions, conduit des taxis, déménagé des affaires… À ma dernière job, je faisais le travail de trois personnes. Je manipulais des cartons pleins de poussière. J'avais des gants de coton pour me protéger, mais pas le temps de les changer quand ils étaient trop abîmés. Fait que j'ai attrapé une infection aux mains ; un an en arrêt de travail. Mon employeur m'avait dit qu'il me reprendrait après, mais il ne l'a pas fait. Pis retrouver du travail à 59 ans… Ma femme faisait des ménages, mais avec un seul salaire, très vite on ne s'en sortait plus. On vivait sur le crédit. Rendu là, c'était intenable. Fait qu'on a commencé à mendier dans la rue pour finir les mois. Quand t'as travaillé toute ta vie et que tu te retrouves à mendier… c'est dur sur l'estime de soi. Des fois, on pouvait sentir le regard des gens qui jugeaient sans savoir. Pis il y a quatre ans environ, j'ai été approché par *L'Itinéraire*. Je fais aussi quelques ménages en plus avec ma femme, et maintenant, on s'en sort.

À un moment donné, ma job était rendue trop exigeante, et je cherchais de quoi pour me changer les idées. Il y avait cette école de musique pas loin de chez nous, fait que j'ai commencé à suivre des cours de chant là-bas. J'ai même passé des examens. Chaque année, il y avait un spectacle de fin d'année d'organisé. Les premières années, je n'y ai pas participé — j'étais un peu intimidé — mais ensuite, j'y ai participé deux fois. Monter sur scène avec tout un orchestre et chanter devant un public… c'est ça, mon meilleur souvenir. J'aimais ça, mais quand j'ai perdu ma job, j'ai tout arrêté. Maintenant, je chante chaque année pour la fête de Noël de *L'Itinéraire*. C'est un peu ma manière de les remercier de m'avoir fait confiance, de m'avoir redonné une chance à mon âge.

I've done pretty much everything in my life: distributed flyers, unloaded trucks, drove taxis, moved stuff… In my last job, I was doing the work of three people. I handled boxes covered in dust. I had cotton gloves to protect me, but no time to change them when they were too damaged. So my hands got infected—one year of sick leave. My employer told me he would take me back after, but he didn't. And finding work at 59… My wife was doing some cleaning jobs, but with only one salary, we weren't getting by. We lived on credit. At one point, it was unbearable. So we started panhandling on the street to make ends meet. When you've worked all your life and you find yourself panhandling… it's hard on your self-esteem. Sometimes, we could feel people's eyes judging us without knowing. Then about four years ago, I was approached by *L'Itinéraire*. I also do a few extra cleaning jobs with my wife, and now we're okay.

At one point, my job had become too demanding, and I was looking for something to clear my head. There was this music school not far from my place, so I started taking singing lessons there. I even passed exams. Each year, there was an end-of-year show organized. The first few years, I wasn't involved—I was a little intimidated—but then I participated twice. To go on stage with a full orchestra and sing in front of an audience… that's my best memory. I loved it! But when I lost my job, I stopped everything. Now, I sing every year for *L'Itinéraire*'s Christmas party. It's like my way of thanking them for trusting me… for giving me a chance at my age.

Camelot
L'ITI
NÉ
RAI
RE

**Je suis d'origine libanaise.** La première fois de ma vie que j'ai pris un avion, que j'ai réalisé que j'allais commencer ma vie, c'était à 18 ans, quand mon père m'a donné mon passeport et m'a dit : « Va-t'en au Canada, va faire quelque chose de ta vie. » Quand je suis arrivé ici, j'avais hâte de commencer à étudier, mais j'avais aussi envie d'aller ailleurs. J'ai étudié, j'ai travaillé et j'ai acheté mon premier vol. Je suis allé en Europe et j'ai commencé à voyager. Dans plein d'auberges de jeunesse où j'ai été, j'étais le premier Libanais ! En voyage, des Français, tu en vois, des Allemands aussi. Des Canadiens, tu en vois de plus en plus, mais un Libanais… Au Liban, il y a plein de gens qui suivent mon blogue de voyage, et pour moi, c'est une fierté.

Je suis biologiste, mais je déteste la biologie. Je déteste ce que je fais à l'hôpital. En fait, ce n'est pas que je déteste vraiment ça, mais je me réveille tous les matins et je ne suis pas excité d'aller travailler. J'aime mieux travailler sur des projets humanitaires.

Ici, à Montréal, il y a un groupe d'une vingtaine de jeunes qui ont eu un choc culturel en arrivant ici. Il y a toutes les religions, toutes les races, et ce sont des jeunes qui se posent beaucoup de questions sur leur vie. Ils ont besoin d'un petit *push* pour avoir de l'espoir. Je veux les amener au Kilimandjaro et le monter avec eux. Tu vas voir, quand ils vont revenir, ils vont être tellement épanouis ! Là, je suis en train de les aider à trouver un emploi pour commencer à économiser de l'argent. On va aussi leur apprendre à faire des levées de fonds. D'ici juillet prochain, chacun aura son *packsack* et on s'en va au Kilimandjaro !

I'm from Lebanon. The first time in my life that I took a plane, that I realized I was about to start my life… It was at 18, when my father gave me my passport and told me, "Go to Canada. Go do something with your life." When I arrived here, I was looking forward to begin studies, but I was also preoccupied with the desire to go somewhere else. I studied, worked and bought my first flight. I went to Europe and started travelling. In many of the hostels where I've been, I was the first Lebanese! When travelling, you see French people, Germans, too. You see more and more Canadians, but a Lebanese… In Lebanon, plenty of people follow my travel blog, and for me, that's something I'm proud of.

I'm a biologist, but I hate biology. I hate what I do in the hospital. Actually, it's not that I really hate it, but I wake up every morning and I'm not excited to go to work. I'd much rather work on humanitarian projects.

Here in Montréal, there's a group of about 20 young people who had a cultural shock when they arrived here. There are all religions, all races, and they are young people who have a lot of questions about their life. They need a little push to get hope. I want to bring them to Kilimanjaro and hike to the top together. You'll see. When they come back, they will be so overjoyed! Now, I'm helping them find employment to start saving money. We're also going to show them how to raise funds. By next July, each will have their packsack and we're off to Kilimanjaro!

**— On appartient aux Fraternités monastiques de Jérusalem** à Montréal. C'est une communauté monastique en plein cœur de la ville. Ce sont des moines et des moniales — le féminin de moine. Donc, il y a la prière, mais aussi l'insertion dans la réalité citadine. On partage la réalité quotidienne des citoyens. On travaille à l'extérieur de la communauté.
— Comment devient-on moniale ?
— Comme on tombe amoureux.

............

— We belong to the Monastic Fraternities of Jerusalem in Montréal. It is a monastic community in the heart of the city. There are monks and nuns—the female monk So there is prayer, but also integration into the city life. We share the daily life of citizens. We work outside the community.
— How does one become a nun?
— Like one falls in love.

**It's really hard to buy gifts** for my dad. When my mom buys him a shirt or something, he's like, "You shouldn't have spent that much on this," and he returns it [to the store] the next day. So for his birthday, my sister and I usually buy him useful things like socks and batteries… because he needs batteries and he's not gonna buy them for himself! He knows we're going to get some for him… And every year, with my sister, we have that conversation: "Are you getting him the AAA batteries? I'm buying that; who's buying the AA?" Socks and batteries… He can't return those!

C'est très difficile de faire des cadeaux à mon père. Quand ma mère lui achète une chemise, il lui dit « Tu n'aurais pas dû dépenser autant pour ça » et il la rapporte [au magasin] le lendemain. Donc, pour son anniversaire, ma sœur et moi, on lui achète généralement des choses utiles, comme des bas et des piles. Parce qu'il a besoin de piles et qu'il ne s'en achète pas! Il sait qu'on va lui en acheter… Et, chaque année, avec ma sœur, on a la même conversation : « Tu lui achètes les AAA? Moi j'achète ça, qui achète les AA? » Des bas et des piles… Il ne peut pas rapporter ça!

TORONTO
PIG SAVE

**I had kind of a real shit childhood.** All my friends were animals because of the situation I was in. And many of them were killed. I've even seen pigs having their throats cut out right in front of me. I was probably one of the most severe child abuse cases out there. Finally, in 2008, I watched *Earthlings* [a documentary about how humans treat animals], made the connection, and got involved with Animal Liberation Front. I started doing protests against circuses. I started going and getting undercover footage, inside farms and elsewhere. Now I do my own protests and in between that, I help out at an animal refuge. And I do animal rescues. Did you hear about, back in the summer, up on Highway 40 by Kirkland, there was a family of ducks rescued off the road? The cops were involved; they blocked the traffic. That was me!

Every rescue I've ever done I consider equal to the next. The very first animal rescue I did, I was a kid, I think I was like seven years old: I rescued a chihuahua off the street, and I found its owner. Way back then, I think it planted the seed in my head. The most recent rescue we just did was an old horse. The farmer was abusing it; he was just gonna leave it on the floor of the barn to die. We took it to the vet hospital in Saint-Hyacinthe. Unfortunately, it couldn't be saved; the next day they had to put it to sleep. But we at least got to give him a name, show him some love and compassion, and let him sleep away with the help of a doctor rather than letting him die on the floor of a barn.

J'ai vraiment eu, genre, une enfance de merde. Tous mes amis étaient des animaux, vu la situation dans laquelle j'étais. Et beaucoup d'entre eux ont été tués ; j'ai même vu des cochons se faire égorger sous mes yeux. J'ai probablement été le plus sévère cas de maltraitance qui soit. Finalement, en 2008, j'ai regardé *Terriens* [un documentaire sur le traitement réservé aux animaux par les humains]. J'ai fait le lien, et je me suis engagé avec le Front de libération des animaux. J'ai commencé à aller à des manifs contre des cirques, j'ai commencé à prendre des vidéos en caméra cachée, dans des fermes et ailleurs. Maintenant, j'organise mes propres manifs, et en même temps, j'aide dans un refuge pour animaux. Et je fais des sauvetages d'animaux. T'as entendu parler, cet été, sur l'autoroute 40 à la hauteur de Kirkland, il y a une famille de canards qui a été sauvée de la route ? La police a été impliquée, ils ont bloqué la route ? C'était moi !

Tous les sauvetages que j'ai faits, je leur accorde la même valeur. Le tout premier sauvetage d'animal que j'ai fait, j'étais enfant, je crois que j'avais sept ans : j'ai sauvé un chihuahua trouvé dans la rue et j'ai retrouvé son propriétaire. À l'époque, je pense que ça a planté une graine dans ma tête. Le sauvetage le plus récent qu'on vient de faire, c'était un vieux cheval. Le fermier le maltraitait, il allait juste le laisser mourir sur le sol de sa grange. On l'a emmené à l'hôpital vétérinaire de Saint-Hyacinthe. Malheureusement, il n'a pas pu être sauvé ; le jour d'après, ils ont dû l'euthanasier. Mais on a au moins pu lui donner un nom, lui donner de l'amour, de la compassion, et le laisser s'en aller avec l'aide d'un médecin, plutôt que de le laisser mourir sur le sol d'une grange.

**Ma blonde a le même look que moi :** qui se ressemble s'assemble ! Ma fille, on verra… Les enfants, des fois, ils font le contraire de ce que les parents font ! Je vais peut-être avoir une enfant tranquille, sans tatouage, et qui va faire du ballet. Tant mieux pour elle si c'est la direction qu'elle choisit. Je vais l'encourager peu importe ce qu'elle veut.

…………

My girlfriend has the same look as me: birds of a feather flock together! My daughter… We'll see. Sometimes kids do the opposite of what the parents do! I might get a quiet child, with no tattoos, and who does ballet. Good for her, if that's the direction she chooses. I'll support her in whatever she wants.

**Mon chum, je l'ai rencontré** à l'enterrement de mon arrière-grand-mère. Je chante depuis que je suis toute petite, fait que ma grand-mère m'avait demandé de chanter. Pis ma famille aussi avait engagé des musiciens. Lui, il jouait de la guitare, pis sa sœur, du violon. À force de faire des répétitions et du covoiturage ensemble entre Drummondville et Montréal, on s'est beaucoup parlé. Là, ça fait un an qu'on est ensemble. C'est le dernier cadeau qu'elle m'a fait avant de partir.

I met my boyfriend at my great-grandmother's funeral. I've been singing since I was little, so my grandmother asked me to sing. And my family also hired musicians. He played the guitar and his sister, the violin. With rehearsing and carpooling together between Drummondville and Montréal, we talked a lot. Now, we've been together for a year. He is the last gift she gave me before leaving.

**L'itinérance, je ne savais même pas que ça existait.** Quand ma femme m'a mis à la porte, je suis allé au CLSC. Ils m'ont dit qu'il y avait des places où je pouvais aller si je n'avais pas de maison. Ils m'ont envoyé à la Mission Old Brewerie. J'ai couché là et, le lendemain, ils m'ont emmené à la Maison du Père. Quand je suis arrivé, il y avait un *meeting* des Alcooliques anonymes. Je me suis fait passer pour un alcoolique parce qu'il y avait une thérapie. Plutôt que de rester à niaiser, je me suis dit que j'allais embarquer dans un programme, mais il fallait que tu sois alcoolique ou toxicomane. Moi aussi, j'avais des choses à régler avec moi-même. Ce n'est pas juste les alcooliques qui ont des problèmes dans la vie. Peut-être que ça pouvait me montrer une nouvelle voie? Me montrer comment recommencer, me reconstruire.

Quand les gens de la Maison du Père ont vu que j'étais discipliné, que je rentrais tous les soirs, que j'allais servir le déjeuner aux gars tous les matins, que je m'impliquais, le directeur est venu me voir et il m'a dit: « Tu es chez vous ici. » Et j'ai trouvé une nouvelle famille.

Quand je suis sorti de ma deuxième thérapie, je m'en allais chercher un appartement et j'ai entendu un klaxon. Une fille a stationné sa voiture, est sortie et m'a dit: « Tu ne te souviens pas de moi? Embarque. » Je suis monté dans sa voiture. Elle a ouvert le coffre à gants et elle m'a donné un sac de coke. Elle m'a dit: « Fais un homme de toi. Vends-la, et tu vas te sortir de tes problèmes. » Je me suis promené pendant trois semaines avec ça dans les poches. Je n'en ai offert à personne, et je n'ai dit à personne que je l'avais. >

NIKE

Un jour, je me promenais et j'ai rencontré la même fille. Elle m'a dit: « Qu'est-ce que t'as fait avec ce que je t'ai donné? J'espère que t'en as profité! » J'ai dit: « Non, elle est encore chez moi. Une fois, j'ai juste mis une petite affaire dans mon nez, mais je n'aime pas l'effet. » Alors, elle est venue chez moi, elle a pris une cuillère, elle en a mis dedans et elle m'a dit: « Va chercher de la petite vache [du bicarbonate de soude]. » Elle a sorti un tube, elle a fumé et elle m'a dit: « Veux-tu essayer? » J'ai dit: « Ben... OK. »

Là, j'ai atteint mon bas-fond. Et quand j'ai eu des problèmes avec la justice, j'ai recommencé à aller à des *meetings*. Je passais mes journées dans des *meetings*. J'ai commencé à diminuer ma consommation.

Un jour, les intervenants distribuaient des cartes de courtoisie pour le YMCA. J'ai dit: « J'en veux dix! » J'arrivais au YMCA et j'embarquais sur le *bench press*. Quand tu as fini de t'entraîner, tu ne penses pas à la drogue. Tu as faim, tu as envie de manger. J'ai commencé à voir le changement dans mon visage. Avant, j'avais les joues creuses, j'étais rendu presque mort, j'étais plus maigre qu'un balai. Là, j'ai commencé à avoir un petit peu plus de chair sur les os. Le désespoir peut te mettre dans une sorte de léthargie, mais j'ai appris quelque chose avec le conditionnement physique. Chaque fois que j'allais en faire, je voyais concrètement le résultat. Je voyais que je mangeais mieux, que je dormais mieux. Je n'avais plus besoin d'aller tous les jours me chercher une caisse de bières au dépanneur.

Des textes, j'en ai tout plein dans mes tiroirs. Dans mon pays [en Haïti], être un poète, c'était comme être un criminel. Pendant la dictature de Duvalier, toutes les semaines, on entendait à la radio qu'on avait ramassé un gars mort, et c'était soit un journaliste, soit un poète. Alors, tout ce que j'écrivais, je le cachais en dessous de mon matelas. J'ai gardé cette habitude-là.

Il y avait un intervenant qui aimait beaucoup la littérature qui me rendait parfois visite. Les intervenants n'ont même pas le droit d'échanger des cigarettes avec nous, alors je lui disais: « Étant donné que je n'ai pas le droit de t'offrir même un café ou un thé, je vais te donner un cadeau que tu ne peux pas refuser. Assieds-toi. » Là, je lui lisais un texte. Un jour, il est venu me voir et m'a dit: « Myche, tu dois faire quelque chose avec tes textes. Tu ne peux pas garder ces trésors cachés dans tes tiroirs. Je vais t'aider à en faire un livre. » >

**Dans mon pays, être un poète, c'était comme être un criminel.**

In my country, being a poet was like being a criminal.

Homelessness. I didn't even know it existed. When my wife kicked me out, I went to a CLSC. They told me there were places I could go to if I didn't have a home. They sent me to the Old Brewery Mission. I slept there and the next day, they took me to *Maison du Père*. When I got there, there was an Alcoholics Anonymous meeting. I pretended to be an alcoholic because there was therapy. Rather than do nothing, I thought I'd get into a program, but you had to be an alcoholic or an addict. I had issues to solve too. It's not just alcoholics who have problems in their lives. Maybe it could show me a new way. Show me how to start over, rebuild myself.

When the people at *Maison du Père* saw I was disciplined—I'd come back every night, I'd serve breakfast to the guys every morning, I'd get involved—the director came to me and said, "You're home here." And I found a new family.

When I got out of my second therapy, I was on my way to look for an apartment and I hear a horn. A girl parked her car, came out and said, "Don't you remember me? Get in." I got into her car. She opened the glovebox and she handed me a bag of coke. She told me, "Make yourself a man. Sell it, and you'll get out of your troubles." I walked around for three weeks with that in my pockets. I didn't offer it to anyone, and I didn't tell anyone I had it.

One day, I was walking around and I ran into the same girl. She says, "What did you do with what I gave you? I hope you took advantage of it!" I said, "No, it's still at my place. One time, I put a tiny bit in my nose, but I don't like the effect." So she came to my place, took a spoon, put some onto it and said, "Go get some Little Cow [sodium bicarbonate]." She took out a tube, smoked and said to me, "Do you wanna try?" I said, "Well… Okay."

That's when I hit bottom. And when I got into trouble with the law, I started going to meetings again. I'd spend my days going to meetings. I started to decrease my drug use.

One day, social workers were handing out courtesy cards for the YMCA. I said, "I want 10!" I'd go to the YMCA and get on the bench press. When you're done training, you don't think about drugs. You're hungry; you want to eat. I started to see the change in my face. Before, I had hollow cheeks. I was almost dead, skinnier than a broom. Now, I was starting to get a little meat on my bones. Despair can put you in a kind of lethargy, but I learned something with physical training: every time I'd go train, I could see actual results. I saw that I was eating better, sleeping better. I didn't need to go every day to get a case of beer at the dep.

Writing… I have everything in my drawers. In my country [Haiti], being a poet was like being a criminal. During the Duvalier dictatorship, every week we'd hear on the radio that they'd found a dead guy, and he was either a journalist or a poet. So everything I wrote, I'd hide under my mattress. I kept this habit.

There was a social worker who really liked literature who'd sometimes visit me. Social workers don't even have the right to trade cigarettes with us, so I told him, "Considering I am not allowed to offer you even a coffee or a tea, I'm going to give you a gift you can't refuse. Sit down." I read him something I'd written. One day, he came to me and said, "Myche, you have to do something with your writing. You can't keep those treasures hidden in your drawers. I'm going to help you turn them into a book."

**Une fois, à Sherbrooke,** une dame m'a regardé et m'a dit : « Je ne sais pas pourquoi t'es là, mais j'en avais tellement besoin ! » Je lui ai fait un câlin fort, fort, et puis elle a pleuré sur mon épaule, tout en s'excusant de pleurer. Je lui ai dit : « Il n'y a pas de problème, l'univers m'a mis sur ta route aujourd'hui. Lâche-toi lousse, t'es dans les bras de la bonne personne pour faire sortir ça. » Une fois que le câlin a été fini, j'étais... énormément touché.

One time, in Sherbrooke, a lady looked at me and said, "I don't know why you're here, but I really needed it!" I gave her a big, big hug, and then she cried on my shoulder, saying she was sorry for crying. I told her, "There is no problem. The universe put me on your path today. Let yourself go. You're in the arms of the right person to let it out." Once the hug was over, I was... extremely moved.

**Les rassemblements festifs** — et en particulier le festival OpenMind — m'ont aidé à faire un *shift* sur le plan social: ce genre d'environnement-là m'a permis d'avoir des interactions plus riches. Ça passe clairement par la danse, l'expression physique, et l'acceptation de la différence. Tu vas planter ta tente là-bas, et tu fais des rencontres très personnelles très rapidement. Le contexte incite les gens à avoir le cœur beaucoup plus ouvert. Ça m'a fait prendre conscience qu'à chaque fois que je juge une autre personne, c'est une pression que je reporte sur moi, parce que si moi j'ai une opinion sur comment telle ou telle personne vit, j'imagine que cette personne a aussi un avis sur la manière dont moi je vis. Quand je me libère de mon jugement de l'autre, je peux me libérer du jugement que je porte sur moi-même et que je suppose que les autres portent sur moi. Donc, je suis beaucoup plus indulgent envers moi-même parce que j'accepte l'autre.

Festive gatherings—and in particular the OpenMind Festival—have helped me make a social shift: this kind of environment has allowed me to have more interesting interactions. It is clearly passed through dance, physical expression and acceptance of difference. You set up your tent there, and you make very personal encounters very quickly. The setting encourages people to have their heart much more open. It made me become aware that every time I judge someone, it's pressure I carry with me, because if I have an opinion about how this or that person lives, I imagine this person also has views about how I live. When I free myself from the judgement of someone else, I can free myself of the judgement I make of myself, and that I assume others make of me. So I became much more accepting of myself because I accept others.

— **We were at a party,** and I got a little too drunk... Actually, I passed out.
— Somebody had to go with her in the ambulance, so I went.
— We didn't know each other, and when I woke up, he was here. I thought he was very nice.

............

— On était à une fête, et j'ai un peu trop bu... En fait, je me suis évanouie.
— Quelqu'un devait l'accompagner dans l'ambulance. Donc, j'y suis allé.
— On ne se connaissait pas, et quand je me suis réveillée, il était là. Je l'ai trouvé très gentil.

**Mon plus gros défi,** c'est d'essayer de me stabiliser, parce qu'à travers la vie de nomade que j'ai eue, toujours à voyager, je n'ai jamais eu de vraie stabilité. J'ai un esprit qui demande toujours du changement. Je ne peux pas stagner à une place. Je m'ennuie facilement et, quand je m'ennuie, c'est un danger mortel, parce que Dieu seul sait ce que je peux faire. Je suis très impulsif.

Par exemple, au secondaire, je me rappelle qu'un mardi j'ai eu l'idée de partir en voyage. Je me suis dit : « Hey, ça serait vraiment cool de partir en voyage en Europe ! » Le vendredi, j'avais mon billet, et je suis parti le samedi matin voyager pendant neuf mois en Europe. Comme ça, sur un coup de tête ! Même chose pour l'Asie. Je bossais, tout se passait bien, puis, un jour, je me suis juste dit : « Ça me manque un peu, j'ai la flamme pour voyager. » Trois semaines plus tard, j'étais en Asie pour un an et demi. Toutes les décisions de ma vie sont basées sur des émotions.

Voyagez. Voyagez. Si vous ne voyagez pas, vous ne savez pas ce que vous manquez. Vous manquez tellement d'occasions d'apprécier les différences, les similarités, et aussi la vie que vous avez. Quand tu voyages, tu vois des gens qui sont vraiment en situation de précarité ; pas comme moi. Moi, ma situation est précaire, mais j'ai un toit, j'ai de la bouffe. En Inde, j'ai vu beaucoup de pauvreté extrême, pis je me suis dit : « Non, je ne suis pas très riche. Je n'ai pas des millions, ni des milliers de dollars. Je n'ai même pas quelques centaines en banque ! Mais j'ai un toit sur la tête, j'ai le ventre plein tous les jours, je me débrouille. » Oui, je suis pauvre. Oui, je suis dans une Auberge du cœur. Mais oui, j'apprécie ma vie.

My biggest challenge is to try and settle down because with the nomadic life I've had, always travelling, I've never had any real stability. I have a mind that's always asking for change. I can't stay in one place. I get bored easily, and once I'm bored, it's a mortal danger because God only knows what I can do. I'm very impulsive.

For example, in high school, I remember that on a Tuesday, I had the idea to go on a trip. I thought, "Hey, it would be so cool to travel to Europe!" On Friday, I had my ticket, and I left on Saturday morning for a nine-month trip through Europe. Like that, on a whim! Same thing for Asia. I was working, it was going well, and one day I just thought "I miss it a bit. I've got the urge to travel." Three weeks later, I was in Asia for a year and a half. All the decisions in my life are based on emotions.

Travel. Travel. If you don't travel, you don't know what you're missing. You're missing so many opportunities to appreciate the differences, the similarities, and also the life you have. When you travel, you see people who are really in precarious situations; not like me. I'm in a precarious situation, but I have a roof. I have food. In India, I saw a lot of extreme poverty, and I thought, "No, I'm not very rich. I don't have millions, nor thousands, of dollars. In fact, I don't even have a few hundred in the bank! But I have a roof over my head. I have a full stomach every day. I am getting by." Yes, I'm poor. Yes, I live in an *Auberge du cœur* [housing for youth in difficulty and in need of shelter]. But yes, I appreciate my life.

Qu'est-ce que je fais
avec mes mains ?

............

What do I do with my hands?

**— On est sœurs.** On est très souvent ensemble.
— On a vécu beaucoup de moments difficiles dans notre vie, et d'avoir le soutien de chacune, c'était important.
— Il y a beaucoup de maladies mentales dans notre famille... C'est très difficile de vivre avec des gens qui ont des troubles mentaux. Et elle a été tellement là, toute ma vie! Quand j'étais au cégep en musique, dans le programme de guitare jazz, j'étais la seule fille. Ma présence suscitait pas mal de moqueries; il y avait beaucoup de sexisme. À la maison, en plus, ça n'allait pas bien. Tout ça a fait un ramassis de merde et de dépression et de tout ce que tu voudras. Mais Belinda était là pour moi, genre, à toutes les minutes. Je pouvais être vraiment triste, vraiment à terre, je pouvais l'emmerder, mais elle restait toujours, toujours à mes côtés. Elle est capable de m'écouter beaucoup, elle me donne beaucoup d'amour; quand j'en manquais, elle, elle était toujours là pour m'en donner.

— We're sisters. We are very often together.
— We went through a lot of difficult times in our lives, and having the support of each other was important.
— There are lots of mental health issues in our family... It's very hard to live with people who have mental illnesses. And she's been there so much—my whole life! When I was studying music in CÉGEP, in the jazz guitar program I was the only girl. My presence would trigger a lot of mockery; there was a lot of sexism. And things weren't going well at home either. All of this led to a pile of shit and depression and everything you could imagine. But Belinda was there for me, like, every minute. I could be really sad, really down. I could piss her off. But she always, always stayed by my side. She is able to listen to me a lot. She gives me a lot of love; when I lacked it, she was always there to give me some.

**Je suis Touareg.** Je vis à Tombouctou, au Mali. Je suis artisan; je fabrique des bijoux de façon traditionnelle et je suis venu à Montréal pour faire une démonstration et pour partager mon savoir-faire avec des bijoutiers locaux. Je fais partie de la septième génération de ma famille à avoir ce savoir-faire. On essaie de sauvegarder cette culture, de former des jeunes, mais avec tout ce qui arrive aujourd'hui, c'est plus difficile de la faire connaître. Avec les guerres, il y a moins de gens qui viennent chez nous. Il n'y a plus de tourisme. C'est pour ça qu'on essaie de trouver des occasions de vendre nos bijoux ailleurs.

Les Touaregs sont des nomades, et des commerçants de très, très longue date. Avant, ils ne vivaient jamais dans les villes. Aujourd'hui, je suis sédentaire, mais mon père, lui, est toujours nomade. La vie nomade est plus facile. Tu vis avec trois fois rien, tu ne t'inquiètes de rien... En ville, tu es toujours inquiet: il te faut toujours plus d'argent, toujours plus de choses dont tu n'as pas besoin. Mais avec les problèmes de sécheresse, c'est devenu très, très difficile de vivre dans le désert. On perd beaucoup d'animaux. Les changements climatiques nous touchent beaucoup. Chez nous, c'est arrivé depuis longtemps.

Quand j'étais enfant, la première chose que je faisais le matin, c'était d'aller chercher les animaux — des chèvres, des vaches et des moutons — pour les traire. Ensuite, je partais avec eux pour toute la journée. Je les emmenais manger, et boire au puits pendant les saisons sèches. Je passais toute la journée seul avec mes animaux. Moi, c'est ça que j'aimais le plus, être avec mes animaux, surtout quand je les voyais heureux à la fin de la journée.

I am a Touareg. I live in Timbuktu, in Mali. I'm a craftsman. I make jewellery in the traditional way and I came to Montréal to demonstrate and share my know-how with local jewellers. I am part of the seventh generation of my family to have this know-how. We're trying to preserve this culture, to train the youth, but with everything that's happening today, it's more difficult to make it known. With the wars, there are fewer people coming to our hometown. There is no more tourism. That's why we're trying to find opportunities to sell our jewellery elsewhere.

The Touaregs are nomads, and merchants since a very, very long time ago. They never used to live in the cities. Now, I'm sedentary, but my father is still nomadic. The nomadic life is easier. You live with next to nothing. You worry about nothing... In the city, you're always worried: you always need more money... always more things you don't need. But with the drought problems, it's become very, very difficult to live in the desert. We're losing many of our animals. Climate changes affect us a lot. In our country, changes came a long time ago.

When I was a child, the first thing I'd do in the morning was go fetch the animals—goats, cows and sheep—to milk them. Then I'd go with them for the whole day. I took them to eat and to drink at the well during the dry seasons. I spent the whole day alone with my animals. That's what I loved the most... to be with my animals, especially when I saw they were happy at the end of the day.

**On dirait que la douleur physique** me permet de m'évader. C'est comme ma thérapie. On n'aime pas nécessairement ça, avoir mal. On n'est pas sadomasochistes. Quand on se fait rentrer des aiguilles dans la peau, on a mal. On finit même par avoir plus mal que tout le monde parce qu'on est tannés de cette douleur-là, mais en même temps, cette douleur-là, elle nous rappelle d'où on vient. Moi, en tout cas, c'est ça. Je me suis beaucoup droguée, je me suis beaucoup fait battre, j'ai été abusée. Tout ça, c'était de la douleur psychologique plus que physique. Et la douleur psychologique, je ne suis plus capable. Je n'en veux plus. Mais la douleur physique me rappelle que ce n'est pas parce que j'ai eu un passé fucké que je suis encore obligée de vivre ça.

Je ne me drogue plus, je ne bois plus ou presque pas. Ça fait que ma drogue, c'est tout ce qui a trait à l'art corporel. C'est une dépendance, je pense. C'est juste que c'est une dépendance que je ne fais pas subir aux autres. J'ai eu le courage de me sortir de l'enfer de la drogue et, maintenant, j'ai juste mis mon courage ailleurs. Comme je le dis quand je fais des conférences dans les écoles pour expliquer mon parcours de vie, ce n'est pas parce que tu as eu une vie de merde que ça va continuer comme ça toute ta vie. Si tu veux t'en sortir, tu vas t'en sortir.

Ma sœur, c'est probablement la personne que j'aime le plus au monde. Et, à un moment donné, j'étais tellement sous l'effet de la drogue que j'ai essayé de la tuer. Vraiment. J'ai essayé de l'assassiner. La police est venue, ils m'ont arrêtée, et je lui ai demandé : « Pourquoi tu ne t'es pas défendue ? » Parce qu'elle ne faisait rien pour m'en empêcher ! Elle m'a dit : « Je ne frapperais jamais la personne que j'aime le plus au monde. » Et aujourd'hui, ma sœur s'est fait tatouer « *My sister, my hero* ». Comment tu peux te faire tatouer ça en l'honneur d'une personne qui a essayé de te tuer ? C'est ça qui m'a fait réaliser que j'étais vraiment en train de « scrapper » ma vie.

Au début, j'étais censée plaider non coupable parce que j'ai une maladie mentale et que je me droguais, mais au dernier moment, j'ai décidé de plaider coupable. Ce n'est pas parce que j'ai une maladie mentale que ça excuse mon geste. Le coup de pied dans le cul, il faut se le donner tout seul. Ça a pris beaucoup de thérapies comportementales. Je n'étais pas une bonne personne avant, mais, avec les thérapies, je m'en suis sortie. Quand je me regardais dans le miroir, je ne me trouvais pas belle. J'avais le regard vide. Maintenant, quand je me regarde dans le miroir, je vois qu'il y a plus d'étincelles dans mes yeux qu'avant. Je pense que c'est la fierté d'être devenue une bonne personne.

De la *dope*, j'en ai consommé en crisse. J'ai déçu ma mère, ma sœur, ma famille. À 14, 15 ans, j'ai été en désintoxication parce que j'aimais trop ça, consommer. Mais tsé, ce n'est pas ça qui m'a rendue fuckée. J'ai découvert qu'avoir les cheveux blonds, ce n'était pas moi. Qu'avoir la peau vierge de piercings et de *tattoos*, je n'aimais pas ça. Et à votre grand étonnement, c'est quand je ressemblais à une petite fille modèle que j'étais une petite crisse de droguée, salope, *bitch*, méchante, froide.

Ouais, j'étais une ostie de rebelle quand j'étais « normale ». C'est dans ce temps-là que je me suis fait passer les menottes, que j'étais connue du milieu policier, que j'ai plaidé coupable à plusieurs accusations, trop d'accusations. Mais c'est aussi à ce moment-là que j'ai commencé à faire des thérapies pour changer, pour devenir une femme, une citoyenne modèle. Tranquillement, j'ai changé mon apparence, j'ai fait mes premiers perçages, mes premiers tatouages, mes premières modifs. Et malheureusement, c'est aussi à ce moment-là que les gens ont commencé à me pointer du doigt parce que je commençais à avoir l'air dangereuse. Mais tu veux que je te dise ? C'est à ce moment précis que je suis devenue la pire moumoune que tu peux rencontrer. Ben oui ! Celle qui braille comme une vache en voyant des petits minous abandonnés, celle qui fait des petits sourires aux enfants qui tiennent la main de leurs parents, celle qui laisse les petites filles flatter ses cheveux de pouliche parce qu'elles trouvent qu'ils ont l'air doux.

>

Mais je suis aussi cette femme qui est tristounette quand une maman explique à ses enfants que les gens comme moi sont méchants et sans cœur. Mais si tu veux savoir, aujourd'hui, je peux dire que je m'en câlisse quand tu me pointes du doigt. Simplement parce que je sais que j'ai changé malgré mon ostie de passé de marde. Ouais, celle que tu juges, ben, elle a un bon travail, elle est diplômée, elle prend soin des autres plus que d'elle-même, pis quand elle écoute des films de Disney, elle braille encore!

............

It seems as though the physical pain allows me to escape. It's like my therapy. We don't necessarily enjoy being in pain. We're not sadomasochistic. When we're getting needles in our skin, it hurts. We end up feeling worse than everyone else because we're so fed up with the pain; but at the same time, this pain reminds us where we're coming from. At least that's how it is for me. I used a lot of drugs. I was beaten a lot. I was molested. All this was psychological pain more than physical pain. And I can't take psychological pain anymore. I don't want it anymore. But the physical pain reminds me that it's not because I had a fucked-up past that I still have to deal with this.

I don't use drugs anymore. I don't drink anymore, or barely. So my drug... it's everything related to body art. It's an addiction, I think. It's just that it's an addiction I don't inflict on others. I had the courage to get myself out of the hell of drugs, and now I've just put my courage someplace else. As I say when I give talks in schools to explain what I've been through—it's not because you've had a shitty life that it's going to be the case for your entire life. If you want to get out, you're going to make it out.

My sister is probably the person I love the most in the world. And at one point, I was so under the effect of drugs that I simply tried to kill her. Really. I tried to murder her. The police came, they arrested me, and I asked her, "Why didn't you defend yourself?" Because she wasn't doing anything to stop me! She told me, "I would never hit the person I love most in the world." And now my sister has *My sister, my hero* tattooed. How can you get this tattooed in honour of someone who tried to kill you? That's what made me realize the extent to which I was ruining my life.

At first, I was supposed to plead not guilty because I have a mental illness and I was using drugs, but at the last moment, I decided to plead guilty. Having a mental illness doesn't excuse what I did. The kick in the ass—you need to give it to yourself. I've taken a lot of behavioural therapy. I wasn't a good person before, but with the therapy, I made it. When I looked at myself in the mirror, I didn't think I was pretty. My eyes were empty. Now, when I look at myself in the mirror, I see more sparks in my eyes than before. I think it's the pride of having become a good person.

I've used a hell of a lot of dope. I disappointed my mother, my sister, my family. At 14, 15 years old, I went into detox because I enjoyed using too much. But you know what, that's not what made me fucked up. I discovered that being blonde, that wasn't me. That I didn't like having skin that was tattooless and unpierced. And to your great astonishment, it's when I looked like a perfect little girl that I was a freaking druggie: a slut, a bitch, mean, cold.

Yeah, I was a freaking rebel when I was *normal*. That's when I got handcuffed, I was known to the police, I pleaded guilty to several charges... too many accusations. But it's also at that time that I started going to therapy to change—to become a woman, a model citizen. Slowly, I changed my appearance. I got my first piercings, my first tattoos, my first body modifications. And unfortunately, it was also at this time that people started pointing fingers at me because I was starting to look dangerous. But you know what? It's exactly at that time that I became the biggest sissy you could ever meet. Yeah! The one who cries like a baby when she sees little abandoned kitties. The one who smiles at kids who hold their parents' hand. The one who lets little girls touch my hair because they think it looks soft.

But I'm also that woman who's a little sad when a mom explains to her kids that people like me are mean and heartless. But if you want to know, today I can say that I don't give a damn when you're pointing fingers at me. Simply because I know that I've changed, in spite of my freaking, shitty past. Yeah, the one you're judging... Well, she has a good job, she has a degree, she takes care of others more than herself, and when she watches Disney movies, she still cries!

Maintenant, quand je me regarde dans le miroir, je vois qu'il y a plus d'étincelles dans mes yeux qu'avant.



Now, when I look at myself in the mirror, I see more sparks in my eyes than before.

**On est cinq enfants dans ma famille:** trois filles et deux garçons. Quand on était jeunes, mon père avait un discours très différent pour les filles et pour les garçons. Pour lui, c'était très important qu'en tant que femmes on soit indépendantes et fortes, qu'on n'ait jamais à dépendre de quelqu'un, et surtout pas d'un homme. Donc, il n'arrêtait pas de dire: « Sois forte, sois forte, sois forte! » Quand il est décédé, j'ai voulu me faire faire un tatouage pour me souvenir de lui, et j'ai écrit en arabe quelque chose qui pourrait se traduire par: « Rends-moi plus forte. » C'était une période difficile. J'étais une jeune adulte, et tu te cherches beaucoup à cette période de ta vie. T'es à l'université, t'étudies, tu ne sais pas trop vers quoi tu t'en vas. Je ne savais pas vraiment ce que je voulais faire de ma vie. Je me suis dit : « Je n'arrive pas à prendre une décision aujourd'hui, mais si je suis assez forte pour passer au travers du décès de mon père, je vais pouvoir passer au travers des prochaines étapes. »

C'est facile de dramatiser et de s'apitoyer sur son sort, mais on ne se rend pas compte qu'on est tellement chanceux dans ce qu'on a. Parfois c'est drôle, t'entends les gens dans le métro discuter : « Ah, j'ai tellement hâte à l'été ! Ah, j'ai chaud, j'ai hâte à l'automne ! » Ils ont toujours hâte à quelque chose... Vous attendez quoi ? Vous courez après quel bonheur ? Soyez heureux maintenant avec ce que vous avez. C'est difficile d'arriver au bonheur dans le présent, mais moi, j'y crois beaucoup. Je pense que si t'es pas capable d'être heureux avec ce que t'as en ce moment, tu ne le seras jamais.

Tu sais, parfois on a des moments de joie pure, mais ces moments-là n'arrivent pas quand tu t'achètes quelque chose de super dispendieux, quand tu vas dans un restaurant très cher ou ce genre de choses. Souvent, c'est simplement quand tu marches dans la rue et que tu n'as aucune inquiétude : tu es heureux avec rien. La dernière fois que ça m'est arrivé, je promenais mon chien, un samedi matin. Je marchais dans la rue près de chez moi, je n'allais nulle part, je n'avais pas de plans pour la fin de semaine, mais j'étais heureuse. Je me suis dit : « Je suis heureuse avec rien, alors je suis satisfaite. »

There are five children in my family: three girls and two boys. When we were young, my dad had a very different discourse toward the girls than toward the boys. For him, it was very important that as women, we became independent and strong, that we never had to depend on anybody, and especially not on a man. So he would always say, "Be strong, be strong, be strong!" When he passed away, I wanted to get a tattoo to remember him, and I wrote something in Arabic that could be translated as *Make me stronger*. It was a difficult time. I was a young adult, and you're searching for yourself at this time of your life. You're in university, you study, you don't really know where you're headed. I didn't really know what I was going to do with my life. I thought, "I certainly can't decide that today, but if I'm strong enough to get through my father's death, I'm going to get through the next steps."

It's easy to dramatize and feel sorry for yourself, but we are so lucky for what we have. Sometimes it's funny. You hear the people talking in the subway, "Ah, I can't wait for the summer! Ah, I'm hot... I can't wait for fall!" They're always waiting for something... What are you waiting for? What happiness are you chasing? Be happy now with what you have. It's difficult to reach happiness in the present, but I strongly believe in it. I think that if you are unable to be happy with what you have now, you will never be.

You know, sometimes you get moments of pure joy, but those moments never happen when you're buying something super expensive, when you're going to a fancy restaurant or something like that. Often, it's just when you're walking down the street and you have no worries—you're happy with nothing. The last time that happened to me, I was walking my dog on a Saturday morning. I was walking in the street near my place. I wasn't going anywhere. I had no plans for the weekend. But I was happy. I thought, "I'm happy with nothing, so I'm satisfied."

**Il y a beaucoup de recherche** qui se fait sur l'ataxie. Il y a un chercheur de Québec qui travaille là-dessus et il a réussi à faire remarcher des souris qui sont atteintes de l'ataxie, pis il veut passer à des essais cliniques. La maladie, je pense que je ne l'accepte pas, mais ce chercheur-là me donne beaucoup d'espoir. Je veux faire connaître sa recherche, j'en parle au plus de monde que je peux. Elle n'est pas encore reconnue et il a besoin de beaucoup d'argent. C'est difficile parce que c'est une maladie rare, alors il y a peu d'investissements. Moi, ce chercheur-là me fait triper.

J'espère vraiment remarcher un jour. Je pense que si je n'étais plus en fauteuil roulant, je ne prendrais plus jamais l'ascenseur. Même si je travaillais au quatre-vingtième étage! Je monterais les marches jusqu'au quatre-vingtième.

There's a lot of research being conducted on ataxia. There's a researcher in Québec working on it and he managed to get mice affected by ataxia to walk. He wants to move on to clinical trials. I don't think I've accepted the disease, but this researcher gives me a lot of hope. I want people to know about his research. I tell as many people as I can. This research isn't recognized yet, and he needs a lot of money. It's difficult because it's a rare disease, so there are few investments. But this researcher makes me feel excited.

I really hope to walk again one day. I think if I weren't in a wheelchair anymore, I'd never take the elevator again—even if I worked on the eightieth floor! I'd climb the stairs to the eightieth.

**— The best advice** my father gave me is, "Don't listen to other people. Just live your life how you want it to be."
— Actually, I spent a lifetime trying to do that, and being way too susceptible to everybody's influences... And eventually, little by little, you start acquiring your own. I'm hoping that he steps onto my shoulders and jumps forward further than I've been able to go. If he starts from where I end, that's great! That's the way life should be.



— Le meilleur conseil que mon père m'a donné, c'est: « N'écoute pas les autres, vis simplement ta vie comme tu souhaites qu'elle soit. »
— En fait, j'ai passé ma vie à essayer de faire ça, et à être trop influencé par tout le monde... Et finalement, petit à petit, tu commences à développer ta propre influence. J'espère qu'il pourra grimper sur mes épaules et sauter encore plus loin que là où moi j'ai pu me rendre. S'il commence là où je finis, c'est génial: c'est comme ça que la vie devrait être.

**En 1972, je suis allé voir Elvis** en concert à Las Vegas. Je m'en souviendrai toujours. On était peut-être 150 Québécois à y aller. Quand on est arrivés dans la file d'attente — il devait être 21 h — un gars nous a dit : « C'est son troisième show de la journée, alors ça risque de durer seulement 30 ou 45 minutes. Si vous voulez vous faire rembourser, c'est possible. » Personne n'a voulu se faire rembourser, et il a chanté pendant une heure quarante-cinq… J'étais tout au fond de la salle, et il est venu jusqu'à nous — en tirant sur son fil de micro ; c'était incroyable. Il est mort en 1977, pis j'ai ouvert ma *shop* à son nom l'année suivante. Tous ces objets-là, c'est moi qui les trouve, ou c'est des gens de passage qui me les amènent. On prend un café et on parle du King !

Quand j'étais jeune, l'âge de la majorité, c'était 21 ans. Fait que pour paraître plus vieux et pouvoir entrer dans les clubs avec mes frères, il fallait se faire pousser la moustache. Je l'ai depuis que j'ai 16 ans ; elle ne m'a jamais quitté !

In 1972, I went to see Elvis in concert in Las Vegas. I'll always remember it. There were maybe 150 Quebecers going. When we got into the line—it was about 9 p.m.—a guy says, "This is his third show of the day, so it may last only 30 or 45 minutes. If you want your money back, it's possible." Nobody wanted to get a refund, and he sang for an hour and forty-five minutes… I was at the back of the room and he came up to us—pulling the microphone cord; it was amazing. He died in 1977, and I opened my shop in his name the next year. I find all these items, or people passing by give them to me. We have a cup of coffee and chat about The King!

When I was young, the age of majority was 21. So to look older and be able to get into the clubs with my brothers, we had to grow a moustache. I've had it since I was 16; it's never left me!

**Quand je marche dans la rue,** il y a certaines personnes qui crient : « Bob Marley ! » OK, j'ai rien contre. Un petit peu plus loin, il y a du monde qui me demande si je vends… Pis là, je suis comme : « OK… Dites-moi pourquoi ! OK, non, ne me dites pas pourquoi ! »

…………

When I walk by on the street, there are some people who shout, "Bob Marley!" Okay, I don't mind. A little further along, there are some people who ask me if I'm selling… And then I'm like, "Okay… tell me why! Okay, no. Don't tell me why!"

**Mon frère jumeau,** c'est le genre de gars vraiment orgueilleux, pis borné, tsé genre : « Oh, tu sors tes grands mots, pis comme j'ai pas les mots pour te faire fermer ta gueule, ben j'vais te la péter. » C'est quelqu'un d'hyper impulsif, de violent. J'en ai mangé, des volées... Pourtant, physiquement, j'avais la capacité de lui en foutre une, mais je me contenais, parce que ce n'était pas ça que je voulais. Dans ma tête, je l'ai tué 50 fois, mais j'encaissais ses coups, pis quand il arrêtait de me frapper, j'étais calme, je le regardais et je disais : « T'as fini, là ? » Je souffrais en dedans, ça me faisait mal, mais on dirait que j'avais une dose de compassion, parce que je me disais : « S'il fait ça, c'est qu'il est en détresse. » Je ne vais pas le frapper pis qu'il le soit encore plus, tu comprends ? Fait que je me laissais frapper. Puis quand il avait fini de me frapper, ben je lui pardonnais.

Ma mère habitait dans un 2 ½ et elle avait crissement aucun meuble : le soir, il fallait gonfler le matelas gonflable sur lequel on allait dormir tous les cinq. On passait deux heures à le souffler, et le matin quand on se levait, il était dégonflé. Ma mère n'avait vraiment rien à elle, on la voyait les fins de semaine parce qu'on était tous en famille d'accueil. Le matin, elle allait chercher un Thermos de café Tim Hortons, elle nous réveillait, pis elle nous servait une tasse de café. Tsé quand t'as une tasse pis que ça fume — LE café hyper réconfortant ? Ça sentait tellement bon quand elle arrivait, qu'elle ouvrait le Thermos et qu'elle nous servait ; pis elle avait l'air heureuse de le faire... C'était le lien maternel que j'avais avec elle, c'était beau, que des beaux souvenirs. Chaque fois que je bois un café et que je le vois fumer, ça me rappelle ce sentiment réconfortant.

My twin brother is the kind of guy who's really proud, and stubborn. You know, like, "Oh, you use your big words, and since I don't have the words to make you shut your mouth, I'm just gonna smash it." He's really impulsive, violent. I've taken beatings from him... Yet physically, I had the ability to kick his ass, but I'd hold back because that's not what I wanted. In my mind, I killed him 50 times. But I'd take the punches and when he'd stop hitting me, I'd be calm, look at him and say, "Are you done now?" I was in pain inside—it hurt—but it's like I had a dose of compassion because I thought, "He only does that because he's in distress." I'm not going to hit him and make it even worse, you understand? So I'd let myself be hit. Then when he was done hitting me... Well, I'd forgive him.

My mother lived in a 2 ½ and she had no effin' furniture. In the evening, we had to inflate the air mattress where the five of us would sleep. We'd spend two hours blowing it up and in the morning when we'd wake up, it was deflated. My mother had nothing; we saw her on the weekends because we were all in foster homes. In the morning, she'd go and get a Thermos of Tim Hortons coffee. She'd wake us up and serve us a cup of coffee. You know, when you've got a cup and it steams—THE most super-comforting coffee? It smelled so good when she got back, opened the Thermos and served us; and she looked happy to do it... It was the maternal bond I had with her. It was beautiful... only beautiful memories. Every time I drink a coffee and I see it steaming, it reminds me of that comforting feeling.

**I'm from Nigeria.** I met my partner during a peacekeeping mission in East Timor for the UN. She's from Saint-Hyacinthe. I left my duties at the UN because when you work for the UN, you never see your kids. You have whatever you need—I mean in the financial aspect—but you have no life quality. I'm not putting my career over my family; it's been five years that I'm the caretaker, and my partner is the one working. I'm trying gradually to go back to work, but I don't want to go back to the mission life. If I had to go back, they wouldn't have permanent friends—we would always move. When my permanent mission was in East Timor, I worked for three months in Afghanistan, another three months in Somalia, and another three months in South Sudan. You have all the money you want, but you don't have a life. And I don't want to impose that on my family.

Je viens du Nigeria. J'ai rencontré ma conjointe pendant une mission de maintien de la paix de l'ONU au Timor oriental. Elle vient de Saint-Hyacinthe. J'ai quitté mes fonctions à l'ONU parce que quand tu travailles à l'ONU, tu ne vois jamais tes enfants. Tu as tout ce dont tu as besoin — d'un point de vue financier, j'entends — mais tu n'as pas de qualité de vie. Je ne place pas ma carrière avant ma famille ; ça fait cinq ans que je m'en occupe, et c'est ma conjointe qui travaille. J'essaie de retourner au travail graduellement, mais je ne veux pas reprendre une vie faite de missions. Si j'y retournais, mes enfants n'auraient pas d'amis stables, et on serait toujours prêts à déménager. Quand ma mission permanente était au Timor oriental, j'ai travaillé trois mois en Afghanistan, trois mois en Somalie, et trois autres mois au Soudan du Sud. J'avais tout l'argent que je voulais, mais je n'avais pas de vie, et je ne veux pas imposer ça à ma famille.

C'était une cliente. J'avais une règle hyper stricte de ne jamais *dater* de clientes. Mais on a parlé pendant des heures pendant que je la tatouais… et ça a cliqué.

She was a customer. I had a very strict rule about not dating my customers. But we spoke for hours while I was tattooing her and we clicked.

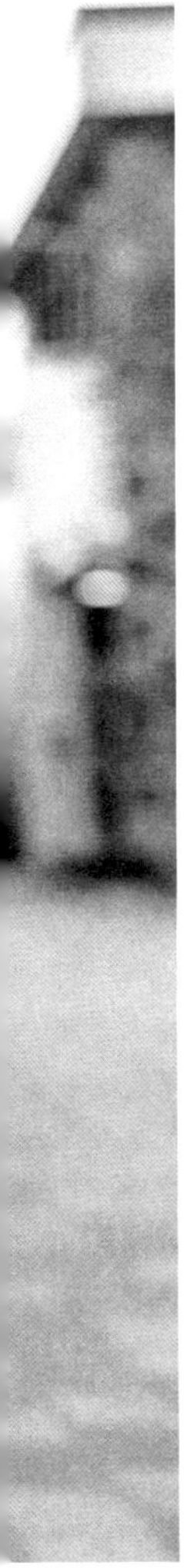

**Quand j'étais petite,** mes parents fêtaient toujours nos anniversaires en grand. Un soir, la veille de mon anniversaire, je me rappelle avoir entendu mes parents faire les préparatifs. Je les entendais parler du gâteau et tout ça, pis je me suis endormie. Et le lendemain matin, quand je me suis réveillée, il y avait les banderoles et tout. Ils avaient tout préparé pour moi. Ce souvenir tout simple, c'est un peu le fondement de ma famille : on est prêts à se coucher à des heures pas possibles pour célébrer l'existence de quelqu'un. Il y avait toujours de grandes tablées chez nous, c'était toujours chaleureux. Et c'est quelque chose qui est resté ancré en moi — pas nécessairement souligner les anniversaires, mais tout faire pour les autres, pour les gens qu'on aime, quitte à piler un peu sur nous-mêmes.

J'ai grandi à Joliette. On est une des 13 villes qui accueillent des nouveaux arrivants. J'ai été marraine d'une famille africaine qui venait d'arriver — trois jeunes de mon âge. Et c'est à partir de là que j'ai compris ce que c'était de s'engager. J'ai vécu un choc culturel, tout comme eux. Pis pendant que j'essayais de les aider à s'intégrer, j'apprenais avec eux ce que c'est, la société québécoise. Parce que de notre propre point de vue, on tient tout pour acquis, mais quand quelqu'un vient de l'extérieur et n'est pas familier avec tout ça, tu te dois de l'expliquer. « Qu'est-ce qu'on fait au Québec le dimanche ? Qu'est-ce qu'ils font, les jeunes, pour s'occuper ? » Finalement, ça m'a permis de « connecter » encore plus avec ma culture. On a beaucoup parlé du rapport homme-femme notamment, et j'ai été chamboulée par tout ce qu'ils me racontaient, mais aussi de me rendre compte qu'au Québec, elle n'était pas non plus acquise, cette égalité-là — qu'il fallait encore avancer. Pour moi, toutes ces prises de conscience, c'est la beauté du choc culturel.

When I was little, my parents always celebrated our birthdays in a big way. One night, on the eve of my birthday, I remember hearing my parents making preparations. I heard them talking about the cake and all that, and I fell asleep. And the next morning, when I woke up, there were banners and everything. They had prepared everything for me. This simple memory is somewhat the foundation of my family: we're ready to go to bed at impossibly late hours to celebrate someone's existence. There were always large tables at home; it was always welcoming. And this is something that has stayed with me—not necessarily to highlight birthdays, but to do everything for others, for the people you love, even if you have to forget a bit about yourself.

I grew up in Joliette. We are one of thirteen cities that welcomes newcomers. I was the godmother of an African family who had just arrived—three young people my age. And it was from this that I understood what it was to commit. I experienced a cultural shock, just like them. And while I was trying to help them integrate, I was learning with them what Québec society is all about. Because from our own point of view, we take everything for granted, but when someone comes from outside and isn't familiar with all of it, you have to explain it. "What do we do in Québec on Sundays? What do young people do to keep themselves busy?" In the end, it allowed me to connect even more with my culture. We talked a lot about the relationship between men and women in particular, and I was shook up by everything they told me, but also to realize that this equality has yet to be acquired in Québec—that we still have to move forward. For me, the beauty of cultural shock is all these realizations.

J'espère devenir pauvre un jour.
Le gouvernement et Statistique Canada
me disent que le seuil de la pauvreté, c'est
21 000 $ par année. En bas de ça, c'est quoi ?
La misère. J'aimerais ça être pauvre, pour
sortir de la misère.

............

I hope to become poor one day. The government and Statistics Canada tell me the poverty line is $21,000 a year. What's below that? Misery. I'd love to be poor, to get out of misery.

**Mon plus grand défi,** c'est de devenir père de famille : c'est mon rêve. J'ai une copine qui est repartie en Colombie. On s'est connus ici et on est tombés en amour quand elle avait déjà son billet de retour. Fait que là, je suis tellement motivé à la faire revenir ici pour fonder une famille avec moi ! C'est là que je suis, en train de chercher une nouvelle job, pis ci, pis ça. Je veux retrouver mon amour.

My greatest challenge is to become a father: it's my dream. I have a girlfriend who went back to Colombia. We met here and we fell in love when she already had her ticket to go back. So now I'm so motivated to make her come back here to build a family with me! That's where I am... looking for a new job, and this and that. I want to be reunited with my love again.

**J'ai été adoptée quand j'avais trois mois.** Ma mère est Acadienne et mon père est Québécois. Ils ne pouvaient pas avoir d'enfant, alors assez jeune, ma mère a fait des démarches pour pouvoir m'adopter, et ils sont venus me chercher en Chine. À l'époque, c'était la politique de l'enfant unique là-bas, et on favorisait beaucoup les petits garçons. Une fille était considérée comme une dette à payer, un fardeau, alors beaucoup étaient abandonnées. Moi, je me suis toujours dit que si j'avais une petite fille, je serais la femme la plus heureuse au monde, de la même manière que si c'était un petit garçon. Les filles et les femmes sont tellement discriminées dans le monde ; je trouve ça très triste…

Quand t'es adoptée, tu peux avoir envie de renouer avec tes origines. Moi, ça a été plutôt l'inverse. Dans ma tête d'enfant, ce n'était pas juste une famille qui m'avait abandonnée, c'était comme… le pays au complet. Je n'ai de lien du sang avec personne au Québec, et pourtant, c'est ma famille. On me demande souvent si j'ai déjà recherché mes vrais parents. Mais mes vrais parents sont ici, alors pourquoi je devrais les chercher ? Pour moi, les géniteurs sont les gens qui te mettent au monde, et les parents sont ceux qui prennent soin de toi, qui t'élèvent et qui t'aiment.

J'ai eu la chance de côtoyer d'autres enfants adoptés. La meilleure amie de ma mère avait adopté deux enfants haïtiens, et j'ai grandi avec eux. D'aussi loin que je me rappelle, ils sont comme mon frère et ma sœur. Et à la garderie, ma mère avait aussi rencontré une Chilienne qui avait adopté deux enfants chiliens — aussi un garçon et une fille. On s'est perdus de vue à l'adolescence, et un jour, j'ai appris que le garçon s'était suicidé… C'était celui qui avait été adopté le plus vieux — il devait avoir quelque chose comme quatre ans. Il avait vécu des affaires très difficiles au Chili, il avait été élevé dans la rue… Personne n'aime être abandonné ou rejeté, mais pour nous, les enfants adoptés, ça a une importance encore plus grande parce qu'on a été abandonnés par les personnes qui étaient supposées prendre soin de nous, nous aimer. Après ça, pour les relations avec les autres, pour la confiance, c'est très difficile. Certains ont plus de facilité à s'ouvrir, comme moi ; d'autres sont plus introvertis, et restent avec leurs problèmes, qui finissent par les ronger. Pour moi, c'est assez simple : je me sens Québécoise, mais avec un autre visage.

Le voyage de « retour aux sources », je savais que je voulais le faire, mais je ne savais pas quand. À 21 ans, je suis allée en Mongolie pour travailler dans un orphelinat. Et comme j'étais juste à côté de la Chine, je me suis dit que c'était l'occasion. Après une semaine à Pékin, j'ai décidé d'aller à Wuxi, ma ville d'origine. Je suis arrivée le soir, et quand je me suis levée le matin, je suis allée faire un tour en ville. Je me souviens, la première chose que j'ai remarquée, c'était un mont qui m'a tout de suite rappelé le mont Royal — comme si tout ça était écrit quelque part. Je marchais et je me demandais si j'allais voir des hommes et des femmes qui pourraient être mes géniteurs, mais physiquement, je ne leur ressemblais pas du tout ! En fait, je ressemblais beaucoup plus aux Mongoles ! Puis, je suis allée visiter l'orphelinat où mes parents étaient allés me chercher, et c'est sûr que ça m'a touchée. Jusque-là, la seule chose qui me reliait à cet endroit, c'était les cartes de Noël que je recevais chaque année, et un bout de papier avec ma date de naissance et mon prénom dessus : Mei.

J'ai eu des années difficiles, à me demander qui j'étais et ce que je devais faire pour me trouver, pour me « prouver ». Ce sont les voyages et l'ouverture sur d'autres cultures qui m'ont permis de dépasser mes limites, de me regarder dans le miroir et de voir qui je suis réellement. Le fait d'être adoptée devrait être une force, une richesse qui t'ouvre aux autres. Pour moi, le multiculturalisme, c'est magnifique — et c'est aussi pour ça que je suis fière d'être Québécoise.

**Pour moi, c'est assez simple : je me sens Québécoise, mais avec un autre visage.**

For me, it's quite simple: I feel I am a Quebecer, but with a different face.

I was adopted when I was three months old. My mother is an Acadian and my father is a Quebecer. They couldn't have children, so when she was quite young, my mother took steps to adopt me, and they came to get me in China. At the time, there was the one-child policy there and little boys were really favoured. A girl was considered a debt to pay, a burden, so many were abandoned. I always told myself that if I had a little girl, I would be the happiest woman in the world, as much as if it were a little boy. Girls and women are so discriminated in the world. I find that very sad…

When you're adopted, you may want to reconnect with your roots. For me, it was quite the opposite. In my young mind, it wasn't just a family who had abandoned me; it was like… the entire country. I have no blood relationship with anyone in Québec, and yet they're my family. People often ask me if I have already searched for my real parents. But my real parents are here, so why should I look for them? For me, the genitors are the people who bring you into the world, and the parents are the ones who take care of you, raise you and love you.

I was lucky to be with other adopted children. My mother's best friend had also adopted two children, two Haitians, and I grew up with them. For as long as I can remember, they're like my brother and sister. And at daycare, my mother also met a Chilean who'd adopted two Chilean children—a boy and a girl too. We lost touch as teenagers, and one day, I learned that the boy had committed suicide… He was the oldest when he was adopted—he must have been about four. He'd experienced very difficult stuff in Chile; he was raised in the street… Nobody likes to be abandoned or rejected, but for us—adopted children—it's even more important because we've been abandoned by people who were supposed to take care of us, to love us. After this, for relationships with others, for trust, it's very difficult. Some, like me, open themselves up more easily; others are more introverted and hold on to their problems, which end up eating away at them. For me, it's quite simple: I feel I am a Quebecer, but with a different face.

The trip back to my roots… I knew I wanted to do it, but I didn't know when. At 21, I went to Mongolia to work in an orphanage. And since I was right next to China, I thought it was a good opportunity. After a week in Beijing, I decided to go to Wuxi, my hometown. I arrived at night, and when I got up in the morning, I went for a walk in town. I remember, the first thing I noticed was a mountain that immediately reminded me of Mount Royal—as if it were written somewhere. I was walking and wondering if I would see men and women who could be my parents, but physically I didn't look like them at all! In fact, I looked much more like the Mongols. Then I went to visit the orphanage where my parents had picked me up and, of course, it touched me. Until then, the only things that connected me to this place were the Christmas cards I received each year and a piece of paper with my date of birth and my first name on it: Mei.

I had some difficult years, wondering who I was and what I was supposed to do to find myself, to prove myself. It was travelling and being open to other cultures that allowed me to push my limits, to look at myself in the mirror and see who I really am. Being adopted should be a strength, a richness that opens you up to others. For me, multiculturalism is beautiful—and it's also why I'm proud to be a Quebecer.

**Je suis né au Maroc,** mais j'ai grandi en Italie. Je vis dans le sud de l'Italie, mais depuis trois ans, j'ai ma femme ici. Je viens ici deux mois, puis je retourne en Italie. Je suis traducteur de l'arabe à l'italien, gardien de sécurité dans des concerts et artiste de rue. Je fais Spider-Man, Batman et Iron Man. J'adore ça. Pour moi, c'est un moyen de promouvoir la paix. C'est le meilleur moyen de rapprocher les gens, sans frontières, sans différence. Et je prends tous les enfants du monde dans mes bras ! Aujourd'hui, les gens ne sourient plus ; ils ont besoin qu'on leur redonne le sourire. Alors je fais des niaiseries, comme Spider-Man qui parle en arabe, en italien et en québécois. Couscous, spaghetti et poutine !

I was born in Morocco, but I grew up in Italy. I live in the south of Italy, but for three years, I have my wife here. I come here for two months, and then I go back to Italy. I'm an Arabic–Italian translator, a security guard at concerts, and a street artist. I do Spider-Man, Batman and Iron Man. I love it. For me, it's a way to promote peace. It's the best way to get people together, without borders, without differences. And to hug children from all around the world! Nowadays, people don't smile anymore; they need to be given back their smiles. So I do silly stuff—like Spider-Man who talks in Arabic, Italian and Québécois. Couscous, spaghetti and poutine!

**C'est la quatrième année** que je participe à Movember. L'année passée, je m'en allais à la soirée de lancement de la campagne annuelle. J'embarque dans un taxi, et en chemin, le chauffeur me demande, avec un gros accent libanais : « *Are you from New York, my friend? You look like a New York Latino with the style and the big moustache!* » Je pars à rire, pis je lui dis que c'est pour Movember. Il me demande ce que c'est, fait que je commence à lui expliquer… Et là, il y a un gros silence dans le taxi, au point où je me sens inconfortable et où je lui demande si j'ai dit quelque chose de mal. Au feu rouge, il se revire de bord et il est en train de pleurer. Je lui dis : « Ben voyons donc, monsieur, est-ce que tout va bien ? » Il me répond : « Mon ami, tu ne comprends pas… »

Ça faisait deux semaines que son père était diagnostiqué d'un cancer de la prostate. Comme immigrants, tsé, nos pères et, encore pire, nos grands-pères peuvent être comme… *overly* machos. Et justement, c'était le cas de son père, qui capotait parce qu'il ne savait pas comment expliquer sa situation. Ça faisait deux semaines, et son père et lui ne savaient toujours pas comment l'annoncer à leur propre famille. Ils n'avaient aucune idée qu'il y avait des gens partout dans le monde qui s'activaient pour la cause.

Fait que j'ai passé les quinze dernières minutes de la course à détailler tous les bienfaits de Movember, à lui expliquer comment il pouvait aider son père, à lui dire qu'il y avait d'autres personnes qui vivent exactement la même chose… Il est débarqué du taxi pour me donner un gros *hug* ; ça a été un moment très émouvant pour moi. Je ne vais jamais l'oublier, *that's it*. Je vais suivre le mouvement pour le restant de ma vie, juste parce que je sais que ça a touché au moins une personne sur la planète.

It's my fourth year participating in Movember. Last year, I was on my way to the launch party of the annual campaign. I get into a cab and on the way, the driver asks me, with a strong Lebanese accent, "Are you from New York, my friend? You look like a New York Latino with the style and the big moustache!" I start laughing and explain that it's for Movember. He asks me what it is, so I start explaining it to him… And then there's a big silence in the cab, to the point where I feel uncomfortable and ask, "Did I say something wrong, sir?" And at the red light, he turns around and he's crying. I say to him, "Are you alright, sir?" He says, "My friend, you don't understand…"

Two weeks ago, his dad had been diagnosed with prostate cancer. As immigrants, you know, our fathers and, even worse, our grandfathers, can be… overly macho. And indeed, this was the case with his father who was stressed out because he didn't know how to explain his situation. It had been two weeks and he and his father still didn't know how to tell their own family. They had no idea there were people around the world who were putting their energy into this cause.

So I spent the last fifteen minutes of my ride telling him all about Movember, explaining how he could help his dad, that other people were going through the same thing… He got out of the cab and gave me a big hug. It was a very emotional moment for me. I'll never forget it; that's it! I'll follow the movement for the rest of my life just because I know there's at least one person on the planet who was touched by it.

**Mon fils n'est pas du tout dans sa bulle,** il est tout « trop ». C'est-à-dire qu'il est trop heureux, trop fâché, trop triste, tout est trop un problème, ou tout n'est trop pas un problème. Ce n'était pas ça ma vision de l'autisme; je pensais que les autistes ne donnaient pas de bisous, ne faisaient pas de câlins, qu'ils ne regardaient personne… Non, le mien, il est tout « trop ». Il va même faire trop de câlins, à des inconnus! Parfois c'est dangereux: il peut partir avec n'importe qui, il aime tout le monde. Il ne sait pas avec qui il a le droit de partir, et avec qui il n'a pas le droit. Il sait que je suis sa mère et que je suis très importante pour lui, mais il ne sait pas pourquoi.

J'ai une page Facebook qui s'appelle « Les mots de Mathys ». Depuis qu'il a deux ans, je ramasse toutes les phrases qu'il dit, parce que les enfants autistes ne pensent pas comme les autres. À un moment donné, j'ai croisé une madame avec un enfant autiste de 25 ans, et elle m'a dit: « Le plus grand regret que j'ai, c'est de ne pas avoir écrit les mots de mon garçon. » À partir de ce moment-là, j'ai commencé à dater tous les mots de mon fils. Je te donne un exemple. Il y a quelques années, on fêtait l'anniversaire de son père, Mathys me regarde et me dit:

« Joyeux anniversaire, maman.

— Ben non, c'est l'anniversaire de papa.

— Aah… OK, j'ai compris. Joyeux anniversaire de papa, maman. »

Toutes mes amies me disent que j'ai beaucoup de chance d'avoir Mathys, mais je pense qu'elles ne savent pas quel poids j'ai sur les épaules. Des fois c'est compliqué… mais je ne le changerais pas. Il est sociable, pis il est drôle. Et il nous apprend des choses aussi ; comme il est passionné par les dinosaures, j'ai pas mal été obligée d'apprendre les noms de tous les dinosaures par cœur !

My son is not at all in his bubble—he is everything *too much*. That is, he's too happy, too angry, too sad… Everything is either too much of a problem or too much not a problem. That's not what I pictured when I thought about autism; I thought autistic people didn't give kisses, didn't hug, that they wouldn't look at anybody… But no. Mine… he's everything *too much*. He's even going to give too many hugs, to strangers! Sometimes, it's dangerous. He can walk away with anyone; he loves everybody. He doesn't know who he's allowed to go with and who he isn't. He knows I'm his mother and that I'm important to him, but he doesn't know why.

I have a Facebook page called *Les mots de Mathys* [Mathys's Words]. Since he was two years old, I've collected the little sentences he says because autistic children don't think like everybody else. At one point, I met a woman with a 25-year-old autistic son and she told me, "My biggest regret is not writing down my boy's words." From then on, I started recording all my son's words. I'll give you an example. A few years ago, we were celebrating his father's birthday. Mathys looks at me and says, "Happy birthday, Mom."
— Well no, it's Daddy's birthday.
— Aah… Okay, I got it. Happy Daddy's birthday, Mom.

All my friends tell me I'm very lucky to have Mathys, but I don't think they know the weight I have on my shoulders. Sometimes it's complicated… but I wouldn't change him. He's sociable, and he's funny. And he teaches us stuff too, like he is passionate about dinosaurs… I kinda had to learn all the dinosaurs' names by heart!

**I got tired of software development,** so I went back to school. I study music theory at McGill now. It's more fulfilling. Software engineering can be very creative; I just don't like the idea of sitting in an office for eight hours a day staring at a computer screen. I really hate that.

It's not deciding to go back to school that was difficult, but saving money was. I waited almost two years before going back to school. Actually, the hardest part is right now: trying to live poor. My advice to you... Go for it! Follow your bliss, man. Do it sooner rather than later.

J'en ai eu assez du développement de logiciels et j'ai fait un retour sur les bancs d'école. J'étudie maintenant la musique à McGill, et je suis plus heureux. Le génie logiciel peut être très créatif, mais je n'aime pas l'idée d'être assis à un bureau huit heures par jour, à fixer un écran d'ordinateur. Je déteste vraiment ça.

Ce n'est pas de décider de faire un retour aux études qui a été difficile, mais plutôt de mettre de l'argent de côté. J'ai dû attendre presque deux ans avant de retourner à l'école. En fait, le bout le plus difficile, je le vis en ce moment : me débrouiller avec peu d'argent. Mon conseil pour toi : tente ta chance, poursuis tes rêves. Et n'attends pas à demain pour le faire.

en signant
ma pétition
Thanks
for your help
by signing
my petition
10 mois avant
la pension.
Merci
de m'aider
d'ici là
10 months
before the
pension.
Thanks
for your help
until then
DeWALT

**En 1999, la Ville a décidé** d'interdire les cuillères parce que c'est un instrument à percussion. Je m'étais donc mis à l'accordéon. Un jour, je rencontre une journaliste qui avait déjà écrit un article à mon sujet, et elle me dit : « Qu'est-ce que tu fais avec un accordéon ? » Je lui explique que je me suis rabattu sur l'accordéon parce qu'il est interdit de jouer de la cuillère à Montréal. Le lendemain, la *Gazette* vient m'interviewer, et le surlendemain, j'étais en première page ! J'arrive ici, et il y avait une vingtaine de journalistes qui m'attendaient ! Puis, je me retrouve en première page de tous les journaux au Canada. Ça a été la folie ! La Ville a eu tellement de pression de la part du public et des médias qu'elle a autorisé la cuillère… et les castagnettes, et le triangle !

Au mois d'octobre, je vais avoir 65 ans, alors je vais avoir droit à ma pension. Mais je vais venir ici quand même. Je n'ai pas de famille, pas d'amis, et ça fait vingt ans que je viens ici ; ma famille, mes amis, c'est les gens que je rencontre. Si je restais à la maison enfermé… je capoterais, je deviendrais fou ! Ce sera plus comme un hobby, histoire de passer le temps, de voir du monde et de regarder les belles femmes.

In 1999, the City decided to ban the spoons because it's a percussion instrument. So I started playing the accordion. One day, I met a journalist who had already written an article about me, and she asks, "What are you doing with an accordion?" I explain to her that I went back to the accordion because "it's forbidden to play the spoons in Montréal." The next day, the *Gazette* comes to interview me, and the morning after, I was on the front page! I get here, and there were about twenty journalists waiting for me! I ended up on the front page of every newspaper in Canada. It was crazy! The City received so much pressure from the public and the media that they authorized the spoons… and the castanets, and the triangle!

In October, I'm turning 65, so I'm going to get my pension. But I'm going to come here anyway. I have no family, no friends, and I've been coming here for twenty years. My family, my friends… they're the people I meet. If I stayed locked up at home… I'd go crazy! It will be more like a hobby—something to pass the time, to see some people, and to look at the beautiful women.

**Je suis né et j'ai grandi en Uruguay.** J'ai eu une enfance un peu difficile, d'une certaine manière. Je viens d'une famille, disons, de classe moyenne très basse. J'ai grandi dans un HLM entouré de bidonvilles. J'avais des amis qui habitaient dans des maisons faites en carton. J'entendais des coups de feu quasiment tous les soirs. Mais je n'ai jamais manqué de rien. J'avais un toit, de la bouffe, des vêtements; mes parents travaillaient très fort. Ils ont vécu la dictature quand ils étaient jeunes, et ils ont toujours voulu changer de société, de mentalité. Alors quand il y a eu cette grosse crise économique en Argentine — au début des années 2000 — qui a beaucoup affecté notre pays, on a pris ensemble la décision de venir ici, parce que ma mère est enseignante de français. J'avais 15 ou 16 ans.

L'intégration a été difficile. En pleine adolescence, t'essaies de te construire une identité. Et en plus, je ne parlais pas un mot de français. Je te dirais que ça a pris quatre ans avant que je me sente vraiment à l'aise. Mais au moins, je n'étais pas seul, j'avais ma famille. Et ça en valait la peine. Quand je voyage aujourd'hui, j'en arrive toujours à la même conclusion: on est très bien ici quand même!

Au secondaire, en Uruguay, ce qu'on apprenait était très axé sur la participation citoyenne. En Amérique du Sud, en général, tu vois les impacts de la politique dans le quotidien. Quand le prix de ta pinte de lait augmente de 100 % et que les salaires ne bougent pas, tu sais qu'il y a un problème.

Ici, il manque à mon avis énormément d'éducation civique à l'école, et les jeunes n'ont pas forcément l'espace qu'ils devraient avoir dans la société. C'est quelque chose qui m'a choqué en arrivant ici. Je trouve qu'il manque cette culture politique, cette culture du débat. Dès qu'on commence à discuter d'un enjeu de société et qu'on n'est pas d'accord, on s'arrête; on ne veut pas confronter l'autre, on veut que tout soit «correct». Mais je trouve que c'est sain pour une société démocratique de confronter des idéaux. On parle toujours de la jeunesse comme de la relève, mais c'est aujourd'hui que ça se passe pour la jeunesse: on fait partie de la société. Ce qui m'intéresse avec le Forum jeunesse de l'île de Montréal, c'est de donner une place aux jeunes dans leur communauté et dans le milieu décisionnel.

I was born and raised in Uruguay. I had a somewhat difficult childhood. I come from, let's say, a very low, middle-class family. I grew up in a housing project surrounded by slums. I had friends who lived in houses made of cardboard. I heard shots almost every night. But I never lacked anything. I had a roof, food, clothes; my parents worked very hard. They lived in the dictatorship when they were young, and they always wanted a change in society, mentality. So when there was this big economic crisis in Argentina—in the early 2000s—that greatly affected our country, we decided together to come here because my mother is a French teacher. I was 15 or 16 years old.

Integration was difficult. In your teenage years, you're trying to build yourself an identity. And on top of that, I didn't speak a word of French. I'd say it took about four years before I felt really comfortable. But at least I wasn't alone; I had my family. And it was worth it. When I travel today, I always come to the same conclusion: we are very good here anyway!

In high school, in Uruguay, what we were learning was very focused on citizen participation. In South America, in general, you see the impact of politics in everyday life. When the price of a quart of milk increases by 100 percent and wages don't budge, you know there's a problem.

Here, in my opinion, there is a tremendous lack of civic education in school, and young people don't necessarily have the place they should have in society. This is something that shocked me when I got here. I find that this political culture, this culture of debate, is lacking. As soon as we start discussing a social issue and don't agree, we stop. We don't want to confront each other. We want everything to be correct. But I think it's healthy for a democratic society to confront ideals. We always talk about the youth as the next generation, but it's happening today for the youth: we are part of society. What interests me with *Forum jeunesse de l'île de Montréal* is giving young people a place in their community and in the decision-making environment.

**J'ai vécu huit ans aux États-Unis.** J'ai fait toutes mes études là-bas. J'étais journaliste ; j'avais un travail que j'aimais, des amis, des contacts, des projets. Et un jour, mon visa n'a pas été renouvelé. J'ai dû revenir à Montréal et tout recommencer. Ça m'a donné beaucoup de difficultés dans ma vie, dans ma carrière… mais je suis très reconnaissante d'être de retour ici plutôt que dans un endroit dangereux. Une de mes collègues venait du Pakistan, et était sur le même visa que moi. Elle a dû retourner à Karachi, alors que certains de ses amis sont morts dans des attaques terroristes.

Je ne sais pas ce que c'est d'être réfugiée. Et si une personne comme moi, qui a deux diplômes, une famille avec de l'argent, et qui est… blanche, rencontre des difficultés, alors qu'est-ce qui arrive aux personnes qui n'ont pas tous ces « avantages » ? J'ai toujours trouvé ça profondément injuste que des personnes qui veulent juste améliorer leur vie en étudiant ou en travaillant aux États-Unis ou au Canada — et qui font face à un danger réel dans leur pays d'origine — ne puissent pas, simplement et légalement, rester dans ces pays fondés sur l'immigration. Ça fait partie des raisons pour lesquelles j'ai décidé de commencer des études de droit.

I lived in the United States for eight years. I did all my studies there. I was a journalist; I had a job I loved, friends, contacts, projects. And one day, my visa was not renewed. I had to go back to Montréal and start all over again. It's given me a lot of trouble in my life, in my career… but I'm very grateful to be back here rather than in a dangerous place. One of my colleagues came from Pakistan and was on the same visa as me. She had to return to Karachi and some of her friends have died in terrorist attacks.

I don't know what it's like to be a refugee. And if a person like me, who has two degrees, a family with money, and who is… white, has these difficulties, then what happens to people who don't have all these *advantages*? I've always found it deeply unfair that people who just want to improve their lives by studying or working in the United States or Canada—and who are facing a real danger in their country of origin—cannot, simply and legally, remain in these countries based on immigration. That's one of the reasons why I decided to start law school.

**At first I did it because I really liked the character Rogue from *X-Men*, and I wanted to be like… unique. And I've just done it ever since because… it's me now!**

............

Au début, je l'ai fait parce que j'aime vraiment le personnage de Rogue dans *X-Men* et que je voulais être comme… unique. Et j'ai juste continué à le faire depuis parce que… c'est moi maintenant !

**Je suis criminologue** dans un organisme communautaire. Je travaille avec beaucoup de personnes en situation d'itinérance. Je fais du *dumpster diving* pour toute sortes de raisons: combattre le gaspillage, faire des économies... mais c'est aussi vraiment une question de solidarité avec mes cocos, mes amours. Dans le milieu, on les appelle des « clients », et mes « clients » ne choisissent pas ce qu'il y a dans leur assiette, parce qu'ils vivent dans les refuges ou se font donner de la bouffe dans la rue. Donc, je me suis dit: « Si eux n'ont pas de contrôle sur ce qu'ils mangent, pourquoi, moi, j'en aurais? » En plus, je suis une anxieuse diagnostiquée et je me suis dit que ça pourrait peut-être me faire du bien de lâcher prise un peu. J'ai l'impression de jouer à la loterie avec mon « épicerie », pis je trouve ça ben tripant!

I am a criminologist for a non-profit organization. I work with a lot of homeless people. I go dumpster diving for all kinds of reasons: fighting food waste, saving money... but it's also really a matter of solidarity with my darlings, my sweethearts. In the industry, they're referred to as *clients*, and my *clients* don't get to choose what goes onto their plates because they live in shelters or are being given food in the street. So I figured, "If they have no control over what they eat, then why should I have any?" In addition, I am a diagnosed anxious person and I figured this might do me some good to let go a little. I feel like I'm playing the lottery with my groceries, and I think it's really trippy!

**My whole life** I was in crutches and casts and braces. The surgeries on my knees started when I was 14 years old; basically, I lost my freedom then. By 1989, I was in a wheelchair. Then by 2006, the drugs that saved my life from the lupus gave me stage IV cancer and I started to lose the use of my legs. I was in crazy pain 24 hours a day, so the doctors, my husband and I, we took the decision to amputate. It was a question of life versus no life at all.

When they took off my first leg, it was instant relief: with my prosthetic, I could run, play soccer, ride a bike, do all kinds of stuff with it... Then within a few months, the other leg started to go. This time, it was very much easier to decide to amputate, because then I knew what I could do with a prosthetic. So then I decided that when the second leg would come off, I was gonna be 14 again. I wanted a do-over: I was gonna do everything I could not do before. First thing I did—I went to the kid park and climbed everything. Man, it was like full steam ahead. Everything I could do, I did. Get out of my way; I am back! So with my grandkids, I'm 14.

— *We met online!*
— Rencontrer une fille en ligne, je n'avais jamais fait ça de ma vie.
— *Me, I was already building websites! So I was super online. It was MSN Messenger back in the days; online dating was very new. He called himself* BeauBrun5135.
— Elle me dit : « Va voir mon *website.* » Je vais le voir, je regarde son profil, elle a toutes ses orthèses, pis ci, pis ça. C'est ben correct, fait que je lui dis : « On se rencontre-tu ? » Finalement, on décide d'aller souper. Je viens la chercher ici, pis elle me reçoit en fauteuil roulant.
— *I open the door and he's like,* "Bonjou... ouuuuuur."
*(Elle mime son mari qui regarde droit devant lui, puis baisse lentement la tête pour ajuster son regard à la hauteur d'une personne en fauteuil roulant.)*
— Moi je suis du genre : « Tu t'es mis dedans ? Bois-la, ta soupe ! » Fait qu'on y va. Je pousse sa chaise...
— *And he had no idea how to do this!*
— Pousse dans la slush, on arrive, on entre dans le restaurant. Elle avait invité deux, trois couples d'amis sans que je le sache !
— *I stuffed the restaurant with my friends. I mean, it's online dating... You don't know who the guy is!*
— Mais ça a bien été, fait qu'on a continué à se voir.
— *And 16 years later, here we are.*

J'ai passé ma vie avec des plâtres et des appareils orthopédiques. Les opérations aux genoux ont commencé quand j'avais 14 ans ; en gros, c'est à ce moment-là que j'ai perçu ma liberté. En 1989, je me suis retrouvée en fauteuil roulant. Puis, en 2006, les médicaments qui m'ont sauvée du lupus m'ont causé un cancer de stade IV et j'ai commencé à perdre l'usage de mes jambes. Je souffrais le martyr vingt-quatre heures sur vingt-quatre, alors les médecins, mon mari et moi avons pris la décision d'amputer. Il s'agissait d'avoir une vie ou de ne pas en avoir du tout.

Quand ils ont amputé la première jambe, ça a été un soulagement instantané : avec ma prothèse, je pouvais courir, jouer au soccer, faire du vélo, faire tout plein d'affaires… Puis, en quelques mois, mon autre jambe a commencé à s'affaiblir. Cette fois, ça a été beaucoup plus facile de décider de l'amputer, parce que là, je savais ce que je pourrais faire avec une prothèse. Alors j'ai décidé que quand ma seconde jambe disparaîtrait, j'aurais à nouveau 14 ans. Je voulais recommencer à zéro : j'allais faire tout ce que je ne pouvais pas faire avant. La première chose que j'ai faite je suis allée au parc et j'ai grimpé sur tout. *Man*, c'était comme, pleins gaz ! Tout ce que je pouvais faire, je l'ai fait. Tassez-vous de là, je suis de retour ! Quand je suis avec mes petits-enfants, j'ai 14 ans.

**Every human** is the same—no difference. God is one. Your God, my God—no difference. It's the way to God that's different: the language, the teacher are different… But God is one.

Tous les humains sont pareils — pas de différence. Dieu n'est qu'un. Ton Dieu, mon Dieu — pas de différence. C'est la route vers Dieu qui est différente ; le langage, le professeur sont différents… Mais Dieu est unique.

**Ça a pris du temps** avant qu'on soit complices : je n'ai pas été facile… Ça fait six mois que ça va mieux, mais j'ai eu une grosse descente, et je suis tombée dans l'héroïne. Elle m'a vraiment aidée à me remettre sur le droit chemin. Sérieux, ma mère elle est meilleure qu'une cure de désintox !

It took a while before we became close. I wasn't easy… I've been better for the past six months, but I had a pretty huge downslide, and I fell into heroin. She really helped me get back on track. Seriously, my mother is way better than rehab!

**En 2008, un ami d'enfance** qui était dans l'armée m'a emmenée à un concert et je me suis fait agresser par un groupe de militaires. On m'a laissée pour morte ce soir-là. J'ai mis deux ans à m'en remettre. Ça a été très difficile. Ils ont utilisé des objets, de la vitre ; ils m'ont coupée... Il y a eu beaucoup, beaucoup de dommages physiques. Je me suis dit : « Je ne pourrai jamais devenir maman. » J'ai été en choc post-traumatique pendant deux ans et je suis passée au travers sans médicaments, sans rien. J'ai travaillé vraiment fort. Et quelques années plus tard, j'ai pu recommencer tranquillement à me réapproprier mon identité, à reprendre possession de mon corps, à apprécier ma personne, à prendre le métro, à aller dans la rue, à faire des trucs du quotidien...

Mais en 2012, on m'a diagnostiqué un cancer très rare en phase terminale. L'équipe médicale m'a annoncé que les pronostics étaient très mauvais, mais qu'on allait tout faire pour essayer de me sauver. Finalement, on a essayé un traitement assez novateur, et ça a fonctionné. Le 12 juin 2012, on m'a opérée. C'était le même jour que le décès de ma mère, le 12 juin 2007. Je pensais que j'allais mourir ce jour-là. Mais j'ai eu une équipe de médecins tellement formidable, qui a fait toutes les démarches possibles pour protéger le peu qu'il me restait.

J'ai appris à être une femme à travers cette expérience grâce à l'aide de mes amies trans, qui m'ont fait comprendre que je pouvais être une femme sans un utérus intact, sans mes cheveux, que c'était dans ma tête que ça se passait. Elles m'ont sauvé la vie. J'ai compris que mon identité ne se fondait pas sur mon utérus. C'est à ce moment-là que je suis devenue une femme, et que j'ai appris à m'aimer.

C'est grâce à la grossesse que j'ai repris une belle santé. Je ne serais pas debout aujourd'hui avec mes cheveux, ma santé, mon poids, sans cette grossesse. Et ce garçon-là symbolise la liberté pour moi. Quand je le regarde, je vois qu'il est fait fort et qu'il est protecteur. On dirait qu'il porte l'histoire de sa maman dans son ADN. Quand il a commencé à aller à la garderie, maman était encore un peu malade, un peu affaiblie, alors il ne voulait pas y aller ! Les éducatrices me disaient : « Il est très protecteur avec toi. » Ce garçon-là a protégé la santé de sa maman depuis le jour où il a été conçu.

>

In 2008, a childhood friend who was in the army took me to a concert and I was assaulted by a group of soldiers. I was left for dead that night. It took me two years to recover. It was very difficult. They used objects, broken glass—they cut me up. There was a lot of physical damage. I thought, "I will never be able to be a mom." For two years, I suffered from post-traumatic stress, and I made it through with no medication, nothing. I worked really hard. And a few years later, I started to reclaim my life and my body, to appreciate myself again. I started to take the Métro, to go out into the street, to return to everyday life...

But in 2012, I was diagnosed with a very rare, terminal cancer. The medical team told me the prognosis was very bad but that they would do everything to try to save me. In the end, we tried a pretty innovative treatment, and it worked. On June 12, 2012, I was operated on. It was the same day my mother had passed away—June 12, 2007. I thought I was going to die that day. But I had an excellent team of doctors who did everything possible to protect what little I had left.

I learned how to be a woman through this experience with the help of my trans friends, who made me understand that I could be a woman without an intact uterus, without my hair... that this happens in my mind and spirit. They saved my life. I learned that my identity was not based on my uterus. That's when I became a woman and learned to love myself.

It's thanks to my pregnancy that my health returned. I wouldn't be standing here today with my hair, my health, my weight, had it not been for this pregnancy. And this boy here symbolizes freedom for me. When I look at him, I see that he is strong and protective. It's as if he were carrying my history in his DNA. When he started daycare, Mom was still a little sick, a little weak, so he didn't want to go! The daycare workers said to me, "He is very protective of you." This boy here has protected his mother's health from the day he was conceived.

**This is my thirteenth day** in Montréal. I moved here to learn French and do some artistic stuff. I used to be a lawyer and now I'm changing my life completely. I raised my kid—he's 22—so I've done my job. I've always been kind of a straight-and-narrow person. Now, I'm 52 and I decided it was time to try to do something different with my life. Secretly, I've always wanted to be a writer and a painter, so... It's time to live that part of my dream now.

C'est mon treizième jour à Montréal. J'ai déménagé ici pour apprendre le français et faire des choses artistiques. Avant, j'étais avocat et là, je change complètement de vie. J'ai élevé mon enfant — il a 22 ans, ma job est faite. J'ai toujours avancé sur le droit chemin. Aujourd'hui, j'ai 52 ans et j'ai décidé qu'il était temps que j'essaye de faire autre chose de ma vie. Secrètement, j'ai toujours voulu être un écrivain et un peintre, alors... Le temps est venu de vivre cette partie de mon rêve.

— **We're from Oklahoma,** but we left 7 months ago from Georgia and hiked the Appalachian Trail. We've walked over 2000 miles [3200 kilometres] and hiked 10 mountains before we got here. It's been so wonderful! Not just the sights of nature, but the beauty in the people we've met along the way too... the random acts of kindness. On the Trail, people refer to it as *trail magic*. For instance, you run out of food, you come across a gap where there usually are no people, and you find a bucket of food and a little note that says *Take what you need.* That happens more than you would think.
— There was a couple who baked quiches for everybody!
— There's a culture of assistance that really answers people's needs on the trail, and it's very beautiful to see. It's healing and transformative for people; for me, it was an encouragement to keep believing in people... in the goodness of people.
— When you walk with that many people just out there, all social constructs disappear. There's no classism. Nobody goes, "You're an engineer," or "You're a waitress." We're all hiking; we're all out here walking and breathing. Everyone stinks, and nobody cares.
— There are so many people from so many different walks of life, and you realize that we're all walking toward the same direction. All climbing the same mountains. All facing the same adversities, and hiking our own hike.

— On vient d'Oklahoma, mais on est partis il y a sept mois de Géorgie et on a pris le sentier des Appalaches. On a marché plus de 2000 miles [3200 kilomètres] et on a grimpé 10 montagnes avant d'arriver ici. Ça a été tellement merveilleux ! Pas seulement les paysages, mais aussi la beauté des gens qu'on a rencontrés en chemin, et les gestes de bonté gratuite. Sur le sentier, les gens appellent ça « la magie du sentier » : par exemple, tu te retrouves sans nourriture, tu passes par un passage où il n'y a généralement personne, et tu trouves un seau de nourriture et une petite note qui dit : « Prends ce dont tu as besoin. » Ça arrive plus souvent que tu ne l'imagines.
— Il y avait un couple qui préparait des quiches pour tout le monde !
— Il y a une culture de l'entraide qui répond vraiment aux besoins des gens sur le sentier, et c'est très beau à voir. C'est thérapeutique et transformateur ; pour moi, ça a été un encouragement à continuer de croire en l'Homme, en la bonté des gens.
— Quand tu marches avec autant de gens dans la nature, toutes les constructions sociales disparaissent. Il n'y a plus de classes sociales ; personne ne dit : « Tu es ingénieur » ou « Tu es serveuse » ; on est tous en randonnée, on est tous là à marcher et à respirer. Tout le monde pue, et tout le monde s'en fout.
— Il y a tellement de gens de tous les horizons, et tu te rends compte qu'on marche tous dans la même direction. On grimpe tous les mêmes montagnes. On fait tous face aux mêmes défis, et on avance tous sur notre sentier.

**I was searching** for permanent pleasure, because a pleasure that is not permanent, it is suffering. So I experimented with many material pleasures. But I realized it wasn't it, because material pleasures are temporary, whereas consciousness, or that *I*, who passed from my childhood body, to my teenager's body and to the body of a grown-up man, isn't. That's when I stumbled upon the translation of the Bhagavad-Gita [the core book for the devotees of the Hare Krishna movement] by my spiritual master, His Divine Grace A. C. Bhaktivedanta Swami Prabhupada, and it changed my life. It's a living book. You know the movie *The NeverEnding Story*, in which a little boy reads a book and starts to actually live the story? Well, it's what that book did to me. Prabhupada has opened the gates to the transcendental world where everything is eternal, full of knowledge and bliss. Jump in. Hare Krishna Hare Rama.

J'étais à la recherche du plaisir permanent, parce qu'un plaisir qui n'est pas permanent, c'est de la souffrance. J'ai donc expérimenté beaucoup de plaisirs matériels. Mais j'ai réalisé que ce n'était pas la solution, car les plaisirs matériels sont temporaires, alors que la conscience, ce « Je » qui est passé de mon corps d'enfant à mon corps d'adolescent, puis à mon corps d'adulte, ne l'est pas. Puis, je suis tombé sur une traduction du Bhagavad Gita [le livre fondamental des disciples du mouvement Hare Krishna] de mon guide spirituel, Sa Divine Grâce A. C. Bhaktivedanta Swami Prabhupada, et ça a changé ma vie. Ce livre est vivant. Tu connais le film *L'histoire sans fin*, dans lequel un jeune garçon lit un livre et commence à entrer dans l'histoire ? C'est ce qui m'est arrivé avec ce livre. Prabhupada m'a ouvert les portes d'un monde transcendant où tout est éternel, rempli de savoir et de félicité. Rejoins-nous. Hare Krishna Hare Rama.

**I've always been** what you'd call an outsider, a loner. Growing up, I never had many friends, but I never let it deter me. Like any normal teen, I went through depression, being bullied, stress, etc. But my grandparents were always there for me. They never held my dad growing up, but when I needed a shoulder to cry on or someone to talk to, they were there. And I always found that our family bond was strong because of that. At 24, my Opa told me to travel before being too old. I listened to him. I met amazing people along the way, but settled here in Montréal. The friends I have now are like a family.

J'ai toujours été ce qu'on pourrait appeler une *outsider*, une solitaire. En grandissant, je n'avais pas beaucoup d'amis, mais je n'ai jamais laissé ça m'empêcher d'avancer. Comme tout ado normale, je suis passée par la dépression, l'intimidation, le stress, etc. Mais mes grands-parents ont toujours été là pour moi. Ils n'ont jamais pris mon père dans leurs bras quand il était enfant, mais quand moi j'ai eu besoin d'une épaule pour pleurer ou de quelqu'un à qui parler, ils étaient là. Et j'ai toujours trouvé que notre lien familial était fort à cause de ça. À 24 ans, mon grand-père m'a dit de voyager avant d'être trop vieille. Je l'ai écouté. J'ai rencontré des gens incroyables sur ma route, mais je me suis installée ici, à Montréal. Les amis que j'ai aujourd'hui sont comme une famille.

**Being clean from the drug,** I wanted to give back a little bit, so I started doing some volunteer work to help some of the younger heroin addicts. At that time, I got to know a couple of police officers downtown, and what happened is they arrested some heroin dealers. They stopped them in a station wagon car, and when they searched the car, they found her [the dog] in a cardboard box, wrapped in a towel. She hadn't eaten for probably three or four days. She was two months old and she was just skin and bones. When they arrested them, I was standing there watching, and I saw them taking her out of the car. They said, "We're going to take her to the SPCA and have her put to sleep." I said, "No, let me take her and see if I can make her better again."

They let me, so I took her right to the vet, and he said it wasn't worth it. I said, "I don't care. Do it." I had an apartment then, and $3000 saved up, and it cost $1800 to get her healthy. She stayed at the clinic for three weeks. I went to see her every day, and when she came out, she was well and happy. Four months later, she got sick and they found two tumours in her ovaries. So they operated on her. That cost me $2200. Then when she was six-and-a-half months, she got sick again. They found two more tumours and charged me $2800. Well that took my apartment and all my furniture, which I had to sell. That's why I'm on the street... because I couldn't afford to pay for the apartment and her treatment.

My whole life was really fucked up. I was out of school when I was 10 because they said I couldn't learn to read. On the way home from school, there was this 25-year-old girl. She had gotten about 8 or 10 of the young kids and started taking them into her house and doing stuff with them. She was having sex with them. She was also giving them cocaine. Eventually, she was caught and charged for it. She had me, my brother and others. She would give cocaine to us in a needle. That's how I started doing drugs. After a while, I started working in an auto body shop and started getting money. The second shop I worked in belonged to the 13th Tribe in Nova Scotia—the bikers. Then I started getting more and more money and drugs.

I kinda grew into it, thinking it was normal. I was 14, 15 then, and since I was already sexually active, they would send me upstairs and make shows with the hookers in order to sell the videos. Some people said I should write a book about what happened, but it's not something I want to share in that way. I'm just happy that I know right from wrong, that I'm not too fucked up to deal with reality, and that I can do what's right in life. >

I'm just happy that I know right from wrong.

Je suis juste heureux de savoir faire la différence entre le bien et le mal.

J'avais arrêté la drogue et je voulais redonner un peu à la société, alors j'ai commencé à faire du bénévolat pour aider certains jeunes accros à l'héroïne. Dans ce temps-là, j'ai fait connaissance avec deux policiers dans le centre-ville, et ils ont arrêté des *dealers* dans une voiture familiale. En fouillant l'arrière, ils l'ont trouvée [la chienne] dans une boîte en carton, enveloppée dans une serviette. Elle ne devait pas avoir mangé depuis trois ou quatre jours. Elle avait deux mois et que la peau sur les os. Ils ont dit: « On va l'emmener à la SPCA et ils vont la piquer. » J'ai dit: « Non, laissez-moi la prendre et voir si je peux la soigner. »

Ils m'ont laissé faire et je l'ai emmenée chez le vétérinaire, qui m'a dit que ça ne valait pas la peine. Je lui ai dit: « Je m'en fous, soignez-la. » J'avais un appartement, à l'époque, et 3000 $ d'économies; ça m'a coûté 1800 $ pour la remettre en santé. Elle est restée à la clinique trois semaines. J'allais la voir tous les jours, et quand elle est sortie, elle était heureuse et en santé. Quatre mois plus tard, elle est tombée malade et ils ont trouvé deux tumeurs dans ses ovaires. Donc, ils l'ont opérée. Ça m'a coûté 2200 $. Ensuite, quand elle avait six mois et demi, elle est tombée malade à nouveau. Ils ont trouvé deux autres tumeurs et m'ont facturé 2800 $. Ça m'a coûté mon appartement et tous mes meubles, que j'ai dû vendre. C'est pour ça que je suis dans la rue, parce que je ne pouvais pas payer mon appartement en même temps que son traitement.

Toute ma vie a été complètement fuckée. J'ai été déscolarisé à 10 ans parce qu'ils disaient que je ne pouvais pas apprendre à lire. Sur le chemin de la maison, il y avait une fille de 25 ans. Elle avait pris 8 ou 10 jeunes enfants et les avait emmenés chez elle pour faire des trucs avec eux. Elle couchait avec eux. Elle leur donnait aussi de la cocaïne. Plus tard, elle a été arrêtée et inculpée pour ça. Elle m'avait prise, moi, mon frère et d'autres. Elle nous donnait la cocaïne avec une seringue. C'est comme ça que j'ai commencé la drogue. Après un temps, j'ai commencé à travailler dans un garage et à gagner de l'argent. Le deuxième garage où j'ai travaillé appartenait à la 13th Tribe en Nouvelle-Écosse, un gang de motards. Après ça, j'ai commencé à avoir de plus en plus d'argent et de drogue.

J'ai grandi là-dedans en pensant que c'était normal. J'avais 14, 15 ans à l'époque, et comme j'étais déjà actif sexuellement, ils m'envoyaient à l'étage pour faire des shows avec les prostituées et ils vendaient les vidéos. Certaines personnes m'ont dit que je devrais écrire un livre sur ce qui s'est passé, mais ce ne sont pas des choses que je veux partager de cette manière. Je suis juste heureux de savoir faire la différence entre le bien et le mal, de ne pas être trop fucké pour vivre dans la réalité et de pouvoir faire ce qui est juste dans la vie.

## We met naked in a hippie commune in Israel.

On s'est rencontrés nus dans une communauté hippie en Israël.

**Mon plus grand défi,** c'est de rencontrer des gens. Je suis tellement dans ma bulle que j'ai du mal à parler aux gens. Mais tu vois, je viens de le faire ; ça m'a pris tout mon courage, mais je l'ai fait.

............

My greatest challenge is to meet people. I'm so inside my own bubble that it's hard for me to talk to people. But see, I just did it; it took all my courage, but I did it.

**Kids my age are born** into the age of technology, which allows them to access a bunch of shit—like drugs—more easily. I feel tempted to fall into that all the time, but I reflect about it and I'm like, "It's not worth it; it's not gonna bring me anything." It creates a big gap between me and other people my age. They don't have the guts to put that into question, because they're too busy trying to be someone.

Me, I think that when you just focus on yourself and what you wanna do, then you can do anything you want. I've stopped trying to be something or someone. I just write about how I view the world and shit that's going on, like people complaining about not having the shoes they want when there's people dying all around the world. You know what I'm saying? And people are just like, "Oh yeah, someone died." It's like a natural thing now. People are dying, bro. It's fucked. I feel for the world because we're all connected somehow.

Les jeunes de mon âge sont nés dans l'ère de la technologie, ce qui leur permet d'accéder à tout un tas de merdes — comme les drogues — plus facilement. Je me sens constamment tenté de tomber là-dedans, mais je réfléchis et je me dis: « Ce n'est pas la peine, ça ne m'apportera rien. » Ça crée un gros décalage entre moi et les autres jeunes de mon âge. Ils n'ont pas le courage de mettre ces choses-là en question, parce qu'ils sont trop occupés à essayer d'être quelqu'un.

Moi, je pense que quand tu te concentres sur toi-même et sur ce que tu veux faire, alors tu peux faire ce que tu veux. J'ai arrêté d'essayer d'être quelque chose ou quelqu'un. J'écris juste sur ma vision du monde et sur la merde qui se passe, comme les gens qui se plaignent de ne pas avoir les chaussures qu'ils veulent alors qu'il y a du monde qui meurt partout sur la planète! Tu vois ce que je veux dire? Ils sont juste comme « Ah ouais, des gens meurent. » C'est devenu quelque chose de naturel aujourd'hui. Les gens meurent, *man*, c'est fucké! J'ai de la peine pour le monde, parce qu'on est tous connectés d'une certaine manière.

**J'ai pris la décision de donner un an de ma vie à mon quartier. Ça fait presque cinq ans…**

I made the decision to dedicate
one year of my life to my neighbourhood.
It's been almost five years…

**J'ai toujours été travailleuse autonome.** J'étais mère monoparentale et je travaillais chez moi. Ça allait vraiment bien mes affaires, mais plus ça allait bien, plus je devais m'enfermer pour produire. Et comme je fabriquais des faire-part de mariage, je rencontrais juste des gens amoureux, alors que moi j'étais seule ; c'était difficile. J'avais le sentiment d'être toujours seule, enfermée dans mon atelier, et j'avais besoin d'aller vers les autres.

À un moment donné, j'ai fait un grand voyage à travers l'Amérique du Sud avec mon fils. Là-bas, tout le monde est dehors et vient vers toi. Une mère qui voyage seule avec un enfant, ça attire les gens : tout le monde venait vers nous. Les gens nous racontaient leur histoire, nous invitaient chez eux — même s'ils n'avaient rien… Tout le contraire d'ici.

Après ce voyage, j'ai décidé qu'il fallait que je change tout dans ma vie. Et aujourd'hui, je suis une fée. J'orchestre des expériences participatives et collectives pour que les voisins se rencontrent et se racontent. Oui, c'est un métier ! Donc, je travaille dans l'espace public, à l'échelle du quartier, à créer de la magie entre voisins. Pour avoir un milieu de vie plus intéressant, pour pouvoir rester en vie là où je vis ! Je me suis retrouvée à la une du *Devoir* en décembre 2012 ; c'est eux qui m'ont surnommée « la fée du Mile End ». Dans mon quartier, les gens ont commencé à m'arrêter dans la rue : « C'est quand le prochain projet ? Merci ! Il faudrait faire un projet pour… » Les gens m'obligeaient presque à continuer, donc je me suis dit : « D'accord, d'accord. Vous en voulez, je vais vous en donner ! » Et j'ai pris la décision de donner un an de ma vie à mon quartier. Ça fait presque cinq ans…

Le jour de ses 17 ans, mon fils a décidé qu'il ne me parlait plus, qu'il se rebellait et qu'il quittait la maison familiale. Ça a été extrêmement brutal. Il a tout abandonné, une chose à la fois. Il était premier chanteur dans une chorale — c'est même lui qui était allé recruter ses amis — et il est sorti de la chorale ; de son jazz band aussi. Il a laissé tous les amis qu'il avait depuis le primaire et s'en est fait des nouveaux. Tout a changé. Il avait été accepté au cégep, mais très vite il en est parti, et il m'a dit : « Mais maman, t'inquiète, je l'ai fait dans les délais, tu vas être remboursée. » Il fait toujours attention : il fait des conneries, mais il les soigne tout le temps par rapport à moi, pour ne pas me faire mal.

Je suis allée voir une psy et elle m'a dit : « Madame, votre fils n'a aucun problème. C'est vous, le problème. Vous avez une relation fusionnelle, et il a fait tout ce que vous vouliez pendant dix-sept ans. Les enfants qui ont une relation comme ça, surtout mère-fils, il y a deux possibilités : ou bien l'enfant choisit de mourir dans le cocon, ou il se sauve le plus vite possible — et c'est ce qu'on souhaite. Il faut qu'il coupe le cordon ! » Je l'ai regardée ; je la haïssais. J'avais droit à 12 rencontres, mais je ne suis jamais retournée la voir. Et c'est maintenant que je me dis : « Putain, mais elle avait raison. C'est moi qui ai eu une crise d'adolescence. » Ça a été tellement violent, ça m'a brisé le cœur et le corps en entier. Je me suis demandé comment il osait me faire ça. Mais il fallait qu'il le fasse pour devenir adulte. >

I've always been self-employed. I was a single mother and I worked at home. My business was doing very well, and the better it was doing, the more I had to lock myself in to produce. And because I was making wedding invitations, I was only meeting people in love, and I was single; it was difficult. I felt like I was always alone, locked in my studio, and I needed to go be around other people.

At one point, I did a long trip throughout South America with my son. Down there, everyone is outside and comes to you. A single mother who travels alone with a child... That attracts people: everyone came to us. People would tell us their story, invite us to their homes—even if they had nothing... Exactly the opposite of here.

After this trip, I decided I had to change everything in my life. And now, I am a fairy. I arrange participative and collective experiences so that neighbours meet and get to know each other. Yes, it's a job! So I work in the public space, at the neighbourhood level, to make magic happen between neighbours. To create a more interesting living environment, to be alive where I live! I ended up on the front page of *Le Devoir* in December 2012; they're the ones who called me *The Mile End Fairy*. In my neighbourhood, people started stopping me in the streets: "When is your next project? Thank you! You should do a project for..." People were almost forcing me to keep that up, so I thought, "Okay, okay. You want some, I'll give you some!" And I made the decision to dedicate one year of my life to my neighbourhood. It's been almost five years...

The day he turned 17, my son decided he wasn't talking to me anymore... that he was rebelling and leaving the family home. It was extremely brutal. He has abandoned everything, one thing at a time. He was the first singer in a choir—he was even the one who had gone out to recruit his friends—and he left the choir. He quit his jazz band too. He left all the friends he'd had since elementary school and made new ones. Everything changed. He had been accepted to CÉGEP, but he quickly left, and he said, "But don't worry, Mom. I quit in time and you're gonna get your money back." He is always careful; he makes mistakes, but he is always careful to make them in a way so I won't get hurt.

I went to see a shrink and she told me, "Ma'am, your son has no issues. You're the problem. You have what we call a symbiotic relationship, and he did everything you wanted for 17 years. For children who have such a relationship, especially mother-son, there are two possibilities: either the child chooses to die in the cocoon, or he runs away as quickly as possible—and this is what we hope for. He needs to cut the cord!" I looked at her; I hated her. I was in for 12 sessions, but I never went to see her again. And it's only now that I think, "Damn, was she right. I'm the one who had a teenage crisis." It was so violent. It broke my heart and my whole body. I wondered how he dared do this to me. But he had to do it to become an adult.

JE PATSY
suis
UNE MÈRE FORMIDABLE
car
JE FAIS TOUT
MON POSSIBLE
ET PLUS ENCOR
P.C.Q BREL
JE L'ADORE.

**The kora is an amazing instrument.** Everybody should have one! If used in the right ways, it's like an exercise for the spirit; you can float. I come here every day with an open canvas, and I have all these choices of colours that I can use—a really wide spectrum, varying from the lightest shades to the darkest shades of every musical *colour*. And I'm shaping the music as I go along. People know there's music here, and whoever wants to play is welcome.

La kora est un instrument incroyable. Tout le monde devrait en avoir une! Si tu l'utilises correctement, c'est comme un exercice pour l'esprit; tu peux flotter. Je viens ici tous les jours avec une page blanche, et j'ai tous ces choix de couleurs que je peux utiliser. Un spectre très large, qui va des teintes les plus claires aux teintes les plus foncées de chaque «couleur» musicale. Et je façonne la musique au fur et à mesure que je joue. Les gens savent qu'il y a de la musique ici, et quiconque veut venir et jouer est le bienvenu.

**Il y a un monsieur** qui a échappé son portefeuille cet été — il y avait une palette d'argent dedans. Ma barbe était plus longue, je n'étais pas tellement propre ; j'avais l'air un peu épeurant… Je lui crie : « Hey, monsieur ! » Il me regarde et il me dit : « Crisse-moi la paix ! » pis il se met à courir. Je me mets à courir après lui, tsé, j'ai son portefeuille ! Trois coins de rue plus loin, il se vire de bord et me dit : « Mon homme, je vais te crisser une volée. » Je lui réponds : « Je penserais pas, mon homme. Regarde, t'as échappé ton portefeuille. Tout ce que je voulais, c'est te le donner. » Il se sentait mal en ostie… Je lui ai donné son portefeuille, je lui ai dit « Merci, salut ! » et je suis parti. Il m'a couru après pour venir me donner 50 piastres.

There was a man who dropped his wallet this summer—there was a stack of money in it. My beard was longer and I wasn't so clean. I looked a little scary. I shouted, "Hey, sir!" He looks at me and says, "Piss off!" and starts running. I start running after him, you know; I have his wallet! Three blocks later, he turns around and says, "My man, I'm gonna beat you up." I answer, "I don't think so, my man. Look, you've dropped your wallet. All I wanted was to give it back to you." He was feeling freaking terrible… I gave him his wallet, I said, "Thank you, bye!" and I left. He ran after me to give me fifty bucks.

Kem CoBa
62
Folklore

**Il y a deux ans, l'envie nous a pris** d'adopter un petit animal domestique. Mais aucun n'a fait l'unanimité. Chat, chien, oiseau, poisson, tortue… impossible d'arriver à un consensus. Comme on est très démocratiques, on a continué à chercher. Rebelles dans l'âme, on chérissait secrètement l'envie d'avoir illégalement une poule urbaine. Le frère de mon mari habite à la campagne, entouré de cochons, d'oies, de poules et autres petits animaux. Il s'était fait donner une jeune poulette naine — une race exotique — tachetée de noir et de blanc, qui menaçait de se faire maltraiter par le reste de la basse-cour. Joie! En plein mois de mars froid et «slutcheux», on a donc adopté la cocotte. On lui a aménagé une petite cage dans la cuisine, spécialement pour elle, avec paille, graines… bref, tout le confort moderne nécessaire à son épanouissement.

Sa marche quotidienne dans notre 6 ½ faisait le bonheur des enfants, qui convoitaient déjà les minicocos. Elle avait bien sûr un nom: Brad-Pitt, en hommage à ses petits roucoulements de poulette adolescente. Tout allait bien; le duvet avait laissé place aux plumes, et on attendait les œufs à tout moment. Le matin du 6 mai, à l'aurore, un son à nous glacer le sang, un son étrange rappelant la poulie rouillée d'une corde à linge, a traversé le silence matinal. On a accouru vers Brad: sa patte était-elle coincée? Agonisait-elle? Non. Bon. Tout allait bien. De jour en jour cependant, la poulie grinçante s'est amplifiée, affinée… En fait, Brad-Pitt n'était pas la poulette promise, mais plutôt un coq! On avait affaire à tout un acteur! Finalement, Brad nous a quittés pour la Rive-Sud, où il coule des jours heureux chez un *gentleman farmer.*

Two years ago, we wanted to adopt a small pet. But no one could agree on one—cat, dog, bird, fish, turtle… We could never reach a consensus. Because we're very democratic, we kept looking. Rebels at heart, we secretly cherished the idea of illegally owning an urban chicken. My husband's brother lives in the country, surrounded by pigs, geese, chickens and other small animals. He had been given a young dwarf hen—an exotic breed—with black and white patches. It likely would have been mistreated by the rest of the barnyard. Joy! Right in the middle of a cold and slushy month of March, we adopted the little chick. We gave her a small cage in our kitchen, specifically for her, with straw, seeds… in short, all the modern comforts necessary for her to flourish.

Her daily walk in our 6 ½ delighted the kids, who were already looking forward to the small eggs. She of course had a name: Brad-Pitt, a tribute to the cooing of teenage chicks. Everything was good; the down made way for feathers, and we were expecting the eggs anytime. On the morning of May 6th, at dawn, a blood-curdling sound, a strange sound reminiscent of the rusty pulley of a clothesline, pierced the morning silence. We ran to Brad. Maybe her leg was stuck. Was she in pain? No. Good. Everything was fine. Day after day, though, the squeaky pulley became amplified, refined… In fact, Brad-Pitt was not the promised hen, but rather a rooster! We were dealing with quite the actor! In the end, Brad left us for the South Shore, where he spends happy days with a gentleman farmer.

Aujourd'hui, on a une thématique à fleurs, mais on s'habille vraiment comme ça dans la vie.

There's a flower theme today, but we really do dress like this in real life.

**Ce que je dis toujours,** c'est qu'il faut vivre avec son handicap, et non pas handicaper sa vie. Moi, je n'y pense pas, mais c'est souvent les gens qui me le rappellent. Dans la rue, par exemple, les gens font souvent preuve de compassion et me proposent de l'aide, mais ils ne viennent jamais me dire simplement que je suis jolie ou bien habillée. Ça ne m'est encore jamais arrivé!

What I always say is that you must live with your handicap, and not handicap your life. I don't think about it, but often it's people who remind me of it. In the street, for example, people often show compassion and offer me help, but they never come simply to tell me that I'm pretty or well dressed. That hasn't happened to me yet!

**J'ai vécu sept ans** à côté de la mosquée. Mes parents habitent encore là. Ça fait trois ans que j'habite à Montréal, mais j'y retourne chaque mois. Mon père a entendu les tirs ; il était juste à côté quand ça s'est produit. Il m'a dit : « Tout de suite, quand j'ai entendu les tirs, j'ai su que la mosquée était attaquée. » L'ami d'un ami avec qui il a grandi a perdu son père. Notre boucher du coin est mort... Je veux dire, c'est notre communauté, c'est notre quartier. Toutes les personnes avec qui j'ai grandi fréquentent cette mosquée... C'était des gens bien, des citoyens exemplaires, qui voulaient travailler, s'occuper de leur famille et faire leurs prières tranquillement.

Ça fait des années que la communauté musulmane dit qu'elle vit de la discrimination et qu'un jour ou l'autre, quelque chose de grave va arriver. On nous demande notre vote tous les quatre ans, et après, on nous oublie. Les regards, les commentaires sur l'origine, la confession — sous-entendus ou directs — c'est presque quotidien. Et c'est dommage, parce que le Québec, c'est une société qu'on aime.

On parle souvent de tolérance. Mais la tolérance, dans la vie, ça ne suffit pas. Je suis né ici, j'ai grandi ici, j'ai étudié ici. Mon esprit, ma manière de penser, tout a été formé au Québec. C'est ma province, mon pays. J'ai droit à plus que de la tolérance : j'ai droit à ce qu'on m'accepte tel que je suis, c'est-à-dire Québécois, musulman, arabophone, francophone, anglophone... Pratiquant, qui va à la mosquée, fait ses prières, et qui est tout à fait intégré dans cette société dans laquelle on vit tous ensemble.

I lived next to the mosque for seven years. My parents still live there. I've been living in Montréal for three years, but I go back there every month. My father heard the shots; he was right next door when it happened. He said to me, "Right away, when I heard the shots, I knew the mosque was being attacked." The friend of a friend he grew up with lost his father. Our local butcher is dead... I mean, this is our community, our neighbourhood. All the people I grew up with go to this mosque... They were good people, exemplary citizens, who wanted to work, take care of their families and pray peacefully.

The Muslim community has been saying for years that it lives with discrimination and that someday, something serious will happen. We are asked for our vote every four years, and then we are forgotten. The looks, the comments about origin, the confession—implied or direct—are almost on a daily basis. And it's a pity, because Québec is a society we love.

We often talk about tolerance. But tolerance in life is not enough. I was born here. I grew up here. I studied here. My mind, my way of thinking... Everything was formed in Québec. This is my province, my country. I have the right to more than tolerance; I have the right to be accepted as I am, that is to say, Quebecer, Muslim, Arabophone, Francophone, Anglophone... Practitioner, who goes to the mosque, does his prayers, and who is fully integrated into this society in which we all live together.

**Je suis dans le train pour New York.** J'ouvre le manuscrit de *Portraits de Montréal* sur mon *laptop* alors que je viens de vivre une expérience assez humiliante à la frontière. J'en tremble encore. Ça fera bientôt vingt ans que ma mère vit à New York et que je fais le trajet Montréal-New York en avion, en bus, en train et en covoiturage, et ce, sans aucun problème. C'était avant Trump. Aujourd'hui, j'ai eu droit à un homme qui a trop de pouvoir pour son bien. Il a voulu l'exercer sur moi alors que je n'avais rien fait. Il s'appelait BARRIERE — sa mission étant sûrement de dresser des barrières et de bloquer les frontières...

Le train avance, tranquillement pas vite. Je replonge dans le manuscrit. Je savoure chacune de ces histoires l.e.n.t.e.m.e.n.t. Je découvre ces gens extraordinaires qui font le contraire du douanier Barriere. Ils font tomber des murs, ils vont au-delà de leurs propres limites et de celles qui leur sont imposées par la société. Ils poursuivent le bonheur malgré tout, ils trouvent la force d'être acceptés et d'aimer la vie comme ils sont. Des trisomiques, un transgenre, des réfugiés, des *partners* de rue, des militants, un tétraplégique... Et puis il y a celle qui a fait le choix d'être heureuse; les mariées et les amoureux devenus amis; l'homme au kilt, le clown humanitaire, le dandy et les chanteuses... Tous, ils ne peuvent que nous inspirer encore et encore.

En décembre 2012, *Le Devoir* m'a surnommée *La fée du Mile End*. Même si ça faisait déjà vingt-deux ans que je vivais dans ce quartier, je me sentais complètement isolée, seule, monoparentale, travailleuse autonome, emprisonnée dans mon appartement-atelier. Noël allait revenir encore une fois et je trouvais cette période insupportable, alors j'ai décidé, pour être moins seule, d'orchestrer une expérience collective en guise de cadeau pour mon quartier, pour nous rassembler, pour qu'on puisse se rencontrer. Depuis cinq ans, je crée des dispositifs pour que les gens se racontent: une phrase à compléter sur le trottoir, une recette d'amour affichée devant la maison, une histoire qui s'illumine dans une fenêtre, des portes qui s'ouvrent... Autant de stratagèmes pour tisser des liens et cultiver un peu de poésie dans les quartiers. C'est ce que font Mikaël et Thibault avec leur appareil photo, dans les rues de Montréal.

Je suis tellement émue par les portraits qu'ils ont réussi à recueillir dans cette ville que j'aime à la folie. On dit souvent qu'on aime Montréal non pas pour son architecture mais pour ses habitants. Ils sont si beaux, si bons et bienveillants.

On a la chance, à Montréal, de croiser des gens de partout qui y sont de passage ou qui viennent s'y installer pour toutes sortes de raisons. Prends ton chapeau ou le parapluie à côté de la porte, lâche ton écran et sors de chez toi. Pas besoin de savoir où tu vas, mais va vers l'autre, *just cause you never know what could happen!* Offre un petit compliment à la dame assise sur le banc de parc. Souris au monsieur debout devant toi dans le bus. Et si tu veux rester plus près de chez toi, dépose un petit mot dans la boîte aux lettres de ta voisine que tu ne connais toujours pas, même si ça fait des lunes qu'elle est là: «Chère voisine, quelle chance on a d'être ici!»

À côté de mon lit, cet écriteau: «Les inconnus m'inspirent.»

Patsy Van Roost, la fée urbaine, mars 2017

**Un immense merci à vous,** lecteurs, curieux et amoureux de l'humain. À tous ces inconnus, ces nouveaux amis, qui ont croisé notre chemin ces trois dernières années et qui nous ont fait confiance en nous racontant leurs histoires. Merci à ceux et celles qui ont accepté de participer à ce livre, aux organismes qui nous ont ouvert leurs portes, à nos clients qui nous ont permis de préserver l'indépendance de ce projet à but non lucratif. Merci à tous nos proches pour leur soutien tout au long de cette aventure, particulièrement les personnes suivantes :

Samuel V. Rocheleau pour les vidéos, Fabrice Fenoy pour le logo et le *motion design*, Gabrielle Dubé pour la révision des textes français sur le blogue, Candida Golia pour la révision des textes anglais sur le blogue, Hugo Dubs pour le développement Web du site alaporte.org, Kéven Breton pour nous avoir ouvert les yeux sur l'accessibilité, Isabelle Laberge-Bélair pour son travail sur le manuscrit, Patsy Van Roost, Michel Pepin, Marion Munoz, Dominique Cormier, Olga Pacouret, Camille Gaior, Améli Pineda, Mélanie Lane, Mélissa Lebel, Marine Bonnell, Marie Pâris, Aurélie Germain, Stéphanie Oriol, Mélanie Seibert, Frédéric Morin-Bordeleau, nos parents, nos frères et sœurs, nos amis de chez Guy Saint-Jean Éditeur, Urbania, Ex aequo, L'Itinéraire et Cossette.

Merci à Brandon Stanton, fondateur de Humans of New York, pour l'inspiration.

A huge thank you to you, readers, curious people and lovers of human. To all these strangers, these new friends, who crossed our path over the last three years and who trusted us by telling us their stories. Thank you to those who agreed to participate in this book, to the organizations that opened their doors to us, to our clients who allowed us to preserve the independence of this non-profit project. And to all our loved ones, for their support throughout this adventure, especially the following people:

Samuel V. Rocheleau for the videos, Fabrice Fenoy for the logo and motion design, Gabrielle Dubé for reviewing the French text on the blog, Candida Golia for reviewing the English text on the blog, Hugo Dubs for the Web development of the alaporte.org website, Kéven Breton for opening our eyes on accessibility, Isabelle Laberge-Bélair for her work on the manuscript, Patsy Van Roost, Michel Pepin, Marion Munoz, Dominique Cormier, Olga Pacouret, Camille Gaior, Améli Pineda, Mélanie Lane, Mélissa Lebel, Marine Bonnell, Marie Pâris, Aurélie Germain, Stéphanie Oriol, Mélanie Seibert, Frédéric Morin-Bordeleau, our parents, our brothers and sisters, our friends from Guy Saint-Jean Éditeur, Urbania, Ex aequo, L'Itinéraire and Cossette.

Thank you to Brandon Stanton, founder of Humans of New York, for the inspiration.

**À la mémoire de Gilles Chalifoux** (page 49).